首都经济贸易大学出版资助

U1019568

进口产品质量对我国企业性别工资差距的影响研究

■ 文 磊 著

首都经济贸易大学出版社
Capital University of Economics and Business Press
·北 京·

图书在版编目（CIP）数据

进口产品质量对我国企业性别工资差距的影响研究/文磊著. --北京：首都经济贸易大学出版社，2022. 1

ISBN 978-7-5638-3302-3

Ⅰ. ①进…　Ⅱ. ①文…　Ⅲ. ①进口商品-产品质量-影响-企业-性别-工资差额-研究-中国　Ⅳ. ①F249. 24

中国版本图书馆 CIP 数据核字（2021）第 235711 号

进口产品质量对我国企业性别工资差距的影响研究
JINKOU CHANPIN ZHILIANG DUI WOGUO QIYE XINGBIE GONGZI CHAJU DE YINGXIANG YANJIU
文　磊　著

责任编辑　杨丹璇　赵　杰
封面设计　风得信·阿东 FondesyDesign
出版发行　首都经济贸易大学出版社
地　　址　北京市朝阳区红庙（邮编 100026）
电　　话　（010）65976483　65065761　65071505（传真）
网　　址　http://www.sjmcb.com
E- mail　publish@cueb.edu.cn
经　　销　全国新华书店
照　　排　北京砚祥志远激光照排技术有限公司
印　　刷　北京建宏印刷有限公司
成品尺寸　170 毫米×240 毫米　1/16
字　　数　275 千字
印　　张　16. 25
版　　次　2022 年 1 月第 1 版　2022 年 1 月第 1 次印刷
书　　号　ISBN 978-7-5638-3302-3
定　　价　59. 00 元

图书印装若有质量问题，本社负责调换
版权所有　侵权必究

前　言

长期以来，我国实施出口导向型贸易政策，大力发展出口贸易，却对进口不甚重视，导致进口长期处于“为出口而进口”的从属地位。2008年全球金融危机爆发，我国出口环境持续恶化，国内资源环境压力加大和贸易摩擦不断加剧也都要求我们切实转变贸易发展方式。因此，国家“十二五”规划提出实施“稳定出口，扩大进口”的外贸发展新战略。2013年，我国货物贸易进出口总额达4.16万亿美元，成为世界第一货物贸易大国。其中，进口成为我国对外贸易的半壁江山，达到1.95万亿美元，是1978年的179倍，15.98%的年均增长率也远高于同期全球进口贸易平均增速。

伴随进口贸易的快速扩张，我国企业性别工资差距也不断扩大。女性收入相对于男性收入的比例由1988年的88.4%下降到1995年的82.5%，2007年进一步下降到78.28%，尤其是工作经验超过25年的女性，小时工资仅为男性的76.85%。《2016年中国性别薪酬差异报告》显示，中国女性月薪相当于男性的77%，一线城市男女薪酬差距较小，三四线城市差距较大；我国超过70%的从业者薪酬分布于2 000~6 500元，女性薪酬多分布在低薪酬区间，尤其是薪酬超过5 000元的女性从业人数远远小于男性。在市场化经济改革和贸易自由化背景下出现且均成扩大趋势的进口扩张和企业性别工资差距，很容易让人联想二者之间是否存在某种联系。于是，学者们从进口贸易的不同角度，如贸易规模、贸易方向、贸易方式等，探讨了进口扩张对我国企业性别工资差距的影响。这些研究不仅有助于我们理解开放条件下我国企业性别工资差距变动的原因，也为调整我国收入分配政策和贸易政策提供了证据支持。

但是，现有文献在考察进口贸易对收入不平等的影响时，往往忽略了产品质量因素。作为产品垂直差异最重要的体现，质量直接影响消费者对产品的价值判断，也是实现我国由贸易大国向贸易强国转变的关键因素。但改革开放以来的实践表明，我国在贸易规模扩张的同时，贸易质量并没有得到有效提升，甚至在某些阶段还呈现轻微的下降趋势。基于此，本书从产品质量角度入手，考察进口扩张对企业性别工资差距的影响。在系统梳理贸易自由化影响工资不平等文献的基础上，本书通过将产品质量差异引入异质性企业贸易模型，从资本-技能互补、产品质量提升和进口竞争三个角度提出了进口产品质量影响企业性别工资差距的微观机制，并利用中国工业企业数据、海关数据、城市和国家层面相关数据对主要理论假说进行验证。本书的实证分析主要包括三部分内容：首先是基于核心指标测算对我国进口产品质量、企业性别工资差距的现状和变动趋势进行分析；其次是利用倾向匹配得分的反事实估计方法验证进口产品质量对企业性别工资差距的总体影响；最后是在总体分析的基础上，从进口动态和来源国特征角度对进口产品质量影响企业性别工资差距做进一步深化和拓展。

通过理论和实证分析，本书得到以下主要结论：

产品质量测算结果表明，2000—2016 年，我国企业层面的进口产品质量表现出明显的波动性，加入世界贸易组织（WTO）并没有显著提升我国企业的进口产品质量；加工贸易企业的进口产品质量高于一般贸易企业；外资企业的进口产品质量高于本土企业。产品层面的测算结果则表明，进口中间品的质量高于资本品和消费品；食品制造业、纺织业等行业进口产品质量较高，印刷和记录媒介复制业等行业相对较低。企业性别工资差距的测算结果表明，2004—2013 年，我国企业存在明显的性别工资差距；中西部地区企业性别工资差距增速快于东部地区；公有制企业、外资企业性别工资差距大于个体和私营企业，资本密集型企业大于劳动密集型企业和中间企业，低出口密集度企业高于高出口密集度企业。

进口产品质量影响企业性别工资差距的总体估计表明，进口产品质量提升显著扩大了我国企业性别工资差距；普通倾向匹配得分估计以进口低质量产品的企业为对照组，发现进口产品质量较高的企业，其性别工资差距也较高；广义倾向匹配得分估计的结果再次证明进口产品质量提升了企业性别工资差距，且存在明显的阈值效应；影响机制检验表明，进口产品质量通过进口竞争和成本加成一定程度上降低了企业性别工资差距。

基于进口动态的实证研究表明，进口产品质量对企业性别工资差距的影响与企业进口模式有关，新进入企业和退出企业的进口产品质量扩大了其性别工资差距，持续进口和间断型进口企业，进口产品质量对其性别工资差距没有影响；进口产品质量对企业性别工资差距的影响主要体现为短期效应，长期效应并不明显；进口产品质量影响企业性别工资差距存在滞后效应，滞后效应主要取决于前一期的进口产品质量和企业以前是否参与过进口；进口产品种类变化对进口产品质量影响企业性别工资差距有重要作用，在进口种类变化的企业中，进口产品质量显著扩大了企业性别工资差距。

基于进口来源国特征的实证研究表明，当考虑来源国特征时，进口产品质量依然显著扩大了企业性别工资差距，且该效应在进口来源国为中低收入国家、非 OECD 国家、低政治风险国家和与我国接壤及与我国文化相似时表现得更加明显；贸易关系、政治关系会进一步强化进口产品质量对企业性别工资差距的扩大作用，但通过对进口来源国实施反倾销，进口产品质量一定程度上缩小了我国企业性别工资差距。

在以稳增长、调结构、提质量为特征的外贸新常态下对进口产品质量与企业性别工资差距的关系进行研究，不仅有助于我国在传统比较优势弱化、国内资源环境压力增大、国际贸易保护兴起的环境下逐渐形成以技术、品牌、质量、服务为核心的竞争新优势，也有助于揭示贸易开放与收入差距变动的动态关系，从而为调整收入分配格局和实现“发展成果由人民共享”提供理论支撑和实践指导。

目　录

1　导　　论 …… 1

1.1　研究背景、目的及意义 …… 3

1.2　研究思路、结构安排与研究方法 …… 12

1.3　研究的创新点与不足 …… 17

2　贸易自由化、进口质量升级与工资不平等：理论研究 …… 21

2.1　贸易自由化影响工资不平等的理论解释 …… 23

2.2　贸易自由化影响工资不平等的实证研究 …… 30

2.3　进口产品质量影响企业性别工资差距的理论机制 …… 40

2.4　本章小结 …… 53

3　概念界定、指标构建及现状描述 …… 57

3.1　产品质量的内涵及测算方法 …… 59

3.2　进口产品质量 …… 71

3.3　企业性别工资差距 …… 77

3.4　我国男性和女性的技能水平差异 …… 83

4　进口产品质量影响企业性别工资差距的实证分析 …… 91

4.1　引言 …… 93

4.2　理论分析与假说 …… 96

4.3　计量模型与数据描述 …… 100

4.4　估计结果及分析 …… 106

4.5　本章小结 …… 129

5　进口产品质量、进口动态与企业性别工资差距 …… 131

5.1　引言 …… 133

5.2 理论分析与假说 …… 136
5.3 进口产品质量、企业进口动态与企业性别工资差距 …… 138
5.4 进口产品质量、产品进口动态与企业性别工资差距 …… 151
5.5 本章小结 …… 162

6 进口产品质量、来源国特征与企业性别工资差距 …… 165
6.1 引言 …… 167
6.2 理论分析与假说 …… 169
6.3 计量模型与数据描述 …… 171
6.4 估计结果与分析 …… 179
6.5 本章小结 …… 199

7 结论及政策启示 …… 201
7.1 主要结论 …… 203
7.2 政策启示 …… 205
7.3 进一步研究方向 …… 217

参考文献 …… 220

附录 …… 241
附录1 成本加成的测算方法 …… 243
附录2 附表 …… 244

1

导　　论

本章是对全书整体情况的介绍，主要包括三部分内容：一是介绍研究的现实背景和理论背景，并对研究目的和意义进行阐述；二是介绍全文的研究思路、结构安排与主要研究方法；三是介绍全文主要的创新点与不足之处。

1.1 研究背景、目的及意义

1.1.1 研究背景

1.1.1.1 现实背景

经济全球化的快速发展为各国深度融入全球分工和合作体系创造了条件。中国自改革开放以来，充分利用贸易全球化的便利条件，以更加开放的姿态积极融入了全球经济。尤其是1992年社会主义市场经济体制确立和2001年加入WTO以后，我国对外贸易进入快速发展的黄金时期，创造了世界贸易发展史上的奇迹。1978—2014年，我国进出口贸易总额由206亿美元增加到4.31万亿美元，增长了208倍，年均增长16%；2013年，中国货物进出口贸易总额为4.16万亿美元，占全球贸易的比重从1978年的不足1%上升到12%左右，一举成为世界第一货物贸易大国，也是首个货物贸易总额超过4万亿美元的国家。在总体贸易快速发展的同时，我国的进口政策也发生了转变，由以前的主要满足国内生产需要逐渐转变为实施积极的进口政策，鼓励先进技术设备和关键零部件进口，稳定资源性产品进口，合理增加一般消费品进口。进口贸易的快速发展为优化国内生产要素配置、推动产业转型升级做出了巨大贡献。

改革开放以后，我国进口贸易取得了快速发展。进口贸易总额由1985年的445.52亿美元增长到2015年的21 043.74亿美元，年均增长13.71%，远高于同时期世界总进口的平均增长水平。我国进口贸易发展表现出明显的阶段性特征（见图1.1）：1978年以后，随着国家对贸易管制逐渐减弱，我国货物和服务进口迅速增长，到1997年亚洲金融危机之前，年均增长率长期维持在20%以上，并于1993年首次突破了1 000亿美元；1997年开始的亚洲金融危机尽管未直接冲击我国，但由于我国主要的贸易伙伴，如日本、东南亚、韩国等都遭到金融危机的严重打击，我国的对外贸易也不可避免地受到了影响。数据显示，1996年、1997年我国进口额只增长了

2.9%和5.48%，1998年更是首次出现了负增长（-1.96%）；2001年以后，随着中国加入WTO，我国对外贸易实现了跨越式发展，进口贸易总额由2001年的2 825.5亿美元增长到2008年的12 905.67亿美元，年均增长24.23%；2009年以后，受全球金融危机及后危机时期调整措施的影响，我国进口贸易出现了较大的波动，2009年进口贸易总额大幅下降9.8%；2012年，我国进口贸易总额首次突破了2万亿美元，但受国际市场需求萎缩、贸易保护主义抬头的影响，进口贸易逐渐进入了低速增长的新阶段，2012—2014年平均增长率只有5.62%，2015年更是下降了10.12%，成为我国改革开放30多年以来的最大降幅。在进口贸易总量不断增长的同时，贸易结构也发生了巨大的变化，其中一个显著的特征是服务贸易占比不断增加，从改革开放之初的不到5%增加到2011年的11.97%。随着生产服务化及服务外包加速发展，我国服务贸易进口在2012年以后进入了发展“快车道”，2014年和2015年，服务贸易进口占比大幅提升至16.32%和20.18%。

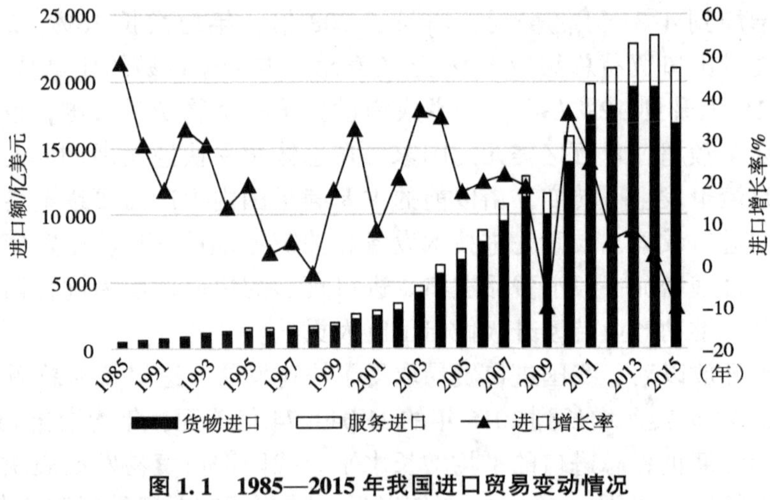

图1.1　1985—2015年我国进口贸易变动情况

资料来源：中国统计年鉴。

我国进口贸易的快速发展也表现在产品结构上，与出口贸易中制成品比重不断升高的趋势不同，工业制成品进口占总进口的比重经历了先升高后降低的变化过程（见图1.2）：1978年以后，工业制成品进口不断增加，到1985年，占总进口的比重达到87.48%；1985年以后，工业制成品进口比重缓慢下降，到2003年只占82.37%；2004年以后，工业制成品进口比重迅速下降，从2004年的79.11%下降到2014年的66.98%。初级产品进口比重增加、工业制成品进口比重下降，反映出我国传统的生产型进口结构从以制成品为主向资源品和制成品并重的方向转变。我国已基本成为工业化国家，市场对国内工业制成品的供给能力大幅提升，一定程度上减少了对国外制成品的依赖。同时，以“高污染、高能耗、高排放”为主要特征的粗放型经济增长模式加大了国内资源、环境的压力，导致对大宗农产品、关键零部件、国内短缺资源和节能环保产品的进口需求增加。

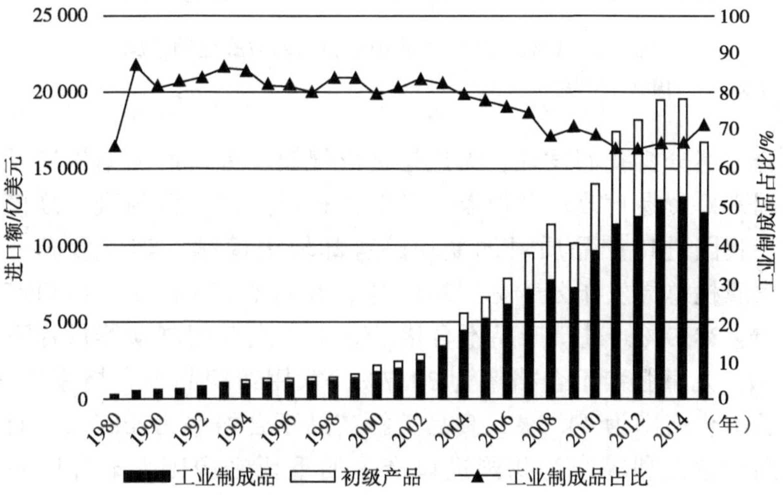

图1.2 1980—2014年我国进口产品结构变动情况

资料来源：中国统计年鉴。

就贸易方式而言，加工贸易有助于我国快速融入全球生产价值链。但与出口贸易中加工出口长期占据半壁江山不同，进口中加工贸易特征较弱，所占比重也一直小于一般贸易。图1.3给出了改革开放以后我国加工贸易进口占比的变化趋势。从图中可以看出，我国加工贸易进口比重也经历了先上升后下降的趋势：从1983年的10.62%上升到1998年的41.14%，1998年以后所占比重逐渐降低，近几年基本维持在20%的低水平上。

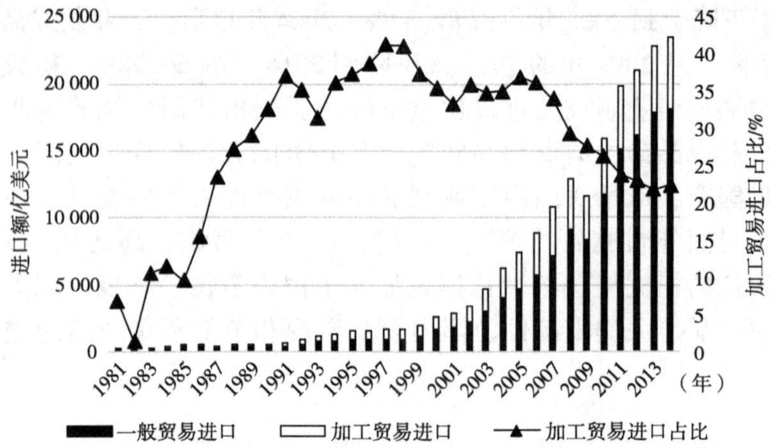

图 1.3　1981—2013 年我国进口贸易方式变动情况

资料来源：中国统计年鉴。

结合上述分析我们发现，无论是进口规模、进口产品结构还是贸易方式，我国进口贸易自改革开放以来已取得长足进步。但与进口规模迅速扩张不同，我国进口产品质量的变动趋势却较为模糊，难以形成一致的结论。国家质检总局发布公告称：2015 年，在对 6 703 批次进出口产品的抽查检验中，38.9%的进口产品不合格。其中，汽车用制动器衬片不合格率为 48.4%，儿童服装不合格率为 30.7%，家用纺织品不合格率为 40.3%，学生用品不合格率为 44.6%，食品接触产品不合格率为 49.7%。日本、韩国、越南、意大利等作为我国进口产品的重要来源国，不合格率均超过 40%。另一方面，近年来频发的国外产品召回事件也反映出部分进口产品可能存在设计、生产等方面的缺陷，如：2012 年，宜家家居在全球范围内召回一款灯轨；2016 年 9 月 2 日，三星宣布召回 Galaxy Note7 智能手机；2017 年 2 月 9 日，苹果召回部分 iPhone 6S 设备。雪上加霜的是，众多全球召回事件中，中国市场都被排除在外。从 2012 年到现在，东芝、戴森、三洋、夏普等国外家电巨头在涉及数百万台家电产品的召回中，以缺乏家电召回的强制性标准和规定为由，有意避开了中国市场，这也进一步加剧了我们对进口产品质量的担忧。但是，学者们基于中国数据对进口产品质量的测算结果表明，我国进口产品质量是逐渐提升的，如：施炳展和曾祥菲（2015）利用中国企业 2000—2006 年进口的 9 426 392 种产品数据测算中国进口产品质量后发现，得益于企业质量升级和低质量企业退出，我国进口产品质量呈上升趋势，加工进口的产品质量高于一般进口，外资企业进口产品质量高于本土企业；余淼杰和李乐融（2016）利用倍差法验证贸易自由化与进口中间品质量之间的关系后发现，最终品关税减让提高了一般进口中间品的质量，对加工进口中间品质量没有显著影响；施炳展和张雅春（2016）也发现贸易自由化整体上提高了我国进口中间品的质量，且以一般贸易方式进口的中间品质量增长更快。

进口贸易规模扩张和进口产品质量提升对促进中国经济发展、提高居民收入水平具有重要作用。但另一方面，伴随贸易的快速发展，我国国民收入分配格局发生了重要变化，劳动报酬占国民收入的比重逐渐下降，收入差距呈不断扩大的趋势（Li & Xu，2003）。本书以企业性别工资差距为研究对象的原因在于，伴随市场化经济改革，我国企业性别工资差距经历了更大幅度的扩大。1988—1995 年，城镇男性劳动力的平均年收入增长了 47%，女性收入相对于男性的比例由 1988 年的 88.4%下降到 1995 年的 82.5%；16~25 岁劳动力的企业性别工资差距只有 4%，但当年龄增长到 46~54 岁时，企业性别工资差距会迅速扩大到 20%；教育在一定程度上可以缓解性别歧视，大学及以上学历的女性工资相对于男性的比例为 86%，初中及以下学历的女性工资不到 76%（Gustafsson & Li，2000）。进入 21 世纪以后，企业性别工资差距进一步拉大，女性小时工资相对于男性的比例由 2002 年的 86.03%下降到 2007 年的 78.28%；低学历、年龄偏大的女性收入状况进一步恶化，初中及以下学历的女性小时工资仅为男性的 79.85%，工作经验超过 25 年以上的女性小时工资仅为男性的 76.85%；高收入群体中企业性别工资差距由 2002 年的 14.6%扩大到 2007 年的 41.3%，低收入群体中企业性别工资差距逐渐下降，由 2002 年的 29.7%下降到 2007 年的 19.6%。由于缺乏个体微观数据，近年来企业性别工资差距的变动趋势尚缺乏准确判断。《2016 年中国性别薪酬差异报告》称，中国女性月薪相当于男性的 77%，一线城市男女薪酬差距较小，三四线城市差距较大；我国超过 70%的从业者薪酬分布于2 000~6 500 元，女性多分布在低薪酬区间，尤其是薪酬超过 5 000 元的女性从业人数远远小于男性；导致企业性别工资差距的因素中，城市和行业差异占了总差异的 38%，18%源于学历和工作经验差异，其余 44%不能解释的部分反映出我国男女“同工不同酬”的歧视现象依然很严重。

上述分析表明，改革开放以后，伴随我国进口规模扩大和进口产品质量波动，我国企业性别工资差距也在不断扩大。贸易“质”“量”与企业性别工资差距变动在时间上似乎具有一致性，这不得不使人们将它们联系起来，判断到底是进口贸易的“质”还是“量”推动了企业性别工资差距扩大。特别是近年来外贸环境日益严峻、我国进出口出现罕见双降的情况下，“稳增长、调结构、提质量”已成为新常态下我国谋求外贸持续发展的重要战略，如何将促进外贸回稳向好与“坚持居民收入增长和经济增长同步、劳动报酬提高和劳动生产率提高同步，持续增加城乡居民收入”统一起来，促进外贸转型升级与人民共享发展成果协调发展，将是新形势下我国亟待解决的重要课题。

1.1.1.2 理论背景

伴随经济高速发展，中国收入差距扩大的现象得到学界和政界的普遍关注。学者们从不同角度对这一现象进行了解释，如：卡恩等（Khan et al，1999）认为市场化经济改革是导致中国1988—1995年城镇工资差距不断扩大的主要原因；万和周（Wan & Zhou，2004）认为资本回报率日益上升，因而产业结构调整对农村收入差距不平等的作用大于劳动和其他要素投入；余玲铮和魏下海（2012）则认为金融发展是影响我国收入不平等的重要因素。更多学者则从劳动力市场摩擦角度对我国的收入不平等进行解释，主要包括公有部门相对非公有部门的工资歧视（尹志超和甘犁，2009）、户籍分割导致的岗位工资歧视（余向华和陈雪娟，2012）、劳动力市场分割导致的城乡收入差距扩大（王弟海，2008）、技能分化对劳动力工资差距的影响（赵颖，2012）等，这些研究从不同的角度揭示了中国收入差距变动的原因，丰富了我国收入分配的研究视角。

由于收入差距扩大与贸易自由化在我国表现出时间上的一致性，部分学者（Wei & Wu，2000；Gulati & Husain，2000）开始从贸易开放角度对我国收入差距进行研究，但由于数据及方法的差异，得到的结论也不尽一致：赵莹（2003）、何璋和覃东海（2003）、喻美辞（2008）等认为贸易开放扩大了中国工资差距，而徐水安（2003）、文娟和孙楚仁（2009）等发现贸易开放缩小了中国工资差距。理论上，贸易开放对工资差距的影响可以回溯到传统的赫克歇尔-俄林模型（H-O模型），基于H-O模型的萨缪尔森-斯托尔伯定理（S-S定理）认为，国际贸易可以提升一国密集使用生产要素的报酬，由于南部发展中国家低技能劳动力丰裕，因而贸易开放将提高低技能劳动力的报酬，最终缩小发展中国家的技能工资差距。

H-O 模型建立在完全竞争、资本和劳动力可自由流动等严格的假设条件下，而这些条件在现实环境中往往难以满足，导致 H-O 模型的结论与现实有一定出入，如劳伦斯和斯劳特（Lawrence & Slaughter，1993）、伯曼等（Berman et al，1998）、奥特尔和卡茨（Autor & Katz，1999）等指出要素禀赋不能解释发达国家技能工资差距不断扩大的现实，因为 H-O 理论认为劳动力是在产业间流动配置的，一个行业高技能劳动力增加意味着另一个行业高技能劳动力减少，但事实上美国所有行业都经历了高技能劳动力雇佣数量和工资的上涨。另一方面，众多关于发展中国家的研究也表明，贸易自由化不仅没有缩小技能工资差距，反而因为降低了低技能劳动力的相对工资而进一步扩大了技能工资差距。对此，芬斯特拉和汉森（Feenstra & Hanson，1996）基于外包的生产组织方式进行了解释，他们认为，发展中国家承接发达国家外包的生产环节，对发达国家而言是低技能密集型的，但对发展中国家而言是高技能密集型的。因而，外包将同时增加发达国家和发展中国家对高技能劳动力的需求，同时降低对低技能劳动力的需求，最终扩大两国的技能工资差距。

新古典贸易理论和新贸易理论都假设企业是同质的，要么所有企业都参与出口，要么都不参与；如果参与，所有企业的市场份额应该相等。但现实的情况是只有一小部分企业能参与出口，即使在同一产业内部，出口企业与非出口企业在生产率、绩效等很多方面也存在明显差异。伯纳德（Bernard，1995）利用美国制造业 1976—1987 年的微观企业数据比较出口企业与非出口企业的差异性特征后发现，同一产业内只有小部分企业能进入出口市场。更重要的是，与非出口企业相比，出口企业在生产率、规模、要素密集度等方面更具优势，支付的工资也更高。显然，传统的贸易理论无法对这种现象给出合理解释，这种理论与现实的“脱节”促使部分学者将异质性因素纳入以规模经济和不完全市场竞争为主要假设的新贸易理论框架中，逐渐形成了新新贸易理论。作为新新贸易理论的重要分支，梅里兹（Melitz，2003）将企业生产率差异作为异质性的重要来源，利用霍本哈亚（Hopenhaya，1992）一般均衡框架下的垄断竞争模型解释了企业的国际化路径选择问题。梅里兹（Melitz，2003）认为，只有生产率最高的企业才能克服沉没成本进入出口市场，生产率次之的企业将只供应国内市场，生产率最低的企业将因贸易开放引致的竞争加剧而退出市场。因此，贸易开放导致低生产率企业退出市场，生产要素向高生产率企业集中，行业内资源重置将最终提高行业整体的生产率水平。学者们从不同角度拓展了异质性企业贸易模型，对贸易自由化与工资差距的关系进行考察，如：埃格等（Egg et al，2009）引入“参考工资”概念，认为参考工资类似于企业的“最低工资”，员工通过对比自己的实际工资与“参考工资”来判断企业是否公平，出口企业通过干中学效应提升了自身生产率，进而提高了员工对企业“参考工资”的预期，最终会进一步扩大企业间的工资不平等；赫尔普曼等（Helpman et al，2010）将劳动力市场的搜索摩擦、讨价还价及匹配质量纳入梅里兹（Melitz）模型中，证实贸易开放使大规模、高生产率企业的市场份额提高，这些企业将对劳动力进行更严格的甄别、筛选，从而使非技能劳动力失业率增加，扩大技能工资差距。其他许多学者用不同指标衡量企业的异质性，也发现贸易开放将导致那些拥有出口优势的企业产生不同程度的工资差距，同时增加对“白领”、技术工人等高技能劳动力的需求，降低对“蓝领”等低技能劳动力的需求并增加其转变为非正式劳动力的概率，最终扩大技能工资差距（Amiti & Davis，2008；Kaplan & Verhoogen，2009；Reshad et al，2014；Egger et al，2013）。

1.1.2 研究目的及意义

由上文的分析可知，改革开放以后，中国进口贸易快速发展，无论是在贸易规模、贸易方式还是产品结构上都取得了长足的进步。但与贸易规模快速扩张相比，我国进口产品质量却没有实现同步提升，表现出很强的波动性，甚至在某些阶段还出现了质量下降的趋势。在实现贸易大国向贸易强国的转变过程中，我们既要注重“量”，也要注重“质”，既要“大”也要“强”，只有“质”和“量”协调发展，才能真正实现优化进出口产品结构、转变贸易发展方式的战略目标。另一方面，伴随市场化经济改革和贸易自由化进程加快，我国企业性别工资差距也不断扩大，贸易自由化和企业性别工资差距扩大在时间上的一致性使我们不得不思考这样的问题：贸易自由化是否扩大了我国企业性别工资差距？到底是贸易的“质”还是贸易的“量”影响企业性别工资差距？如果产品质量对企业性别工资差距有影响，到底是通过何种途径？对这些问题的回答，有助于我们更好地理解贸易自由化的收入分配效应。作为参与微观经济活动的市场主体，企业同样也是产品的最终生产者和国际贸易的直接参与者，其生产绩效与国家整体竞争力提升和经济持续健康发展息息相关，因而与直接考察宏观经济效果相比，从企业、产品等微观视角的研究更有意义。本书通过梳理和总结已有文献，利用包含产品质量异质性的梅里兹（Melitz）模型，得到了进口产品质量影响企业性别工资差距的理论机制，并利用2004—2007年中国工业企业数据和海关数据对主要理论假说进行了实证检验，这是本研究的总体框架。具体来看，本书的研究目的主要包括以下几方面：

第一，在系统梳理和总结国际贸易影响工资不平等的理论和实证研究文献的基础上，本书通过引入产品质量异质性，深入分析进口产品质量影响企业性别工资差距的理论机制并提出研究假说，一方面为后文实证研究提供理论支撑，另一方面也是对现有异质性企业贸易模型的有益补充。

第二，在对进口产品质量、企业性别工资差距等核心指标的内涵及测算方法进行总结梳理的基础上，本书构建并改进了进口产品质量和企业性别工资差距的测算方法，并利用中国工业企业数据和海关数据重新测算相关指标。通过对测算结果进行对比分析，我们尝试准确刻画我国进口产品质量和企业性别工资差距的现状及变化趋势。

第三，在异质性企业贸易模型的基础上，本书构建了进口产品质量影响企业性别工资差距的计量模型，并从进口动态、来源国特征等角度进行了拓展。然后利用中国工业企业数据和海关数据对主要计量模型进行实证检验，以量化进口产品质量对企业性别工资差距的微观影响，同时也对影响机制和主要理论假说进行实际验证。

第四，在厘清进口产品质量影响企业性别工资差距的理论机制的基础上，结合计量模型和主要的实证结果，本书就转变贸易发展方式、优化进出口产品结构和缩小收入差距、坚持发展成果由人民共享提出政策建议和启示，从而为调整贸易政策和收入分配政策提供理论支持和现实依据。

本书的研究内容和主要结论具有重要的理论和现实意义。从理论意义上来说，首先，现有关于贸易自由化影响收入不平等的研究主要集中在贸易规模上，忽视了产品质量对收入不平等的影响，因而本研究在一定程度上丰富了贸易的收入分配效应的研究视角。其次，本书通过梳理贸易开放影响收入不平等的已有研究，在将产品质量异质性纳入梅里兹（Melitz）模型的基础上，从资本-技能互补、产品质量提升和进口竞争三个角度探讨了进口产品质量影响企业性别工资差距的理论机制，一定程度上可看作对异质性企业贸易模型的拓展。最后，关于贸易自由化对收入差距的研究多以发达国家为研究对象，少量关于发展中国家的研究主要集中在拉美等经济体，缺乏对亚洲特别是以我国为代表的中等发展中国家的深入、系统的研究。本书以中国这样一个转型经济体为研究对象，利用企业和产品微观数据，深入检验进口产品质量对企业性别工资差距的影响，为贸易转型升级与劳动者福利改善提供了转型经济体的经验证据。从现实意义上来看，欧美国家主导推动高标准的国际贸易规则重塑以及国内土地、劳动力、环境等资源要素的压力，使我国对外贸易发展形势愈发严峻，以“稳增长、调结构、提质量”为主要特征的外贸新常态对我国发展对外贸易提出了新要求。本书从进口产品质量的角度考察了优化进出口产品结构、促进贸易转型升级对我国收入不平等的影响，其主要内容可以让我们厘清进口产品质量提升在我国收入不平等扩大中所发挥的作用，更深层次地认识贸易开放的潜在经济职能。同时，本书的基本结论有助于我们规避贸易开放的弊端，逐渐落实“十三五”规划中提出的“坚持居民收入增长和经济增长同步、劳动报酬提高和劳动生产率提高同步，持续增加城乡居民收入”“实行有利于缩小收入差距的政策，明显增加低收入劳动者收入，扩大中等收入者比重”等目标，进而为如何更好地制定、执行和完善国家贸易政策和收入分配政策提供理论支撑和现实依据，最终实现对外贸易转型升级和优化收入分配格局协调发展。

1.2 研究思路、结构安排与研究方法

1.2.1 研究思路与结构安排

在我国贸易自由化深入发展和收入不平等不断扩大的背景下，本书通过拓展异质性企业贸易模型，得到了进口产品质量影响企业性别工资差距的微观机制，并进一步利用中国工业企业数据和海关数据对主要理论假说进行实证检验。具体而言，本书先对贸易开放条件下的收入不平等和产品质量研究进行了系统梳理和回顾，特别是对贸易自由化影响工资不平等的理论机制、实证检验和产品质量测算方法进行了系统归纳；然后，本书构建了进口产品质量和企业性别工资差距的度量指标，并利用中国工业企业数据和海关数据对指标进行测算，通过对指标的描述性分析判断我国进口产品质量和企业性别工资差距的现状及变化趋势；在已有研究的基础上，本书通过适当引入产品质量异质性，提出了进口产品质量影响企业性别工

资差距的理论机制，主要从资本-技能互补、产品质量提升和进口竞争三个方面进行阐述；接着是本书的核心内容，分别使用倾向匹配得分估计、包含工具变量的2SLS估计等方法从进口动态、进口来源国特征等角度对进口产品质量影响企业性别工资差距的理论假说进行实证检验，以解释进口产品质量影响企业性别工资差距的微观机制；最后是本书的主要结论和政策建议，并指出本书的不足和进一步研究方向。综上所述，本书主要包括7个部分的内容，具体如下（见图1.4）。

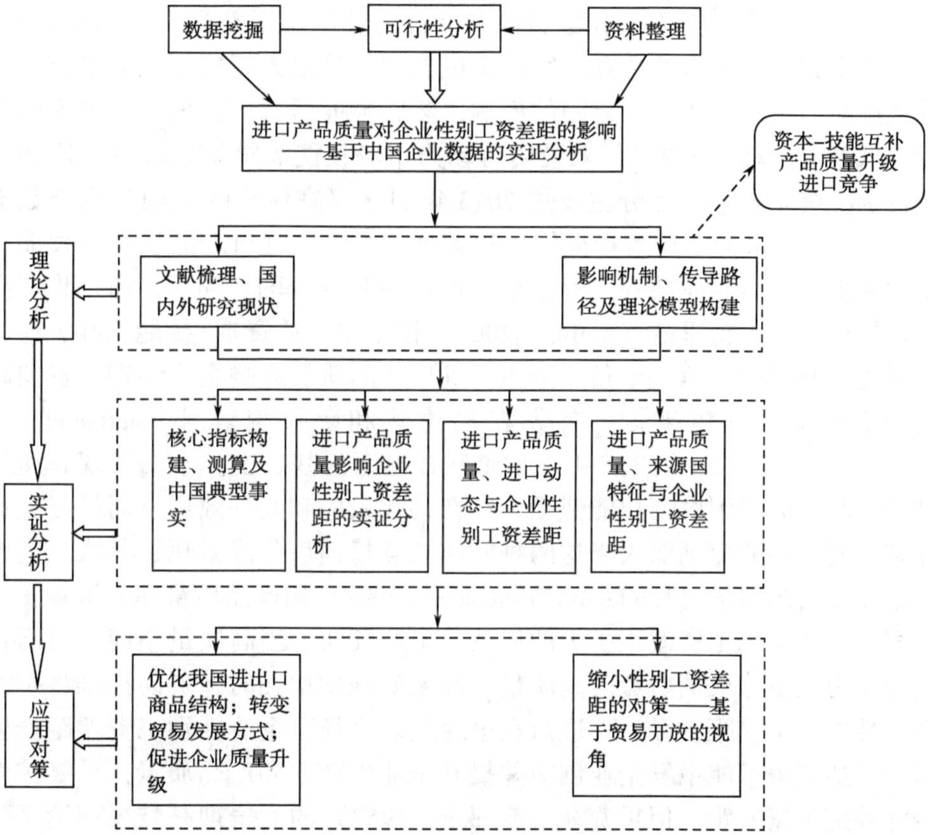

图1.4 本书的技术路线图

第1章是导论。主要介绍本书选题的现实背景、理论背景、研究内容、研究目的、研究思路与方法及主要的创新点与不足等。

第2章是关于国际贸易、产品质量和工资不平等的文献综述。本章主要包括四方面的内容：一是回顾主要理论模型对贸易自由化影响工资不平等的解释；二是总结回顾关于贸易自由化影响工资不平等的实证研究；三是介绍现有文献对产品质量内涵的界定及主要的测算方法；四是文献评述。

第3章是指标构建、测算及理论机制研究。本章首先构建了测算进口产品质量和企业性别工资差距的计算公式，然后利用中国工业企业数据和海关数据对上述两个指标进行测算，并通过对测算结果的描述性分析，得到了我国进口产品质量和企业性别工资差距的现状及变化趋势。特别需要指出的是，本章包括了“我国男性和女性的技能水平差异”的相关内容，因为本书第2章文献综述和后续理论机制部分的很大篇幅都是关于贸易开放或产品质量对技能工资差距的影响，然后再根据“广大发展中国家的女性以低技能劳动力为主”，来说明劳动力市场技能需求结构改变会影响企业性别工资差距。该部分主要用2013年中国家庭住户收入项目调查数据（CHIP2013）来为上述解释提供实际支撑，说明“进口产品质量→技能劳动力需求变动→企业性别工资差距”的逻辑是合理的。随后，通过将产品质量异质性纳入梅里兹（Melitz，2003）模型中，从资本-技能互补、产品质量提升和进口竞争三个角度阐述了进口产品质量影响企业性别工资差距的微观机制。具体来说，首先在福伦达和萨拉维亚（Voigtlaender & Saravia，2015）构建的生产工序质量互补模型的基础上，本书发现高质量进口产品同时对国内高技能劳动力存在替代效应和互补效应，而最终企业性别工资差距的变动取决于这两种效应相互抵消后的净效用；其次，借鉴库格勒和韦尔霍根（Kugler & Verhoogen，2008）用产品质量提升解释发展中国家企业性别工资差距扩大的做法，本节证实，当高质量中间品对高技能劳动力更敏感或消费者对高质量产品偏好强度增强时，贸易扩张将扩大企业性别工资差距；最后，进口竞争通过多途径对企业性别工资差距产生影响，如竞争可能激发企业创新并提升企业生产率和产品质量，最终扩大企业性别工资差距。但贝克尔（Becker，1957）的竞争抑制歧视理论又强调竞争可以降低对女性的歧视，进而缩小企业性别工资差距。进一步的讨论还发现，竞争对企业性别工资差距的影响还与进口产品质量结构、国家技术引进政策等有关，导致进口竞争对企业性别工资差距的影响难以确定。

第4章是进口产品质量影响企业性别工资差距的实证分析。本章主要利用倾向匹配得分估计（PSM）和广义倾向匹配得分估计（GPS）对企业进口产品质量与企业性别工资差距的关系进行实证研究。首先，本章提出了进口产品质量影响企业性别工资差距的理论假说，特别是从进口竞争和成本加成两个角度进行了分析。其次，构建了进口产品质量影响企业性别工资差距的计量模型，并对数据来源、变量描述及内生性问题的处理等进行说明。再次，利用多种计量方法对计量模型进行估计，并结合理论机制和经济现象对估计结果进行分析。该部分不仅用基准回归阐述了进口产品质量对企业性别工资差距的总体影响，还分别利用 PSM 和 GPS 做了进一步分析，当然，PSM 和 GPS 的结果也可视为对基准回归的稳健性检验。最后，本章对前文理论假说中的进口竞争和成本加成机制进行检验。

第 5 章是进口产品质量、进口动态与企业性别工资差距。首先，本章从进口动态的角度提出了进口产品质量影响企业性别工资差距的理论假说；其次，从企业进口模式、进口持续时间、滞后效应等企业进口动态角度分析了进口产品质量对企业性别工资差距的影响；最后，从进口产品分类、进口产品种类及种类变化等产品进口动态的角度分析进口产品质量对企业性别工资差距的影响。

第 6 章是进口产品质量、来源国特征与企业性别工资差距。首先，本章概述了我国进口来源国特征的演化事实，并从来源国特征角度提出了进口产品质量影响企业性别工资差距的理论假说；其次，基于来源国特征的角度构建了进口产品质量影响企业性别工资差距的计量方程，并对变量来源及处理、变量描述和内生性问题的处理等进行了说明；接下来是实证检验部分，本章不仅从来源国特征视角分析了进口产品质量对企业性别工资差距的整体影响，还区分了进口来源国的经济发展水平、国内政治风险程度、是否与我国接壤、是否与我国有相似的文化以及进口来源国与我国的经贸、政治关系等；最后，本章用多指标、多方法及不同的样本分类标准对基本结论进行了稳健性检验。

第 7 章是结论与展望。本章总结了主要结论，并根据计量模型设定、变量选取、实证结论等提出了相应的政策建议。当然，也对本书的不足和未来进一步研究方向进行了展望。

1.2.2 研究方法

本书以贸易自由化不断深化的条件下我国进口产品质量波动和企业性

别工资扩大为主要背景，全面系统地分析了进口产品质量对企业性别工资差距的影响。为保证研究结果的可靠性与准确性，本书力求进行多角度、多维度、多层次的分析，所使用的方法主要包括以下几种：

第一，规范分析与实证分析相结合。本书在已有研究的基础上，重点梳理了贸易开放影响工资不平等的理论和实证研究，并在异质性企业贸易模型下通过理论建模和逻辑推演对进口产品质量影响企业性别工资差距的机制进行了规范分析。在此基础上，利用2004—2007年中国工业企业数据和海关数据，对本书的主要理论假说进行实证检验。

第二，定性分析与定量分析相结合。本书的定性分析主要体现在以下方面：利用散点图及相关关系图初步描绘进口产品质量与企业性别工资差距的关系；通过总结梳理已有文献，归纳出不同机制条件下进口产品质量对企业性别工资差距的影响差异；利用多方法、多变量、多层次的实证研究，判断进口产品质量对企业性别工资差距的影响趋势，并结合假设条件及外在环境的改变，判断该趋势是否会发生变化。本书的定量分析则主要体现在指标测算上，如：通过测算进口产品质量，可以判断进入WTO以来我国进口产品质量的变化趋势；通过测算企业性别工资差距和成本加成，可以了解企业的薪资分布及市场竞争力状况；通过用数量指标代表进口来源国与我国的政治关系，可以更精确地度量来源国与我国的政治友好程度，也便于进行国家间的比较。将定性分析与定量分析结合起来，可以更准确地厘清进口产品质量对企业性别工资差距的微观影响。

第三，静态分析与动态分析相结合。在某一点、某阶段进口产品质量和企业性别工资差距是静态的，本书在静态分析的同时也从多角度进行了动态分析，如：分析不同进口模式下进口产品质量对企业性别工资差距的影响时，区分进口模式的依据就是企业进口时间的持续性，根据进口持续时间的动态变化将企业分为连续型、间断型、新出口、退出及其他企业五类；进行产品进口动态分析时，借鉴芬斯特拉（Feenstra，1994）提供的方法，测算了企业相邻两年进口产品种类的变化。将静态分析与动态分析相结合，可以将进口产品质量影响企业性别工资差距进行时间维度上的延伸，从而丰富和拓展研究内容。

第四，对比分析法。本书在对进口产品质量影响企业性别工资差距进行总体分析的基础上，还进一步对样本进行分组检验，并对分组估计结果进行对比分析。在具体的分析过程中，我们按进口产品质量将企业分成进口产品质量较高的企业和进口产品质量较低的企业；按企业进口持续时间将企业分成连续型、间断型、新进入、退出和其他企业；按进口产品种类绝对数将企业分成单一产品进口企业和多种产品进口企业；按进口产品种类变化将企业分成进口产品种类增多、减少和不变三类；按所有制属性将企业分成公有制企业、个体和私营（以下简称“个私”）企业、外资企业三类；按要素密集度将企业分成资本密集型、劳动密集型和中间行业三类。通过对比分析可以揭示进口产品质量影响企业性别工资差距的差异性，并对其背后的原因和机制进行剖析，从而帮助我们更全面地了解研究主题。

第五，多种计量方法综合运用。结合计量模型设置、变量选取、数据等客观条件，本书利用多种计量方法对进口产品质量与企业性别工资差距的关系进行实证检验。首先，全文中多数回归采用的是最小二乘法，另外，针对模型的内生性问题，我们通过寻找合适的工具变量（Ⅳ），用两阶段最小二乘法进行估计；其次，本书使用倾向匹配得分的估计方法，在反事实推断的基础上，通过比较对照组和实验组的差别来判断进口产品质量对企业性别工资差距的影响；最后，在考虑进口产品质量对企业进口决策的影响时，本书使用序贯 logit 模型进行估计。多种计量方法的综合使用进一步提高了本书研究结论的准确性与可靠性。

1.3 研究的创新点与不足

1.3.1 研究的创新点

第一，与以往关于贸易自由化的收入分配效应研究多从贸易规模、贸易方式、产品结构等角度出发不同，本书选择贸易品质量作为切入点，深入分析进口扩张的收入分配效应。同时，本书对收入分配的关注从宏观层面的地区收入差距、城乡收入差距、行业间收入差距等转入微观层面的企业性别工资差距，为我们从企业异质性角度去考察贸易开放的收入分配效应创造了条件，也是对现有文献的有益补充。而在理论机制上，梅里兹（Melitz）模型主要从生产率异质性角度解释了企业国际化路径选择及贸易自由化所产生的行业总体生产率提升，本书则将产品质量异质性引入梅里兹（Melitz）模型，发现进口产品质量可能通过资本-技能互补、产品质量提升、进口竞争等机制影响劳动力市场的技能需求结构，进而影响企业性别工资差距。因而，本研究一定程度上可以视为对异质性企业贸易模型的拓展和补充。

第二，利用产品的价格和数量等信息反推质量时，一个固有的难题是产品价格存在明显的内生性问题，导致测算结果可能出现偏误。本书在利用高度细化的产品层面数据测算我国进口产品质量过程中，借鉴埃米蒂（Amiti，2010）的做法，选择单位运输成本作为产品价格的工具变量（运输成本=地理距离×油价），一定程度上减轻了内生性的影响，从而得到了较为准确的测算结果，也能更真实地反映我国进口产品质量的变化情况。

第三，在实证检验过程中，针对可能的内生性问题，本书通过构造合适的工具变量进行两阶段最小二乘法估计，一定程度上降低了普通最小二乘法估计可能产生的偏差，提高了回归结果的可靠性。同时，在利用回归分析得到进口产品质量影响企业性别工资差距统计显著性的基础上，本书还利用倾向匹配得分（PSM）的方法进行反事实模拟，回答了企业性别工资差距的变化到底是自发选择的结果还是确实受到进口产品质量的影响这一问题。特别需要指出的是，由于本书的核心解释变量——进口产品质量是连续变量，倾向匹配得分估计在对变量进行离散化处理的过程中会遗失大量信息。为避免这个问题，我们采用广义倾向匹配得分（GPS）的方法进行估计，结果不仅证实了基准回归的结论，还发现进口产品质量对企业性别工资差距的影响存在阈值效应。

第四，本书不仅从整体上考察了进口产品质量对企业性别工资差距的影响，还从进口动态和来源国特征两个视角对研究主题进行了拓展和深化。不同于以往对进口动态的研究主要集中于企业层面，本书还特别考察了产品层面的进口动态，从而厘清了在企业和产品频繁进入、退出进口市场条件下进口产品质量对企业性别工资差距的动态影响。就来源国特征而言，本书进一步拓展了国家特征的内涵，除了分析传统的来源国经济发展水平、政治风险程度等基本特征以外，还特意考察了来源国与我国的经贸关系和政治关系。与传统用贸易额衡量双边贸易关系不同，本书采用进口来源国与我国的贸易安排作为衡量标准，将所有国家分为与中国签订自由贸易协定的国家、享受中国优惠关税的国家、WTO 成员及其他四类。同时，对双边政治关系也采用两种新的度量方式：一是外交部公布的我国与其他国家的外交关系；二是数字量化的中国与其他国家的政治关系。对进口来源国特征内涵的丰富，不仅扩展了本书的研究视角，也可以通过差异化对比分析进一步保证实证结果的可靠性。

1.3.2 研究的不足

由于时间、资料、数据及研究手段的制约，本书还存在以下不足之处：

第一，虽然本书从资本-技能互补、产品质量提升和进口竞争三个角度分析了进口产品质量影响企业性别工资差距的可能机制，并在实证研究中提出了相对严谨的理论假说，但如果能用数理模型推导出同时涵盖这三种机制的进口产品质量影响企业性别工资差距的统一框架，并以此建立计量模型，将使本书结构更加紧凑，得到的结论也更有说服力。

第二，本书构建计量模型时主要考虑了企业控制变量对企业性别工资差距的影响，虽然在一定程度上控制了城市层面和国家层面变量，但受制于数据，只包括城市经济发展水平、人力资本水平、基础设施建设水平等，如果能从其他数据库中筛选出更多的变量加入计量模型中，将得到除进口产品质量外更多影响企业性别工资差距的因素，从而丰富和拓展本书的研究内容。

第三，本书对计量结果的分析还不够深入，对某些现象、原理的经济学分析及现实意义拓展有待进一步完善。

2

贸易自由化、进口质量升级与工资不平等：理论研究

本章是关于贸易开放、产品质量与工资不平等的文献综述，主要包括四部分内容：一是关于贸易开放影响工资不平等的理论研究，主要借鉴比较优势理论、狄诺剖勒斯-西格斯托姆（Dinopoulos-Segerstrom）模型、外包模型以及赫尔普曼-伊茨霍基-雷丁（Helpman-Itskhoki-Redding）模型的基本思想，梳理了贸易开放影响工资不平等的理论机制；二是关于贸易开放影响工资不平等的实证研究，重点围绕技术进步、企业异质性及劳动力异质性等总结了贸易开放影响工资不平等实证文献的主要结论；三是总结了现有文献对产品质量的界定及主要的测算方法；四是对现有文献的简单评述。

2.1 贸易自由化影响工资不平等的理论解释

2.1.1 基于比较优势理论的解释

在李嘉图比较优势理论的基础上，赫克歇尔和俄林进一步从要素禀赋和产品要素需求强度差异对国际贸易进行解释，后经斯托尔伯、琼斯、萨缪尔森等进一步发展，逐渐形成了要素禀赋理论（称为赫克歇尔-俄林模型或 H-O 模型）。赫克歇尔和俄林认为生产要素可以在行业间自由流动，要素报酬不受所雇佣行业的影响。因此，贸易自由化主要通过影响要素报酬来影响工资不平等。施托尔珀和塞缪尔森（Stolper & Samuelson，1941）拓展了李嘉图单一要素的比较优势模型，基于两国要素禀赋差异形成了贸易自由化影响要素价格的新理论：贸易自由化会提高一国出口部门密集使用生产要素的报酬，降低竞争性进口部门密集使用生产要素的报酬。假设劳动力存在技能差异，即同时存在高技能劳动力与低技能劳动力，自由贸易将提高高技能劳动力丰裕国家的高技能劳动力的报酬，并降低低技能劳动力的报酬，从而扩大技能工资差距；低技能劳动力丰裕的国家正好相反，贸易自由化将提高低技能劳动力的报酬，降低高技能劳动力的报酬，因而缩小了技能工资差距。由于发达国家高技能劳动力丰裕，而发展中国家低技能劳动力丰裕，因而贸易开放将扩大发达国家的技能工资差距，缩小发展中国家的技能工资差距。

与两要素模型不同，特定要素模型指出，并不是所有要素短期内都可以自由流动，一些要素可能被特定限制在某些行业中。贸易自由化将提高出口部门特定要素的报酬，降低竞争性进口部门特定要素的报酬。如果劳动力属于行业特定要素，贸易自由化将提高出口部门劳动力的报酬，降低进口部门劳动力的报酬，如果贸易开放前出口部门劳动力的工资水平较高，那么贸易开放会进一步扩大出口部门与非出口部门之间的工资差距；反之，如果贸易开放前出口部门工资较低，则开放后部门间工资差距将逐渐降低。

利默尔（Leamer，1994）和伍德（Wood，1995）将斯托尔伯-萨缪尔森定理推广到南北贸易模型中，他们认为，发展中国家和发达国家同时存在高技能劳动力和低技能劳动力两种投入要素，比较优势的分工模式将使发展中国家主要使用低技能劳动力生产产品，发达国家正好相反。当贸易开放后，发展中国家将更多出口使用低技能劳动力生产的产品，从而增加对低技能劳动力的需求，而来自发达国家的进口竞争会降低发展中国家对本国高技能劳动力的需求，因而最终导致技能工资差距逐渐降低；相反，发达国家的技能工资差距将逐渐拉大。伍德（Wood，1997）利用东亚和拉美的发展中国家的数据对贸易开放与技能工资差距的关系进行了实证研究，发现东亚国家在20世纪60—70年代之间的贸易开放确实降低了本国技能工资差距，但拉美国家在20世纪80年代的贸易开放却进一步拉大了技能工资差距。伍德对这种影响效果的差异进行了解释，认为不是由东亚国家与拉美国家自身差别所致，而是由其他两个因素所引起的：一是印度、中国等国家进入世界贸易体系，这些国家属于低技能劳动力丰裕的国家，因而它们同发达国家的贸易将加剧与拉美国家间的竞争，从而降低对拉美国家低技能劳动力的需求；二是20世纪80年代，以计算机技术为代表的技术创新迅速涌现，需要更多的高技能劳动力与之匹配，这进一步降低了对低技能劳动力的需求。

2.1.2 基于狄诺剖勒斯-西格斯托姆（Dinopoulos-Segerstrom）模型的解释

20世纪80年代以来出现了很多难以用新古典贸易理论解释的经济现象，如：①相对于高技能劳动力，低技能劳动力的工资水平进一步下降；②制造业部门中，高技能劳动力就业占比逐渐上升；③很多四分位制造业行业中，低技能劳动力的岗位逐渐被高技能劳动力所替代；④在贸易自由化进程中，技术升级和研发创新不断涌现。狄诺剖勒斯和西格斯托姆

（Dinopoulos & Segerstrom，1996）在发达国家产业内贸易模型中引入创新和技能获取的内生决定机制，探讨了贸易自由化对工资不平等的影响，尝试对这些新现象进行解释。他们指出，赢得创新竞争的企业会成为技术领先者，但因为存在潜在的竞争对手，技术领先者的产品定价会受到下一期技术领先者边际成本的制约。技术领先者会向国外市场出口产品，并同外国的质量跟随者进行竞争，但国外对进口商品征收的关税会降低企业的出口利润，并对创新产生抑制作用。相反，贸易自由化将提高企业的出口利润，并鼓励企业进行研发投入和技术升级。由于相对于最终品生产组装，研发创新始终属于高技能密集型活动，因而贸易自由化将增加对科学家、工程师等高技能劳动力的需求，并降低对低技能劳动力的需求，最终扩大两国的技能工资差距。

狄诺剖勒斯-西格斯托姆（Dinopoulos-Segerstrom）模型很有意思的一点是得到了“熊彼特式的斯托尔伯-萨缪尔森”效应，通过该效应，创新活动价格的改变与技能工资差距联系到了一起，即当且仅当创新活动是高技能密集型时，创新投入预期折现利润增加会永久性提高高技能劳动力的工资收入，并降低低技能劳动力的工资收入，从而扩大技能工资差距。其中，“熊彼特式”主要体现在创新活动的价格与企业当期垄断利润成正比；“斯托尔伯-萨缪尔森”效应则体现在创新活动属于高技能密集型，因而企业加大研发投入会增加对高技能劳动力的需求，并降低对低技能劳动力的需求。

2.1.3 基于外包模型的解释

从20世纪70年代开始，外包作为一种有别于传统最终品贸易和跨国直接投资的新型经济合作形式逐渐产生。外包是发包国将最终品生产过程中的某些中间环节转移给承包国，利用承包国廉价的劳动力、丰富的资源进行生产的活动。国际贸易实践中，发包国通常是发达国家，承包国多为发展中国家。外包常见的形式是发包国将某些生产要素以出口中间品的方式交给承包国，然后再将承包国加工生产后的最终产品或中间品进口进来。从这个意义上来看，外包在严格意义上也属于中间品或产品内贸易的范畴，是世界上不同国家凭自身比较优势参与国际产品生产链的结果，是国际分工的进一步深化和发展。

发达国家利用外包将某些生产环节转移给发展中国家，将对发达国家和发展中国家的劳动力市场产生深远影响。芬斯特拉和汉森（Feenstra & Hanson，1996）在多恩布施-费希尔-塞缪尔森（Dornbusch-Fisher-Samuelson）模型的基础上，构造了连续统一的中间品贸易模型，将工资不平等与由外包活动引起的产品内贸易增长联系起来。他们假设市场结构为完全竞争，市场中只有一种产品；完成该产品生产需要三种投入要素——资本、低技能劳动力和高技能劳动力；有两个国家——本国和外国，本国是高技能劳动力丰裕的发达国家，外国为低技能劳动力丰裕的发展中国家；所有环节，如研发、生产、运输、售后服务等都需要同时使用高技能劳动力与低技能劳动力，且按高技能劳动力与低技能劳动力的比例对生产环节进行升序排列，即随着生产往后推移，生产过程中高技能劳动力的占比越来越大。本国为实现成本最小化，会确定生产环节的临界值，将技能密集度低于该临界值的环节外包到低技能劳动力丰裕的外国，本国将专注于技能密集度高于临界值的生产环节。当资本可以自由流动时，一部分资本将由本国流向外国。此时，生产环节的外包临界值将上升，外包变得更加容易，本国会将更多生产环节外包给外国。与留在本国的生产环节相比，外包出去的生产环节对技能要求较低，因而会降低本国对低技能劳动力的需求，扩大本国的技能工资差距。另一方面，对于外国而言，其承接的生产环节对技能的要求更高，因而会增加外国对高技能劳动力的需求，扩大外国的技能工资差距。

格罗斯曼和罗西-汉斯伯格（Grossman & Rossi-Hansberg，2008）拓展了上述外包模型，研究了外包成本降低对国内劳动力市场的影响。对本国低技能劳动力而言，低技能劳动密集型生产环节外包成本降低将对他们产生三方面的影响：一是降低了密集使用低技能劳动力的生产成本；二是外包为企业利用外国低技能劳动力代替本国低技能劳动力提供了可能，进而导致国内低技能劳动力供求失衡；三是外包成本降低导致产出结构发生变化，进而影响市场出清时的要素价格。具体而言，外包成本降低可以提高低技能劳动力密集型生产环节的生产率，进而增加对低技能劳动力的需求，并提升他们的相对工资。但由于外包的发包国通常是高技能丰裕的国家，因而外包成本降低导致的本国贸易条件改善将同时对低技能劳动力工资增长产生抑制作用。除此之外，外包成本降低会将本国的低技能劳动力解放出来，因而产生类似于增加劳动供给的效用。因此，外包成本降低对本国低技能劳动力工资的影响是不确定的，取决于上述三种机制相互抵消后的情况。但对本国的高技能劳动力而言，低技能劳动力密集型生产环节外包对其生产率没有影响，但通过贸易条件改善和劳动供给效应，外包成本降低会提高高技能劳动力的相对工资。然后区分了本国是小国和大国时的情况：当发包国是小国时，由于是价格接受者，因而外包不会改变贸易条件。同时，外包成本降低导致低技能劳动力密集型生产环节扩张，可以吸收多余的低技能劳动力，因而劳动供给效应也不存在。因此，小国低技能劳动力将主要受得益于外包的技术进步的影响，但国内高技能劳动力不受此影响。当发包国是大国时，生产结构变化将引起世界市场价格变动，从而改善本国贸易条件，本国和外国同时增加对高技能劳动力的需求，并降低对低技能劳动力的需求，使得两国技能工资差距同时扩大。由于不完全分工情况下要素供给变动不会影响要素价格，因而外包成本降低导致的劳动供给效应也不存在。

很多学者对外包模型的基本结论进行了验证，如：克拉格和艾伯鲍姆（Cragg & Epelbaum，1996）发现，20 世纪 80 年代中期，伴随贸易改革、私有化及取消管制，墨西哥的技能工资差距也逐渐扩大。一个重要的原因是贸易改革导致贸易部门变得越来越趋近于高技能劳动力密集型，使墨西哥低技能劳动力就业增长较小；同时，来自中国、印度等发展中国家的进口竞争进一步降低了对墨西哥低技能劳动力的需求。汉森和哈里森（Hanson & Harrison，1999）也发现 1985 年开始的墨西哥贸易改革确实扩大了该国国内的工资不平等。芬斯特拉和汉森（Feenstra & Hanson，1997）研究发现，1975—1988 年墨西哥制造业向外国组装工厂的转移导致该国非生产性工资份额增长了 45%。不同于生产性外包，墨西哥 20 世纪 80—90 年代也出现了服务外包，但服务外包通常与低工资、低利润及松散的工会等联系在一起，因而得到了一些与生产性外包不同的结论。还有很多学者以英国为研究对象，考察了外包对发达国家工资差距的影响。安德顿和布伦顿（Anderton & Brenton，1999）对进口来源国进行了区分，着重分析了来自工业化国家和低收入国家的纺织业和非电力机械行业进口中间品对英国低技能劳动力工资和就业的影响。结果发现，来自低收入国家的进口产品显著降低了英国低技能劳动力的相对工资和就业水平，而来自工业化国家的进口产品则没有显著影响；外包的规模和发展程度在英国各行业并不相同，货币大幅度升值可能直接威胁外包业务的发展而使低技能劳动力受益。海曾等（Hijzen et al，2005）利用进口产品矩阵和投入产出表计算了

1982—1996 年英国的外包指标，实证发现国际外包对英国低技能劳动力有显著的负面影响。海曾（Hijzen，2007）也发现 20 世纪 90 年代外包显著扩大了英国国内的工资差距，且这一效应在部门间的差异特别明显。而关于发展中国家承接发达国家外包对两国工资差距的影响研究则得到了更为丰富的结论。萨耶克和塞内尔（Sayek & Şener，2006）通过构造动态的南北贸易模型研究了外包与技能工资差距的关系，他们认为，高质量产品首先在发达国家开始生产，然后通过外包在发达国家与发展中国家之间进行分工，最后完全转移给发展中国家。这一进程无疑会增加发达国家的技能工资差距，但对发展中国家而言，只有当外包生产环节的技术水平高于发展中国家当地的技术水平时，才能扩大发展中国家的技能工资差距。埃格尔等（Egger et al，2001）发现澳大利亚和很多西欧开放小国会将某些生产环节外包给亚洲转型国家，实证结果发现，当要素市场不完全时，这种外包降低了低技能劳动力的工资水平，同时提高了高技能劳动力的工资水平。福克和沃尔夫梅尔（Falk & Wolfmayr，2008）利用欧盟七个国家的数据验证了外包对全要素生产率和工资的影响，结果发现来自低收入国家同一产业的进口中间品对本国就业有显著的负向影响，大约能解释每年本国失业的 0.25%；分样本回归进一步表明，低收入国家进口主要对低技能劳动力集中的行业有不利影响，对机械、电力、运输设备等高技能劳动力密集型行业影响并不显著。近年来，随着越来越多的微观数据逐渐公开，关于外包与工资差距的关系研究也深入微观领域。杜布和卡普兰（Dube & Kaplan，2010）研究了服务外包对本国工资差距的影响，发现门卫和保安等技术含量极低的服务环节外包给发展中国家，确实降低了当地的工资差距。盖斯黑克和戈尔格（Geishecker & Görg，2008）将家庭的个体微观数据与行业层面的外包信息结合起来，从而避免了加总过程中的偏误及可能的内生性问题。实证结果表明，外包对工资有显著的影响。外包每增加 1%，将导致低技能劳动力工资下降 1.5%，同时使高技能劳动力的工资上涨 2.6%，因而进一步扩大了技能工资差距。科斯凯拉和斯滕巴卡（Koskela & Stenbacka，2010）发现，在异质性劳动力市场中外包会显著扩大技能工资差距，但当外包规模超过一定限度时，其对劳动力市场的影响会发生反转，即降低对高技能劳动力的需求，同时增加对低技能劳动力的需求，进而缩小技能工资差距。

由于数据的限制，针对中国承接发达国家外包对国内工资差距的影响，多利用宏观层面的行业或地区数据进行研究，基本上也得到了与芬斯特拉-汉森（Feenstra-Hanson）模型一致的结论。郭沛和李亚成（2016）证实中国承接的国际离岸外包扩大了我国不同技能劳动者的工资差距，来自美国的离岸外包对高技术劳动者和中技术劳动者的工资差距影响最大，来自东亚的离岸外包对中技术劳动者和低技术劳动者的工资差距影响最大。盛斌和牛蕊（2009）检验了外包及其关联性外国直接投资（FDI）对全要素生产率、平均工资及要素收入分配的影响，发现外包及其关联性FDI提高了我国的全要素生产率（TFP）及行业平均工资，但也导致我国高技能劳动力与低技能劳动力的工资差距扩大。徐毅（2011）发现外包降低了我国低技能劳动力的相对工资，而微电子设备的使用增加了对高技能劳动力的需求，进一步扩大了技能工资差距。针对中国的微观研究以胡昭玲和杜威剑（2011）为代表，他们基于中国工业企业数据和海关数据，从企业异质性角度考察了承接服务外包对我国高技能劳动力与低技能劳动力的影响。结果表明，通过生产率效应和替代效应，承接服务外包显著影响了我国高技能劳动力与低技能劳动力的工资差距，且以替代效用为主，即承接服务外包通过减少对高技能劳动力的需求最终缩小了不同类型劳动者之间的工资差距。

2.1.4 基于赫尔普曼-伊茨霍基-雷丁（Helpman-Itskhoki-Redding）模型的解释

赫尔普曼，伊茨霍基和雷丁（Helpman，Itskhoki & Redding，2010）构建了包括企业异质性、劳动力搜寻-匹配和劳动者能力差异的理论模型来考察贸易开放对工资不平等的影响。由于劳动力市场摩擦，企业需要搜寻能力与之匹配的劳动者，劳动者也需要搜寻能给他们提供工作机会的企业，劳动者找到工作的概率取决于找工作的人数与空缺职位之比。若工人当期没有找到工作，则其收入为零。除这些因素外，工人拥有的谈判力量、匹配效率及企业为甄别工人能力所进行的测试都会影响工人的工资水平。对于给定的企业，其对不同的工人有不同的匹配效率，匹配效率直接与企业产出相关，高匹配效率能增加产出，低匹配效率则因资源错配导致产出也较低，因而企业有动力去提高匹配效率，搜寻与企业能力相契合的工人。为排除与企业要求不符的工人，每家企业会制定最低的能力匹配标准，雇佣匹配能力高于最低标准的工人；若工人匹配能力低于最低标准，则该工人将失业，收入为零。在这种情况下，每家企业都会提高质量匹配的效率以寻找与自身要求最契合的工人，并加强对工人能力的测试。相应地，高效率匹配和高强度测试成本也较高，只有高生产率的企业才能克服匹配成本，进而对工人进行更集中的搜寻和更有效的匹配。由于高能力工人出走会使企业付出一定代价，因而高生产率企业会支付给匹配到的高能力工人以高工资。当生产率满足帕累托分布时，贸易开放将提高高生产率企业的利润水平，促使它们对工人进行更强烈的搜寻-匹配，并提高企业雇佣的高能力工人的工资，因而扩大了工资不平等。另一方面，贸易扩张使生产资源向高生产率企业集中，进而使它们的产出水平、市场份额、销售利润等增加，大规模、高生产率企业进行的高强度搜寻-匹配会加剧市场失业，由于失业意味着部分工人收入为零，因而会进一步扩大工资不平等。模型进一步证实，贸易开放对工资不平等的影响呈现先增加后减小的变化趋势，因而贸易对工资不平等的影响主要取决于该国先前的开放程度。

2.2 贸易自由化影响工资不平等的实证研究

2.2.1 对斯托尔伯-萨缪尔森定理（S-S 定理）的检验

传统的 S-S 定理认为，生产要素报酬会随着最终品价格的变化而变化，也会对要素所有者的收入水平产生影响。发达国家高技能劳动力丰裕，其在资本技术密集型产品的生产上具有优势；发展中国家低技能劳动力丰裕，其在劳动密集型产品的生产上具有优势。贸易自由化以后，发达国家资本技术密集型产品出口增加，从而提高了高技能劳动力的报酬，使发达国家技能工资差距进一步扩大。发展中国家正好相反，劳动密集型产品出口增加提高了低技能劳动力的报酬，使发展中国家技能工资差距逐渐缩小。部分学者研究发现，S-S 定理的预测与 20 世纪 60—70 年代发达国家与发展中国家发生的一系列变化相吻合，如：英美等国表现出熟练工人工资相对于非熟练工人大幅度提高，同时技能工资差距扩大（Katz & Autor，1999）；东亚新兴发展中国家因为长期实施出口导向型战略，技能溢价逐渐缩小。其他一些研究也得到相似的结论，如：博尔哈斯（Borjas，1992）发现美国的对外贸易使高技能工人的工资增长了 15%~25%，而由于受到来自低收入国家进口竞争的影响，同时期美国低技能工人的工资增长仅为 11%，技能工资差距大幅提高；利默尔（Leamer，1996）发现美国 20 世纪 70 年代劳动密集型贸易品的价格下降了 30%，从而导致生产该产品的非熟练工人的工资下降了 40%；伍德（Wood，1995）计算了发达国家贸易品的低技能劳动力的含量，发现从发展中国家进口技术含量相似的产品使本国对低技能劳动力的需求降低了 22%。

但从 20 世纪 80 年代开始，世界经济形势发生了新变化，学者们关于贸易开放与工资不平等的研究得到了一些与 S-S 定理相悖的结论，如：罗宾斯（Robbins，1996）发现阿根廷、智利、哥伦比亚等七个发展中国家的贸易自由化显著扩大了本国的相对工资差距，这种工资差距扩大能在一定程度上被贸易自由化引致的机器等资本技术密集型产品使用增加所解释。韦尔霍根（Verhoogen，2008）将 1994 年墨西哥"比索危机"作为外生冲击，发现货币贬值促使高生产率企业出口增加，并提高了"白领"（高技能劳动力）和"蓝领"（低技能劳动力）的工资水平，但"白领"的工资增长更快，因而工资差距扩大。阿塔纳西奥等（Attanasio et al，2004）发现 20 世纪 80—90 年代哥伦比亚大幅度的关税削减显著扩大了该国的工资差距。戈德伯格和帕夫尼克（Goldberg & Pavcnik，2005）发现 1984—1994 年哥伦比亚制造业关税下降了 40%，当不考虑不随时间变化的行业特征时，原来保护程度高的部门员工的工资水平下降得更快；当考虑行业固定效应时，结论正好相反，贸易保护提高了相对工资。布斯托斯（Bustos，2011）研究了南方共同市场对阿根廷企业技术升级和工资差距的影响，证实区域一体化提高了出口企业营业收入，刺激企业进行技术升级。由于技术创新属于高技能密集型生产活动，因而会增加对熟练劳动力的需求，进而扩大技能工资差距。关税削减幅度越大的部门，其技术升级和工资差距扩大的速度也越快。杜威剑和李梦洁（2016）发现在控制行业、时间、区位特征的情况下，企业出口显著提高了技术工人与非技术工人的工资差距。喻美辞和喻春娇（2016）发现进口贸易同时提高了高技能工人和低技能工人的工资水平，但高技能工人工资增长得更快，因而扩大了技能工资差距。

部分学者认为 S-S 定理苛刻的假设导致它的基本结论与发展中国家的情况不相符，如 S-S 定理假设要素在一国国内可以自由流动，在贸易开放的情况下，劳动力将由相对价格较低的部门流向相对价格较高的部门。但大量证据表明，劳动力缺乏弹性及产品市场缺陷导致广大发展中国家贸易开放不能充分发挥劳动力的重置作用。以中国为例，受城乡二元经济结构导致的劳动力市场分割、地方政府保护主义及户籍制度等因素的影响，我国劳动力跨地区、跨行业流动会受到一定制约，因而劳动力自由流动的假设难以保证。雷文加（Revenga，1992）针对美国的研究发现，贸易开放通过劳动力流动影响美国就业而非工资。因此，贸易开放对发达国家和发展中国劳动力市场产生不同影响主要因为劳动力流动性存在差异。

2.2.2 贸易自由化、技术进步与工资不平等

因为S-S定理不能解释发展中国家贸易开放导致工资差距扩大的事实，部分学者尝试从其他角度去解释这一现象，其中一个重要的机制就是技术进步。独立的技术进步会导致工资差距，国际贸易引致的技术进步也会对工资差距产生影响，我们将前者称为外生的技术进步，后者称为内生的技术进步。正如德里菲尔德和泰勒（Driffield & Taylor，2002）所述，在分析国际贸易对工资差距的影响时，我们必须将外生的技术进步和内生的技术进步区分开来。

外生的技术进步主要包括部门导向型技术进步和要素导向型技术进步，前者强调技术进步发生在什么部门，后者强调技术进步过程中的要素需求。利默尔（Leamer，1998）指出，发生在高技能密集型部门中的技术进步会扩大技能工资差距，因而技术进步对工资差距的影响取决于技术进步发生在哪个部门。克鲁格曼（Krugman，2000）认为技术进步对工资差距的影响取决于要素需求，只有技能偏向型技术进步才会扩大技能工资差距。吴晓东（Wu Xiaodong，2001）对中国的经验研究也证实要素偏向型技术进步对技能工资差距的重要影响，高技能偏向型技术进步会扩大技能工资差距，而低技能偏向型技术进步会缩小技能工资差距。朱（Zhu，2004）将新产品研发作为技术进步的一种表现形式，认为当新产品比旧产品的技术密集度更高时，发达国家的新产品研发会导致部分旧产品被转移到发展中国家中。对发展中国家而言，从发达国家转移来的产品依然比国内原有产品拥有更高的技术密集度，因而新产品研发同时扩大了发达国家和发展中国家的工资差距。

格罗斯曼和赫尔普曼（Grossman & Helpman，1991）构建了开放条件下内生性技术进步模型，并比较了小国和大国贸易开放对技术进步的不同

影响：贸易开放对小国技术进步的影响是不确定的，如果贸易开放导致要素从生产部门转移出来并被研发部门所利用，则会促进技术进步；如果贸易开放导致要素在生产部门和研发部门展开竞争，则会妨碍技术进步。在大国模型中，国家间的知识交流会减少贸易参与国的重复劳动，知识的跨国溢出导致知识积累速度加快，研发成本降低，从而促进技术进步。阿西莫格鲁（Acemoglu，1998）对内生技术进步与工资不平等的关系进行了全面考察，他认为，由于传统贸易理论认为技术是外生变量，与国际贸易无关，因而低估了贸易自由化对工资差距的影响。在南北贸易模型中，如果发展中国家未对知识产权做充分保护，发达国家就会减少对发展中国家的技术输出，导致发达国家的技术进步主要来自国内，由于发达国家高技能劳动力丰裕，因而技术进步也以高技能偏向型为主，最终使国内技能工资差距扩大。对发展中国家而言，发达国家输出的技术虽然相对于留在国内的技术水平较低，但相对于发展中国家依然属于高技能偏向型，因而通过技术溢出会扩大发展中国家的技能工资差距。

贸易开放通过技能偏向型技术进步影响工资差距已被大量文献所证实，如：奥康纳和卢纳蒂（O'Connor & Lunati，1999）发现，发展中国家的技术水平与发达国家存在明显差距，因而贸易开放对低技能劳动力的不利影响在发展中国家更加明显。伯曼等（Berman et al，2000）发现，在开放经济中技能偏向型技术进步可以解释20世纪80年代以来发达国家和发展中国家技能工资差距快速扩大的事实。埃斯基韦尔和罗德里格斯·洛佩兹（Esquivel & Rodriguez Lopez，2003）检验了墨西哥1988—1994年和1994—2000年两个时期贸易开放对技能工资差距的影响，发现第一阶段墨西哥的贸易开放缩小了技能工资差距，但技能偏向型技术进步在一定程度上抵消了这种效应。第二阶段贸易开放对技能工资差距的影响很小，说明这一时期墨西哥技能工资差距扩大主要是由外生的技术进步引起的。阿塔纳西奥等（Attanasio et al，2004）发现，哥伦比亚大幅度的关税削减提高了进口竞争强度，国内企业主要依靠技术创新来应对竞争，技能偏向型技术进步最终拉大了哥伦比亚技能工资差距。乔伊琳和维迪尔（Thoening & Verdier，2003）发现，来自中国、印度等中低收入国家的竞争导致拉美国家低技能劳动力丰富的部门进行技术升级，技能偏向型技术进步扩大了技能工资差距。戴维斯（Davis，1996）、朱和特勒副勒尔（Zhu & Trefler，2005）发现，为实现对发达国家的技术“追赶”，发展中国家会利用贸易自由化来倒逼本国技术升级，技能偏向型技术进步增加了对高技能劳动力的需求，最终扩大了技能工资差距。桑切斯·帕拉莫和莎迪（Sanchez Paramo & Schady，2003）发现，拉美国家进口渗透率高的部门，高技能劳动力相对工资增长得也更快，因而贸易可以视为技能偏向型技术进步影响工资差距的重要路径。喻美辞（2010）利用制造业面板数据发现，进口贸易通过研究与试验发展（R&D）溢出效应增加了我国技术密集部门高技能劳动力的相对工资和就业。曾国彪和姜凌（2014）基于中国综合社会调查（CGSS）数据，证实贸易开放使高技能工人相对低技能工人的工资增长了17%。

但也有学者对技术进步与工资差距的关系提出了反对的看法，如帕夫尼克（Pavcnik，2003）运用非参估计的方法检验了技能偏向型技术进步与智利制造业企业技术升级的关系，发现当控制不可观测的企业特征时，无论是用进口中间品、外国技术援助还是受保护的专利技术来代理技术进步，均发现技能偏向型技术进步与企业技术升级没有显著的关系；该学者还进一步表明，20世纪80年代以来智利出现的高技能劳动力就业和相对工资上升主要得益于资本深化。丁守海等（2014）证明，对劳动力替代弹性较大的部门而言，产业内贸易的扩张可能降低对高技术劳动力的需求，缩小技能工资差距。

2.2.3 贸易自由化、企业异质性与工资不平等

梅里兹（Melitz，2003）在新贸易理论的基础上，引入了企业异质性和进入沉没成本，试图解释同一行业内出口企业与非出口企业并存的现象，并为企业国际转移的动因和路径选择从异质性方面提供了新解释。异质性企业贸易模型打破了企业同质的假定，认为企业在生产率、规模、所有制等诸多方面存在差异，因而贸易开放对企业的影响是不同的。由于沉没成本的存在，只有生产率较高的企业才能克服沉没成本进入出口市场，那些生产率较低的企业只能在国内市场销售或者退出市场。高生产率企业凭借出口能获取高额利润，竞争的优胜劣汰也导致生产要素逐渐向高生产率企业集中。在充分就业的条件下，资源约束会加剧企业间的竞争，为获取更优质的生产要素，高生产率企业通常会选择雇佣高技能劳动力，并向他们支付高工资，从而进一步拉大相对工资差距。

另一方面，国际贸易的反馈机制对参与企业产生异质性影响，进而使企业在工资差距上表现出不一致。首先，贸易自由化导致知识、技能的跨国流动更加频繁，知识积累速度加快，通过知识溢出为企业生产率提升创

造重要条件（Coe & Helpman，1995）。马德森（Madsen，2005）利用经济合作与发展组织（OECD）国家超过 100 年的数据检验了知识产品对 TFP 的影响，发现知识产品进口对 TFP 的贡献率超过 200%，但通过技术溢出机制对 TFP 产生的影响在 OECD 国家之间存在巨大差异。由于资本品在开放经济创新增长模型中被视为知识技能的直接载体，徐和王（Xu & Wang，1999）发现资本品贸易是实现知识跨国溢出的重要途径，七国集团（G7）超半数的研发投资通过溢出效应转移到了其他 OECD 国家。其次，贸易开放加剧了国际竞争，竞争促使企业不断进行新产品和新技术的研发①。同时，竞争可以促使企业进行资源重组，避免企业将资源和要素投入低效率的生产环节中，整体上有利于提高企业的资源利用率和生产效率。企业内部资源重置往往伴随企业之间的优胜劣汰，低效率的企业退出市场，从而有利于提高行业整体的生产率水平。克里斯科尔等（Criscuolo et al，2004）利用微观数据，检验了 1980—2000 年英国企业进入退出对生产率的影响，发现竞争对生产率的提升效应从 1980 年的 25%增加到 1990 年的 50%。科科（Kokko，1996）利用墨西哥制造业数据检验了竞争对本国生产率的影响，发现竞争明显提高了墨西哥制造业的生产率，且这种效用受本土企业与外资企业交互关系的影响。简泽和段永瑞（2012），李平等（2012），简泽、张涛和伏玉林（2014）等关于中国的研究也证实，贸易开放加剧了企业间的竞争，最终提高了我国企业层面的全要素生产率。最后，贸易的“干中学效应”也有利于企业生产率的提高，激烈的国际竞争要求企业不断进行新产品和新技术研发创新，跟随企业也要更快速、更有效率地模仿和吸收技术信息，最终提高企业的 TFP。伯纳德和瓦格纳（Bernard & Wagner，1997）、鲍尔温和顾（Baldwin & Gu，2003）、德·洛克（De Loecker，2007）都证实了贸易的干中学效应。综上所述，贸易开放使企业通过技术溢出、竞争或者“干中学”等机制获取先进知识技术、进行研发创新，进而为提高 TFP 提供了条件。研发创新属于技能偏向型生产活动，因而会要求企业更多地雇佣高技能劳动力，从而扩大技能工资差距。与此同时，追求利润最大化的高生产率企业会努力提高劳动力与技术的匹配效率，使高技能劳动力工人与先进技术相匹配，并淘汰低技能劳动力与落后技术，通过劳动力市场技能需求结构变化最终扩大技能工资差距。

① 关于竞争与创新的关系，学术界尚有争论，但多数研究认为竞争有利于创新。

由于微观数据及计量方法的限制，从企业异质性角度研究国际贸易对工资差距的文章较少。乌内尔（Unel，2010）利用美国与 OECD 国家双边贸易数据检验了贸易开放对企业工资差距的影响，发现高生产率企业进入出口市场的概率更高，且在企业规模、利润、研发创新等方面也较非出口企业有优势。高生产率企业更倾向于雇佣高技能劳动力，因而会扩大企业间技能工资差距，高生产率企业出口可以解释美国技能溢价的 15%。徐和李（Xu & Li，2008）针对中国 1 500 家企业的研究发现，出口引致的技能偏向型技术进步增加了对高技能劳动力的需求，从而进一步拉大了企业间技能工资差距。

2.2.4 贸易自由化、劳动力异质性与工资不平等

不同于新古典贸易理论认为劳动力同质的假设，大量文献开始从劳动力异质性的角度去研究贸易自由化对工资不平等的影响。劳动力异质性主要表现为劳动力与资本要素结合以后在生产能力和生产效率上产生差异，高技术劳动力通常与资本结合得更加紧密，因而相对于低技术劳动力，高技术劳动力的相对工资也更高。如前文所述，国际贸易通过技术溢出、进口竞争、“干中学”等机制促使企业加大研发投入，提升自身的生产率水平。高生产率企业通常会寻求高技能劳动力与先进技术匹配，并淘汰低技能劳动力与落后技术，因而贸易自由化通过劳动力市场技能需求结构变化最终会影响技能工资差距。

劳动力异质性表现在很多方面，除基本的技能差异以外，性别、教育程度、年龄、工作经验、政治身份的差异也是劳动力异质性的重要表现。近年来，性别因素在贸易影响收入分配中的作用得到越来越多的重视，学者们也从不同角度扩展了国际贸易影响企业性别工资差距的机制：第一，传统的斯托尔伯-萨缪尔森定理（S-S 定理）。S-S 定理认为贸易扩张通过提高发展中国家低技能劳动力的报酬降低了技能工资差距。根据联合国教科文组织的统计，2003—2011 年，世界女性的平均技能水平显著低于男性，发展中国家女性与男性技能水平相差更大。因而对发展中国家而言，低技能劳动力以女性为主，贸易扩张将提高女性的工资水平，企业性别工资差距趋于下降。第二，贝克尔（Becker）的竞争抑制歧视理论。贝克尔（Becker，1957）认为歧视的根本原因是偏见，那些坚持歧视的雇主将放弃雇佣那些同效率时报酬更低的女性员工，转而雇佣那些报酬更高的男性

员工，这可以变相看作雇主为“歧视”所付出的成本。如果企业能一直获取超额利润，雇主的“歧视”成本就可以得到补偿，但贸易开放加剧市场竞争，使企业的超额利润逐渐消失，导致企业的“歧视”难以维持。因而从长远来看，贸易扩张引致的竞争加剧将导致男性和女性的工资报酬趋于一致，企业性别工资差距缩小。第三，技能偏向型技术进步。贸易自由化导致新机器、新设备不断投入使用，在那些女性集中的行业中，新的机器设备会对女性员工产生一定的替代和挤出效用，从而减少对女性员工的需求，扩大企业性别工资差距（Ozler，2000）。第四，劳动力的个体特征。女性的一些个体特征不利于自身工资增长，如不愿意出差、不愿意监督别人、体力不足、害怕危险或对突然事件的反应较慢等，这些因素导致女性在那些需要更多管理技能、研究能力或体力的职位上分布较少，包括建筑工人、企业管理者、研究人员等。塞圭诺（Seguino，2000）还发现，在劳动力市场中，女性的工资议价能力较低，这会进一步增加雇主降低她们工资的倾向。而东方文化要求女性更多地承担照顾家庭、抚养孩子的责任，并且女性看上去也更加温顺，所从事的也多是短暂灵活的工作，女性的这些特点将对她们的就业参与产生不利影响。马焱和李龙（2014）发现，照顾老人显著降低了中青年已婚女性就业的概率。姚先国和谭岚（2005）发现，少儿抚养比下降促进了女性的就业参与，但老人照料需求在中长期将逐渐增加。刘等（Liu et al，2010）发现，已婚女性照顾公婆显著降低了其劳动参与和工作时间，但照料自己的父母却没有显著影响。黄枫（2012）也发现，照料老人显著降低了女性的劳动参与率，尤其是参与长时间、高强度的工作。但部分文献认为，开放经济下女性的这些特征反而可能让她们受益，因为当贸易开放导致竞争加剧时，女性的这些特征使她们可以替代一些价格昂贵的男性。第五，产业结构调整。贸易开放将导致产业结构调整，如贝纳迪诺（Bernadino，2007）指出，贸易自由化可能导致某些以女性劳动力为主的出口导向型工作产生，欧盟和东盟自由贸易区的成立导致制造业出口下降和服务业出口上升，而服务业劳动力中女性占比远多于男性。在男女劳动力不能完全替代的情况下，产业结构的调整将通过影响相对劳动需求对企业性别工资差距产生影响。

20 世纪 80—90 年代，很多发展中国家经历了贸易自由化改革，这为贸易开放影响企业性别工资差距的实证研究提供了绝佳样本，也得到了很多有意义的结论，如：福法纳等（Fofana et al，2005）发现尼泊尔产品关税削减更加有利于女性劳动力，女性劳动力因为工作增加减少了闲暇时间，男性劳动力正好相反，因而企业性别工资差距缩小。约翰等（Juhn et al, 2014）检验了北美自由贸易区成立对墨西哥男性和女性工资差距的影响，发现电子化的生产过程减弱了对体能的要求，因而在“蓝领”集中的工作环节，女性就业增加，企业性别工资差距缩小，但该效应在“白领”集中的环节不显著。梅农和罗杰斯（Menon & Rodgers, 2009）利用印度1983—2004年国家抽样调查组织（NSSO）家庭调查数据检验了贸易自由化对女性就业和相对工资的影响，发现贸易开放扩大了印度制造业的性别工资差距。阿瓜约-特莱兹等（Aguayo-Téllez et al, 2010）发现墨西哥的贸易自由化更有利于那些女性就业占比较高的部门，如纺织业和服装行业提升了女性的社会地位和相对工资水平。贝里克等（Berik et al, 2004）针对中国台湾和韩国的研究发现，贸易开放引致的进口竞争削弱了女性员工的议价能力，因而扩大了企业性别工资差距。塞圭诺（Seguino, 2005）发现亚洲国家出口行业面临来自其他低工资国家的竞争，这削弱了女性的议价能力，因而贸易开放降低了女性就业和工资水平。埃尔·哈米迪（El Hamidi, 2008）利用埃及劳动力市场调查数据比较了贸易改革前后埃及企业性别工资差距的变化情况，发现贸易自由化显著扩大了企业性别工资差距，这一效应在贸易部门表现得更加明显。维拉洛沃斯和格罗斯曼（Villalobos & Grossman, 2010）发现墨西哥的贸易自由化恶化了女性的就业条件，因而扩大了企业性别工资差距，这一结论在控制女性就业占比和劳动力技能水平时依然成立。同时，非技能劳动力占比上升与企业性别工资差距表现出明显的负相关关系，说明贸易导致的技能偏向型技术进步不能解释墨西哥企业性别工资差距的变动。

由于发展中国家的女性技能水平较低，女性就业主要集中在那些技术水平较低的劳动密集型行业中，因而很多研究都以发展中国家制造业行业为研究对象，如：伍德（Wood, 1991）对发展中国家的研究表明，贸易导致生产向女性劳动力集中的传统部门转移，因而增加了女性的就业比例，缩小了企业性别工资差距。陈等（Chen et al, 2013）用企业和员工的匹配数据检验了贸易自由化对中国企业性别工资差距的影响，发现外资企业和出口企业雇用了更多女性员工，如果外资来源国与企业出口国相同，出口参与将显著降低企业性别工资差距。达梅尔特等（Dammert et al, 2013）检验了贸易开放对男性和女性生产率差异和工资差异的影响，随着贸易自由化程度加深，中国制造业企业性别生产率–工资差异显著降低，对女性的歧视主要存在于国有企业和非出口企业。泰拉等（Terra et al, 2007）利用可计算一般均衡模型验证了贸易开放对企业性别工资差距的影响，而基于乌拉圭数据的实证表明，贸易开放显著增加了该国女性就业，从而缩小了企业性别工资差距。沃尔斯扎克·德拉茨（Wolszczak Derlacz, 2013）基于1970—2005年18个国家面板数据的实证研究发现，贸易开放总体上降低了企业性别工资差距，且这一效果在不同部门和不同技能水平的劳动力中表现并不一致。其他很多研究发现贸易自由化通过技术进步、就业结构调整等机制扩大了企业性别工资差距，如：尼基塔和拉扎兹（Nicita & Razzaz, 2003）发现马达加斯加纺织服装行业出口扩张提高了当地居民的人均购买力支出，但对男性和女性的影响程度不同，纺织服装行业中男性因为出口增长购买力提升了36%，但女性只增加了22%，因而企业性别工资差距扩大。帕皮拉基斯和科瓦鲁维亚斯（Papyrakis & Covarrubias, 2012）发现女性多集中在非技能密集型的制造业中，贸易开放提升了女性的就业，但降低了女性的相对工资。古鲁穆特（Gurumurthy, 2004）指出，在广大发展中国家中女性劳动力普遍存在一些固有弱点，如文盲率较高、不懂英语、缺乏基本的计算机基础，因而信息通信技术的使用对女性就业和工资产生了负面影响。阿恩特等（Arndt et al, 2011）和科伯恩等（Cockburn et al, 2008）针对莫桑比克和塞内加尔的研究发现，两国女性劳动力技能水平较低，且主要集中在农业部门，贸易开放降低了农业部门对女性劳动力的相对需求，因而扩大了企业性别工资差距。

发达国家资本技能丰富，在国际竞争中具有优势，因而贸易开放对企业性别工资差距的影响可能不同于发展中国家。阿什菲尔特等（Ashenfelter et al, 1986）检验了美国银行业市场支配力与雇佣女性人数的关系，发现市场支配力越大的企业雇佣女性员工越少，证实了贝克尔（Becker）的竞争抑制歧视理论。布莱克和布雷纳德（Black & Brainerd, 2004）将1976—1993年美国集中性制造业和竞争性制造业的性别工资差距进行对比，发现贸易自由化明显改善了集中性制造业女性的就业状况。奥斯滕多普（Oostendorp, 2004）发现贸易开放对企业性别工资差距的影响在高收入国家和低收入国家不同，贸易开放和FDI缩小了高收入国家企业性别工资差距，但该效用对低收入国家并不明显。

20世纪90年代以来，中国深化贸易自由化改革，推动各种关税和非关税壁垒大幅削减，简单平均关税从1998年的17.4%下降到2011年的9.5%，降幅高达45.4%（毛其淋和盛斌，2013）。贸易自由化强化了企业竞争，竞争态势改变不可避免地会对劳动力市场产生影响。陈晓华和刘慧（2015）指出，中国出口技术复杂度对性别歧视的影响取决于经济体的技术水平，出口技术复杂度“赶超”可能和提高女性就业存在潜在冲突。雷文妮和张山（2016）基于1990—2012年196个国家面板数据对贸易开放与性别歧视关系的实证研究发现，贸易开放显著提高了女性相对于男性的就业参与率，缓解了女性就业性别歧视。近年来，微观数据的使用为更深入地研究企业性别工资差距演化提供了条件，学者们在关注企业性别工资差距时，往往将企业所有制、劳动力技能水平及受教育年限等结合起来，从新的研究视角考察贸易开放对企业性别工资差距的影响。蔡宏波等（2014）发现服务进口在一定程度上缓解了我国的就业性别歧视，企业所有制与性别歧视的关系不大，高学历员工占比越大的企业对女性的歧视越强。卢晶亮和冯帅章（2015）发现贸易开放通过劳动力流动和就业结构显著扩大了我国制造业性别工资差距，该效用主要体现在低技能劳动力中，对高技能劳动力影响不显著。刘斌和李磊（2012）基于实证研究表明，贸易开放对企业性别工资差距的影响与劳动力技能结构有关。何茵（2007）利用倍差法（DID）研究了贸易开放对不同教育水平的员工性别工资差距的影响，发现进口扩张显著扩大了低教育水平员工的性别工资差距，缩小了高教育水平员工的性别工资差距。

2.3 进口产品质量影响企业性别工资差距的理论机制

2.3.1 资本-技能互补机制

资本-技能互补机制最早由格里利兹（Griliches，1969）提出，他认为，相对于低技能劳动力，高技能劳动力因为拥有更多的“技能”或“教育”因素，因而与物资资本的互补性更强①。学者们将资本-技能互补机制

① GRILICHES Z. Capital-skill complementarity［J］. The review of economics and statistics, 1969(4): 465-468.

的来源归于以下四类：第一，资本的特性决定很多技术内化于资本，尤其对于很多发展中国家而言，新增资本中包含很多技术要素，而技术本身往往要求与技能相结合。第二，生产分工细化促进生产效率大幅提升，尤其是批量化、连续性生产代替传统的手工作坊时，生产率提升表现得更加明显。细化分工产生特定工作岗位，往往需要特定的技能。第三，设备机械型资产的使用推动了机械化大生产，减少了生产线上操作的工人数量，但对设备维修和管理人员的要求提高。第四，从产业结构的发展趋势来看，技能工人多生产机器设备，非技能工人利用这些机器设备生产最终产品（申广军，2016）①。

格里利兹（Griliches）提出资本-技能互补机制以后，学者们从不同角度对该机制进行了检验。早期的研究主要集中在发达国家制造业行业，如：贝里斯特伦和帕纳斯（Bergström & Panas，1995）利用瑞典的制造业数据证明，即使在不考虑规模经济和技术进步的情况下，资本-技能互补机制也依然稳健。菲茨罗伊和芬克（Fitzroy & Funke，1995）将员工分为“白领”和“蓝领”，利用西德 1975—1990 年 32 个制造业行业的数据发现，“白领”员工与资本之间存在很强的互补性。对发展中国家的研究相对较少，但也都基本上证实了资本-技能互补机制，如：周（Zhou，2001）检验了津巴布韦最低工资和劳动保护法对工资和就业的影响，发现机械行业中的技术更支持该国的非生产性工人而不是生产性工人；亚萨尔和保罗（Yasar & Paul，2008）区分了土耳其的技术工人与非技术工人，发现技术工人与机器设备、电脑等资本要素之间存在很强的互补性。奥考伊和于克塞尔（Akay & Yuksel，2009）利用 1991—1997 年四个制造业行业非平衡面板数据检验了加纳是否存在资本-技能互补机制，发现木制家具行业存在资本-技能互补，但在纺织服装等其他三个行业并不存在。

在资本-技能互补机制的研究中，一个重要的问题是如何度量技能。早期的研究主要用受教育年限来代表劳动者的技能水平，如：格里利兹（Griliches，1969）将五年教育定义为最低教育，作为技能劳动与非技能劳动的划分。达菲等（Duffy et al，2004）将劳动者的受教育水平分为小学入学、小学毕业、中学入学、中学毕业、大学入学等 5 个层次，分别对每个

① 对于资本-技能来源的讨论，本书主要借鉴了申广军的观点，详情可参见：申广军．“资本-技能互补”假说：理论，验证及其应用［J］．经济学（季刊），2016（4）：1653-1682.

层次进行加总，得到技能劳动与非技能劳动的加权指标，利用 75 个国家面板数据的估计结果表明，当划分技能劳动与非技能劳动的教育层次较低时，资本与技能表现出明显的互补性。但由于教育年限只代表劳动者的学历层次，与实际工作中的技能投入可能并不等同，因而学者们又从其他角度对技能劳动与非技能劳动进行了区分，如：海莫默什（Hamermesh，1997）用职业来划分技能，发现资本-技能的互补性取决于技能划分的界限。菲茨罗伊和芬克（Fitzroy & Funke，1995）发现，当把“白领”视为技能劳动时，资本与技能表现出明显的互补性，但当把“蓝领”也纳入技能劳动时，资本与技能的互补性不复存在。

资本-技能互补机制的一个重要应用是解释不断扩大的技能工资差距。克鲁塞尔（Krusell et al，2000）最早用资本-技能互补机制解释了美国不断扩大的技能工资差距，作者基于新古典的一般均衡模型，在模型中分别引入结构资本、设备资本、技能劳动与非技能劳动四种要素，且假设资本之间、劳动之间的替代弹性不同，最后发现资本-劳动互补机制可以解释美国技能溢价的 30%以上。哈斯克尔和海登（Haskel & Heden，1999）发现英国以计算机革命为标志的技术进步增加了对技能劳动的需求，降低了对非技能劳动的需求，因而扩大了技能工资差距。马宗达和奎斯佩·阿格诺利（Mazumdar & Quispe Agnoli，2004）的实证研究发现资本积累显著增加了秘鲁技能劳动相对于非技能劳动的工资，因而资本-技能互补机制可以解释秘鲁迅速扩大的技能工资差距。

资本-技能互补机制为我们理解进口产品质量与工资差距的关系提供了一种思路：高质量产品中包含的资本、技术要素较多，这些要素只有与高技能劳动力结合时才能更充分地发挥效用，即高质量进口投入品与高技能劳动力间的互补性更强，因而进口的高质量投入品要求企业雇佣更多的高技能劳动力，由于发展中国家的高技能劳动力以男性为主，因而对高技能劳动力需求增加最终会扩大企业性别工资差距。福伦达和萨拉维亚（Voigtlaender & Saravia，2015）构建了生产序列的质量互补模型，从要素互补的角度考察了进口投入品质量对技能工资差距的影响。他们认为，发展中国家生产高质量投入品成本较高，高质量进口产品会对本土产品形成挤出效应，使国内生产高质量投入品需求降低，生产高质量产品所需的高技能劳动力报酬降低，最终缩小技能工资差距。但另一方面，高质量投入品通过资本-技能互补机制又会增加对高技能劳动力的需求，从而在一定程度上抵消前一种效用。福伦达和萨拉维亚（Voigtlaender & Saravia, 2015）利用 1992—2005 年智利的海关面板数据检验上述两种效应后发现，不考虑质量因素时，智利进口企业中高技能劳动力占比相对较低，但当考虑质量因素时，进口的高质量产品却显著增加了对高技能劳动力的需求。

下面作者将借鉴福伦达和萨拉维亚（Voigtlaender & Saravia, 2015）的做法，通过建立理论模型来阐述进口产品质量对工资差距的影响。

2.3.1.1 消费

消费者面临 CES 效用函数：

$$U = \left[\int_{\omega \in \Omega} (Q_{\omega} x_{\omega})^{\frac{\sigma}{\sigma-1}} \mathrm{d}\omega \right]^{\frac{\sigma}{\sigma-1}} \tag{2.1}$$

式（2.1）中，Q_{ω} 代表产品 ω 的质量，x_{ω} 为对应的消费数量，Ω 为消费品集合，σ 为产品间的替代弹性（假设产品是替代品，因而 $\sigma>1$）。借鉴库格勒和韦尔霍根（Kugler & Verhoogen, 2012）的做法，令 X 代表质量调整的消费加总，因而消费者的最优消费选择是：满足 $U(\cdot)>X$，使总消费 $\int_{\omega \in \Omega} P_{\omega} x_{\omega} \mathrm{d}\omega$ 最小化。最终可以得到消费者对产品 x 的需求：

$$x_{\omega} = Q_{\omega}^{\sigma-1} \left(\frac{P}{P_{\omega}} \right)^{\sigma} X \tag{2.2}$$

式（2.2）中，$P \equiv \left(\int_{\omega \in \Omega} \left(\frac{Q_{\omega}}{P_{\omega}} \right)^{\sigma-1} \mathrm{d}\omega \right)^{\frac{1}{1-\sigma}}$ 是对应 X 的价格总指数，由于模型是局部均衡，因而 P 和 X 都给定。式（2.2）显示，消费者的消费需求与产品质量成正相关关系。

2.3.1.2 生产

假设 $q_{i\omega}$ 代表用于生产产品 ω 的投入品 $i \in [0, 1]$ 的质量，那么最终品 ω 的质量可表示为：

$$Q_{\omega} = \left(\int_0^1 \alpha_i q_{i\omega}^{\frac{\rho-1}{\rho}} \mathrm{d}i \right)^{\frac{\rho}{\rho-1}} \tag{2.3}$$

需要特别注意的是，ρ 代表投入品质量之间的替代弹性，ρ 越小，说明投入品之间的互补性越强。如果 $\rho=0$，说明只要有一种投入品的质量很低，即使其他所有投入品的质量都很高，最终品的质量依然很低；$\rho>0$，说明一种低质量投入品对最终品的不利影响在一定程度上可以被其他高质量投入品所抵消。参照克雷默（Kremer, 1993）的设定，我们假定 $0<\rho<1$。α_i 代表最终品质量对中间品质量的敏感性，假设所有投入品按其对最

终品质量的敏感性升序排列，为简化分析，我们将设定一种最简单的情形：$\alpha_i = i$。

假设企业 ω 同时拥有质量因子 m_ω 和生产率因子 A_ω，前者表示原材料的单位成本，后者表示企业生产一单位最终品 ω 所需的投入品 i 和原材料的数量。按照这种定义，企业最终品和投入品的质量将只由 m_ω 决定，生产率因子 A_ω 将影响质量以外的其他企业特征变量，如销售量、利润率等。因而，单位成本函数可表示为：

$$C(\{q_{i\omega}\}) = \frac{1}{A_\omega}\left(\int_0^1 c(q_{i\omega})\,\mathrm{d}i + m_\omega\right) \tag{2.4}$$

投入品质量是二次方形式，为分析简便，假设生产最终品 ω 的投入品 i 的单位成本满足：

$$c(q_{i\omega}) = a_c + b_c \cdot q_{i\omega}^2 \tag{2.5}$$

式（2.5）中，a_c 表示投入品 i 质量为 0 时的成本，b_c 代表成本随投入品质量变化程度，脚标 c 表示投入品 i 是在 c 国（可能是本国 H，也可能是外国 F）购买的。由于本国是发展中国家，外国是发达国家，因而一个合理的假设是 $a_H<a_F$，$b_H<b_F$。假设本国与外国投入品 i 的成本曲线相交于 $\hat{q}$，对于 $q_{i\omega}<\hat{q}$ 的投入要素 i，从本国购买更划算，$q_{i\omega}>\hat{q}$ 的投入要素正好相反。当进口成本下降时，$\hat{q}$ 进一步降低，因而生产高质量最终品的企业将进口更多的中间投入品。

由于企业需要支付生产固定成本 f，因而其总利润可表示为：

$$\pi_\omega = [P_\omega - C(Q_\omega)]Q_\omega^{\sigma-1}\left(\frac{P}{P_\omega}\right)^\sigma X - f \tag{2.6}$$

2.3.1.3 最优化

假设企业为生产最终品 ω，需要同时从国内市场和海外市场购买中间投入品，设投入品质量敏感度的临界值为 $\hat{i}_\omega$，则 $i>\hat{i}_\omega$ 的要素将从国内购买，$i>\hat{i}_\omega$ 的要素将进口。此时，企业生产最终品 ω 的总成本可表示为：

$$C(\{q_{i\omega}\},\ \hat{i}_\omega) = \frac{1}{A_\omega}\left(\int_0^{\hat{i}_\omega} C_H(q_{i\omega})\,\mathrm{d}i + \int_{\hat{i}_\omega}^1 C_F(q_{i\omega})\,\mathrm{d}i + m_\omega\right) \tag{2.7}$$

给定最终品 ω 质量 $\bar{Q}_\omega$ 和进口投入品质量门槛 $\hat{i}_\omega$，求解支出最小化问题：$\min\left\{\frac{1}{A_\omega}\left(\int_0^1 c(q_{iw})\,\mathrm{d}i + m_\omega\right)\right\}$，约束条件为 $\left(\int_0^1 \alpha_i q_{i\omega}^{\frac{\rho}{\rho-1}}\mathrm{d}i\right)^{\frac{\rho}{\rho-1}} \geqslant \bar{Q}_\omega$。如果我们已经得到了最优投入品质量 $q_{i\omega}$，就可以得到最终品质量为 Q_ω 时的总

支出：

$$C(Q_\omega,\ \hat{l}_\omega) = \frac{1}{A_\omega}[I(\hat{l}_\omega)^{\frac{1+\rho}{1-\rho}} \cdot Q_\omega^2 + C_{f,\ \omega}(\hat{l}_\omega)] \tag{2.8}$$

式（2.8）中，$C_{f,\ \omega}(\hat{l}_\omega) = \hat{l}_\omega a_H + (1 - \hat{l}_\omega) a_F + m_\omega$，$I(\hat{l}_\omega) = \int_0^{\hat{l}_\omega} \alpha_i^{\frac{2\rho}{1+\rho}} b_H^{\frac{1-\rho}{1+\rho}} di + \int_{\hat{l}_\omega}^1 \alpha_i^{\frac{2\rho}{1+\rho}} b_F^{\frac{1-\rho}{1+\rho}} di$，根据莱布尼茨定理和 $b_F > b_H$，可以得到 $I'(\hat{l}_\omega) > 0$。通过对式（2.6）中的 p_ω 求偏导，我们可以得到给定最终品质量 Q_ω 下产品 ω 的价格：

$$p_\omega = \frac{\sigma}{\sigma - 1} C(Q_\omega,\ \hat{l}_\omega) \tag{2.9}$$

结合式（2.8）和式（2.9），可以得到给定价格和成本下最终品 ω 生产商的利润函数：

$$\pi_\omega = \left(\frac{1}{\sigma - 1}\right)^{1-\sigma} \left(\frac{1}{\sigma}\right)^{\sigma} \left(\frac{C(Q_\omega,\ \hat{l}_\omega)}{Q_\omega)}\right)^{1-\sigma} P^\sigma X - f \tag{2.10}$$

通过最优化式（2.10），我们可以得到最终品 ω 和中间投入品 i 的最优质量：

$$Q_\omega^* = \sqrt{\frac{C_{f,\ \omega}(\hat{l}_\omega^*)}{I(\hat{l}_\omega^*)^{\frac{1+\rho}{1-\rho}}}} \tag{2.11}$$

$$q_{i\omega}^*(Q_\omega^*) = \left(\frac{\alpha_i}{b_{i\omega}}\right)^{\frac{\rho}{1+\rho}} \sqrt{\frac{Cf,\ \omega(\hat{l}_\omega^*)}{I(\hat{l}_\omega^*)^{\frac{1+\rho}{1-\rho}}}} \tag{2.12}$$

根据式（2.11）和（2.12），可以得到如下命题。

命题：企业生产高质量最终品要求进口更多的高质量中间投入品，高质量进口产品对国内生产的高质量产品的挤出效用降低了企业对高技能劳动力的需求（替代效应），但投入品质量通过资本–技能互补增加了企业对高技能劳动力的需求（互补效应）。

通过该命题，我们可以得到发展中国家进口产品质量影响企业技能工资差距的基本逻辑：假设市场上同时存在投入品质量异质性和劳动异质性，即投入品包括高质量投入品和低质量投入品，劳动力包括高技能劳动力和低技能劳动力，高技能劳动力在技能密集型生产活动中具有比较优势，因而与高质量中间投入品的互补性更强。企业进口高质量中间品同时对发展中国家劳动力市场产生两种相反的影响：第一，由于发展中国家生产高质量中间品成本较高，因而进口高质量产品会对本土同类产品形成挤出效应，降低对本国高技能劳动力的需求（替代效应）；第二，进口高质量中间品与高技能劳动力互补，因而进口规模扩大会显著提升对本国高技能劳动力的需求（互补效应）。从这个层面上来说，进口产品质量对本国技能工资差距的影响是不确定的，取决于两种效应相互抵消后的情况，如果替代效应大于互补效应，进口产品质量会降低技能工资差距；如果互补效应大于替代效应，进口产品质量会扩大技能工资差距。

2.3.2 产品质量提升机制

梅里兹（Melitz，2003）从企业异质性角度讨论企业国际化的路径选择，为同一行业内出口企业与非出口企业并存以及贸易开放导致行业总体生产率上升等现象提供了较好的经济学解释。但该模型假定只有一种投入要素——劳动力，且劳动力是同质的，这限制了结论的进一步推广，也难以衡量贸易开放对企业内部不同群体收入分配效应的差异。20 世纪 80—90 年代开始，在贸易自由化加速发展的同时，发展中国家的技能工资差距也不断扩大，学者们通过扩展的梅里兹（Melitz）模为这种现象提供了新解释。其中，韦尔霍根（Verhoogen，2008）提出“生产率-质量”互补机制，打破了梅里兹（Melitz）模型中单一同质要素的假定，同时引入投入要素异质性（高质量投入品和低质量投入品）和劳动力异质性（高技能劳动力和低技能劳动力），发现高生产率企业通常购买高质量投入品，以生产高质量最终品。

韦尔霍根（Verhoogen，2008）在生产率-质量互补的基础上，提出了质量提升机制，用来解释发展中国家技能工资差距不断扩大的现象。他认为，消费者基于自身收入水平对不同质量的产品有不同偏好，因而发展中国家出口到发达国家的产品质量往往优于在国内市场销售的产品。当外生冲击导致出口扩张时，高生产率企业通常利用技术升级提升自身的市场竞争力，进而占据更大的市场份额，获取高额的出口利润。高生产率企业为保证自身在市场的优势地位，会利用高工资吸引高技能劳动力。而出口扩张将强化高生产率企业的这种倾向，进一步扩大企业间工资差距。同时，为满足国际市场对高质量产品的需求，高生产率企业会投入更多高质量要素进行生产，如雇佣更多高技能劳动力、购买更多高质量中间投入品等。

因此，贸易开放引致的产品质量提升将增加对国内高技能劳动力的需求，从而扩大技能工资差距。他利用墨西哥制造业数据对主要结论进行实证检验，通过对比 1993—1997 年和 1989—1993 年、1997—2001 年三个时期，发现 1993—1997 年墨西哥比索贬值导致的出口扩张显著提升了高生产率企业的技能工资差距。利用企业是否通过 ISO9000 国际质量体系认证作为产品质量的代理变量，该学者进一步证实，产品质量提升导致墨西哥技能工资差距扩大。

接下来我们将参照韦尔霍根（Verhoogen，2008）的做法，通过构建局部均衡模型来说明产品质量提升对技能工资差距的影响。

2.3.2.1 需求

假设有两个国家（发达国家 n 和发展中国家 s），有 N_d 个完全相同的消费者，消费者从产品 ω 中购买一单位，因而间接效用函数可表示为：

$$V(\omega) = \theta_d q(\omega) - \tilde{p}_d(\omega) + \varepsilon \tag{2.13}$$

式（2.13）中，q 代表产品质量，假设可以被完全观察到；$\tilde{p}_d$ 代表在国家 d（$d=n$，s）的相对价格；θ_d 代表消费者对质量的偏好，假设 θ_d 在 d 国国内是固定的，但发达国家因为居民收入水平较高，因而对质量的偏爱更强，即有 $\theta_n>\theta_s$；假设 δ_d 为 d 国相对于发展中国家 s 的相对价格比率，为简化分析，假设 $\delta_s=1$，δ_n 为实际汇率，因而有 $p_d(\omega)=\delta_d\tilde{p}_d(\omega)$；$\varepsilon$ 是独立同分布的随机误差项，满足极值分布，即 $F(\varepsilon)=\exp[-\exp(-\varepsilon/\mu+\gamma)]$，$\gamma=0.5772$。

由式（2.13），可推导出对产品 ω 的预期需求：

$$x_d(\omega) = \frac{N_d \exp\left[\frac{1}{\mu}\left(\theta_d q(\omega) - \frac{p_d(\omega)}{\delta_d}\right)\right]}{\int_{\Omega_d} \exp\left[\frac{1}{\mu}\left(\theta_d q(\omega) - \frac{p_d(\omega)}{\delta_d}\right)\right] d\omega} \tag{2.14}$$

式（2.14）中，μ 是 ε 的分布因子，反映了产品之间的差异程度；Ω 为消费者在 d 国中可选择的产品集合。式（2.14）反映了消费者的需求同时满足水平差异和垂直差异，即当产品价格相等时，所有产品均有正的概率被购买，但高质量产品被购买的概率更高。

2.3.2.2 生产

假设生产满足 C-D 生产函数：

$$q_d(k_d, e_d^h, e_d^l; \lambda) = \lambda(d_d)^{\alpha^k}(e_d^h)^{\alpha^h}(e_d^l)^{\alpha^t} \tag{2.15}$$

式（2.15）中，k 代表机器的技术复杂度，$e_d^{\ h}$ 和 $e_d^{\ l}$ 分别表示 d 国国内高技能劳动力和低技能劳动力的技能水平，λ 表示企业的生产率水平。按照克雷默（Kremer，1993）、克雷默和马斯金（Kremer & Maskin，1996）的观点，很多低技能劳动力不能从事高技能劳动力的工作，因而我们假设两类劳动力之间存在很强的互补性。同时，假设 $\alpha \equiv \alpha^k+\alpha^{l}+\alpha^h<1$，且产品质量随着劳动力技能水平、机器技术复杂度的增长而增长。

假设员工的工资分别为 $\omega_d^{\ h}$ 和 $\omega_d^{\ l}$，$\underline{\omega}_c^h$ 和 $\underline{\omega}_c^l$ 分别代表外部市场中高技能劳动力和低技能劳动力的平均工资水平，z^h 和 z^l 为正的常数，则企业面临的员工技能-工资调整规则为：

$$e_d^h(\omega_d^h) = z^h(\omega_d^h - \underline{\omega}_c^h) \tag{2.16}$$

$$e_d^l(\omega_d^h) = z^l(\omega_d^l - \underline{\omega}_c^l) \tag{2.17}$$

2.3.2.3 最优化决策

根据利润最大化条件，可得到企业的产品质量、高技能劳动力工资、低技能劳动力工资、产品价格、产品数量等信息，具体为：

$$q_d^*(\lambda) = (\eta\lambda\delta_d^\alpha\theta_d^\alpha)^{\frac{1}{1-\alpha}} \tag{2.18}$$

$$\omega_d^{h*}(\lambda) = \underline{\omega}^h + \alpha^h\delta_d\theta_d q_d^*(\lambda) \tag{2.19}$$

$$\omega_d^{l*}(\lambda) = \underline{\omega}^l + \alpha^l\delta_d\theta_d q_d^*(\lambda) \tag{2.20}$$

$$k_d^*(\lambda) = \frac{\alpha^k}{\rho}\delta_d\theta_d q_d^*(\lambda) \tag{2.21}$$

$$p_d^*(\lambda) = \mu\delta_d + \underline{\omega}^h + \underline{\omega}^l + \alpha\delta_d\theta_d q_d^*(\lambda) \tag{2.22}$$

$$x_d^*(\lambda) = \frac{N}{D}\exp\left(\frac{\theta q(\lambda) - p(\lambda)}{\mu}\right) \tag{2.23}$$

$$\pi_d^*(\lambda) = \mu x_d^*(\lambda) - f_d \tag{2.24}$$

上述公式中，$\eta\equiv(z^h\alpha^h)^{\alpha^h}(z^l\alpha^l)^{\alpha^l}\left(\frac{\alpha^k}{\gamma}\right)^{\alpha^k}$ 为常数，ρ 代表资金租赁成本，f_d 为企业进入市场固定成本。联立式（2.19）和式（2.20），可得到：

$$\frac{\partial}{\partial\lambda}\left(\frac{\omega_d^{h*}(\lambda)}{\omega_d^{l*}(\lambda)}\right) = \frac{\theta_d\delta_d}{[\omega_d^{l*}(\lambda)]^2}(\alpha^h\underline{\omega}^l - \alpha^l\underline{\omega}^h)\frac{\partial q_d^*(\lambda)}{\partial\lambda} \tag{2.25}$$

$$\frac{\partial}{\partial\theta_d}\left(\frac{\omega_d^{h*}(\lambda)}{\omega_d^{l*}(\lambda)}\right) = \frac{\lambda\delta_d}{[\omega_d^{l*}(\theta_d)]^2}(\alpha^h\underline{\omega}^l - \alpha^l\underline{\omega}^h)\frac{\partial q_d^*(\theta_d)}{\partial\theta_d} \tag{2.26}$$

当且仅当 $\alpha^h\underline{\omega}^l-\alpha^l\underline{\omega}^h>0$，即 $\alpha^h/\underline{\omega}^h>\alpha^l/\underline{\omega}^l$ 时，$\omega_d^{h*}(\lambda)/\omega_d^{l*}(\lambda)$ 才

会随 λ 和 θ_d 的增长而增长。因而我们可以得到以下命题。

命题：高技能劳动力和低技能劳动力的工资比率取决于产品质量对不同技能水平劳动力的需求敏感性，如果高质量产品生产对高技能劳动力更加敏感，即 $\alpha^h/\underline{\omega}^h>\alpha^l/\underline{\omega}^l$ 时，生产率提升会扩大企业性别工资差距。与之类似，消费者对高质量产品偏好强度提升也会扩大企业性别工资差距。

理解这一命题的核心是判断高质量产品生产是否对高技能劳动力敏感性更强，或者说高质量产品是否更偏向于高技能劳动力。资本-技能互补已经被很多文献所证实，如格兰特（Grant，1979）、克鲁塞尔等（Krusell et al，2000）都发现资本与技能存在相对互补性。除此之外，一些学者还发现资本与技能之间存在绝对互补性，如凯塞尔曼等（Kesselman et al，1977）、克拉克和弗里曼（Clark & Freeman，1977）、达菲等（Duffy et al，2004）。克雷默（Kremer，1993，1996）在生产工序模型中直接指出，技能水平不同的劳动力是不完全替代的，导致低技能劳动力和高技能劳动力逐渐在不同企业间分离，企业为更充分地发挥高技能劳动力的效率，会把高技能劳动力聚集在工序接近的环节，并倾向于让他们使用更复杂的技术。韦尔霍根（Verhoogen，2008）在开放的环境中考察了质量升级对技能工资差距的影响，发现墨西哥货币贬值促使该国高生产率企业出口增加。为满足发达国家消费者对高质量产品的需求，出口企业会提升产品质量，进而增强对本国“白领”工人的需求，扩大技能工资差距。他还强调，任何减少贸易成本的措施如签订贸易协定、运输成本降低都将产生类似的影响。

2.3.3 进口竞争机制

进口关税下降使进口产品与本土企业所生产的产品竞争加剧，产品异质性的引入拓展了进口竞争内涵，为我们理解技能工资差距的变动提供了新思路。

首先，进口竞争可能通过质量升级影响技能工资差距。逃离竞争机制强调，齐头并进的企业中如果一方通过研发创新“逃离了竞争”，就能获取更高的利润，因而竞争促进了企业创新（Aghion et al，2009）。但熊彼特（Schumpeter，1943）指出，竞争降低了技术领先企业通过创新获取的超额利润，同时落后企业能通过模仿学习快速掌握新技术和新发明，这进一步减弱了企业创新的动力，因而竞争不利于创新。但更多的研究发现竞争与创新之间不是单调关系，如阿基翁等（Aghion et al，2005）通过拓展熊彼特的增长模型研究了竞争与创新之间的关系，发现竞争与创新之间呈倒U形的关系：在竞争程度较弱时，逃离竞争效应占主导，竞争促进了创新；竞争较激烈时，熊彼特效应占主导，竞争阻碍创新。阿基翁等（Aghion et al，2009）研究了新进入者的威胁对在位企业创新的影响，发现高技术水平新进入者会鼓励靠近技术前沿的企业进行技术创新，但由于降低了企业的预期利润，因而不利于远离技术前沿的落后企业进行创新。借鉴阿基翁等（Aghion et al，2009）的思路，埃米蒂和坎德尔瓦尔（Amiti &Khandelwal，2013）利用56个国家出口到美国的10 000种产品数据检验了竞争与质量升级的关系，同样发现竞争对质量升级的影响取决于产品在技术分布中所处的位置，进口竞争将促进靠近技术前沿的产品进行质量升级。马丁和梅让（Martin & Mejean，2014）发现来自低收入国家的竞争显著提升了高收入国家的产品质量。法恩等（Fan et al，2015）基于中国的微观数据，发现进口竞争对出口产品质量的影响与行业质量阶梯有关，在质量阶梯长的行业中，进口竞争显著提升了出口产品质量，质量阶梯短的行业正好相反。这些研究表明，竞争对于企业质量提升有重要影响，高生产率企业能通过竞争引致的质量提升获取高额垄断利润，进一步奠定自身的优势市场地位。如前文所述，质量提升通过改变劳动力市场技能需求结构对技能工资差距产生重要影响，因而进口竞争通过产品质量升级路径对技能工资差距产生影响。

其次，进口竞争对劳动力市场的影响与进口产品的质量结构有关。产品替代弹性是影响市场竞争状况的重要因素，高替代弹性进口产品会对国内同质产品造成较大的冲击，产品需求降低会减少对生产该产品密集使用的生产要素的需求，进而降低要素价格。产品差异同时表现为垂直差异和水平差异，前者表现为产品质量的高低，后者表现为同质量产品的其他差别，如颜色、款式、设计等。现有研究表明，进口替代多发生在垂直差异较小的产品之间，在产品价格、质量接近的情况下，消费者对产品水平属性的特殊偏好导致产品市场需求结构发生变化，如：高质量进口产品主要冲击国内高质量产品生产市场，由于高质量产品生产需要的资本、技能要素较多，因而会减少企业对国内高技能劳动力的需求，从而缩小技能工资差距；低质量进口产品与本土低质量产品的竞争会减少对生产该产品所密集使用的低技能劳动力的需求，因而会进一步扩大企业性别工资差距。因此，进口竞争对国内工资差距产生的影响与产品的质量结构有密切关系。产品质量结构受来源国收入状况、技术水平、地理距离、消费者需求偏好等很多因素的影响，哈拉克（Hallak，2010）、鲍尔温和哈里根（Baldwin & Harrigan，2011）基于国家层面产品价格的分析发现，产品价格受生产国和目的国特征影响会表现出很大差异，同一国家生产的同一产品出口到不同国家有不同的价格，不同生产国出口同一产品到同一国家的价格也不相同。巴斯托斯和席尔瓦（Bastos & Silva，2010）、戈尔格等（Gorg et al，2010）和哈里根等（Harrigan et al，2011）基于企业层面的分析也发现类似的结论，即同一企业出口同一产品到不同国家的价格不同，不同企业出口同一产品到同一国家的价格也不同。具体来说，斯科特（Schott，2004）的研究表明，产品质量与国家收入水平呈显著的正相关关系；赫梅尔斯和克雷诺（Hummels & Klenow，2005）、哈拉克和斯科特（Hallak & Schott，2008）也发现，当企业同时从发达国家和发展中国家进口产品时，高质量产品通常来源于发达国家，因为发达国家人均收入较高，人们对高质量产品需求更强烈，企业将主要生产满足国内需求的高质量产品并将其出口到发达国家；巴斯托斯和席尔瓦（Bastos & Silva，2010）基于葡萄牙企业数据的研究发现，目的国距离越远，企业出口到该国市场上产品的价格也更高，证明了“阿尔钦-艾伦效应”；戈尔格等（Gorg et al，2010）、鲍尔温和哈里根（Baldwin & Harrigan，2011）、马诺瓦和张（Manova & Zhang，2012）等也都证实产品质量与目的国地理距离存在显著的正相关关系；哈里根等（Harrigan et al，2011）发现异质性企业的产品价格存在很大差异，生产率高的企业出口产品价格较高，资本密集型企业出口价格相对较低。综上所述，国家收入情况、地理距离、企业生产率等因素都会对产品的质量结构产生影响，因而对进口竞争通过产品质量结构影响工资差距进行理解，归根结底应当回答哪些因素可能影响产品质量，当进口自由化程度加深时，这些因素会发生什么样的变化。

特别需要注意的是，进口竞争对产品质量的影响受外部环境的制约，尤其是国家的政策导向，因而对该机制的理解还应该置于相应的政策环境中。如中国连续多年发布《鼓励进口技术和产品目录》，要求扩大先进技术、关键装备及零部件进口，并鼓励企业引进消化吸收再创新；日本对本国的高技术引进实施“行政指导”，政府对技术引进实施强力的干预和指导，日本经济产业省经常通过咨询机构、技术专家确定某时期技术发展和引进的方向与重点，并通过“引进补助”、优惠贷款制度、租费特别措施法等为技术引进提供资金支持。由于先进的技术水平和丰富的信息要素通常内化于高质量产品中，因而中国、日本的技术引进政策将为高质量产品进口提供便利，进口冲击减少了国内市场对本土同类产品的需求，随之引发的要素需求变动将集中体现在要素价格上。

最后，竞争通过减小劳动力市场上对女性的歧视直接影响企业性别工资差距。在竞争性市场环境中，如果男性和女性的户籍、教育水平、政治面貌等可观测条件相似，又具有相同的劳动生产率，雇主对女性的歧视将付出较大代价，因而歧视将难以维持（Becker，1957）。关税和非关税壁垒削减使大量外国企业和产品进入中国市场，竞争加剧会降低超额利润，促使以成本最小化为目标的企业减少对女性的歧视，从而缩小企业性别工资差距。但实证研究得到的结果并不一致，早期研究利用企业成本加成作为竞争状况的代理变量，卢克塞蒂奇（Luksetich，1979）、阿什菲尔特和汉南（Ashenfelter & Hannan，1986）发现竞争确实降低了对女性的歧视，谢泼德和莱文（Shepard & Levine，1973）发现竞争对歧视的抑制只体现在某些行业中，奥斯特（Oster，1975）发现竞争对歧视没有显著影响。刘等（Liu et al，2000）以中国为例研究了转型国家市场化改革对企业性别工资差距和歧视的影响，他们发现，高度集中的中央计划经济追求收入分配的平等主义，因而企业性别工资差距不大；市场化改革推动以市场为导向的工资决定机制，即追求利润最大化的企业以要素贡献率给要素支付相应报酬，由于发展中国家男性通常拥有更高的技能水平，因而市场化改革扩大了企业性别工资差距。但此时工资差距的扩大并不针对性别因素，而是因为附在不同性别劳动力上的技能、教育水平、工作经验等人力资本要素存在差异。与之相反，伍德等（Wood et al，1993）和温伯格（Weinberger，1998）发现，即使控制了人力资本投资和劳动技能，男性的平均工资依然比女性高 10%~15%；诺伊马克（Neumark，1996）也发现，在工作经验相当的情况下，菲律宾高档酒店更乐于雇佣男性。这些研究表明，虽然竞争性市场环境在一定程度上提高了人力资本投资的回报，但性别因素依然在决定员工的工资水平中发挥重要作用。还有部分研究直接考察竞争对歧视的影响，如格涅齐和鲁斯蒂奇尼（Gneezy & Rustichini，2004）通过比较竞争性环境中男性和女性的表现来判断歧视是否合理，自然实验的结果证实竞争性环境更有利于男性，因而竞争可能会加剧歧视。布莱克和布雷纳德（Black & Brainerd，2004）发现竞争对歧视的影响与行业集中度有关，贸易自由化提高了集中性行业中女性的相对工资。上述研究表明，竞争对女性工资和歧视的影响并没有一致的结论，中国复杂的市场环境和灵活的政策调整使我们的判断更加困难。

综上所述，我们发现进口竞争通过多种路径影响企业性别工资差距，且不同机制在影响方向和作用大小上存在明显差异，因而进口竞争对企业性别工资差距的影响难以直接判断：通过质量提升效应，进口竞争可能扩大企业性别工资差距；但高质量进口产品通过竞争使本土高质量产品退出市场，有可能因为降低对国内高技能劳动力的需求缩小企业性别工资差距；即使针对同一国家，集中性市场的进口竞争可能提高女性的工资水平，但竞争性市场中的进口竞争对女性工资却没有显著影响。

2.4 本章小结

伴随国际分工演化，国际贸易理论也不断发展。基于要素禀赋的比较优势理论较好地解释了传统的产业间国际分工，但随着产业内贸易兴起并逐渐占据世界贸易主体地位，原有贸易理论与现实“脱节”推动了以规模经济、不完全竞争和产品差异化为主要特征的新贸易理论出现；而随着国际分工发展到以跨国公司为主导的产品内分工时，不仅企业的国际化路径出现国际贸易、国际投资等多样化的发展趋势，在生产组织上也产生了外包、内部化与一体化并存的现象，推动以企业异质性、不完全竞争、规模经济为主要特征的新新贸易理论出现。

作为贸易福利的重要内容，贸易的收入分配效应得到学界和政界的广泛关注，不同的贸易理论也从不同角度提出了相应解释，如：新古典贸易理论的斯托尔伯-萨缪尔森定理（S-S 定理）指出，发展中国家与发达国家间的贸易将扩大发达国家的技能工资差距，降低发展中国家的技能工资差距；狄诺剖勒斯和西格斯托姆（Dinopoulos & Segerstrom，1996）则在新贸易理论的框架下构建了包括创新和技能获取的产业内贸易模型，认为贸易自由化将增加对高技能劳动力的需求，降低对低技能劳动力的需求，从而扩大技能工资差距；赫尔普曼、伊茨霍基和雷丁（Helpman，Itskhoki & Redding，2010）则在异质性企业贸易模型的基础上引入劳动力市场摩擦、工人与企业的匹配效率等因素，基于新新贸易理论考察了贸易开放对工资不平等的影响，发现贸易开放导致生产资源向高生产率企业集中，从而扩大了工资不平等。上述贸易理论从不同角度丰富了现有的贸易理论体系，为我们更好地理解贸易现实创造了条件。但是，经济模型都是对现实经济运行的高度概括，难以将经济主体的细微差别都纳入其中，导致模型对某些经济现象的解释力较弱，如S-S定理假定要素可以在一国国内自由流动，但不能跨国流动。就中国而言，劳动力自由流动意味着我国劳动力报酬在贸易开放之前和之后都是相同的，不存在行业间、地区间差异，贸易开放的结果将导致我国收入差距逐渐缩小。但这些假设和结论明显与中国现实不符：第一，由于城乡二元结构及户籍制度等因素的影响，中国劳动力跨地区、跨行业流动受很大限制，自由流动条件难以满足；第二，改革开放以后，中国一直存在明显的收入不平等问题，尤其是伴随市场化程度加深和贸易自由化改革，地区、行业、企业工资不平等不断扩大，行业间、地区间难以保证工资相同；第三，从结果来看，20世纪70—80年代以来，中国与发达国家的对外贸易不仅没有缩小工资差距，反而使工资差距进一步扩大，这与S-S定理的基本结论有明显冲突。与新古典贸易理论类似，新贸易理论认为企业是同质的，即企业之间在规模、生产率、市场份额等方面完全相同，所有企业都出口或者所有企业都不出口，如果出口，所有企业的市场份额都相同。但现实情况是，只有一小部分企业能出口，且出口企业在生产率、利润率、市场存活率及工资水平上都较非出口企业具有明显优势。在这种情况下，新新贸易理论突破了企业同质的假设，将企业异质性与不完全竞争、规模经济结合起来，从企业微观视角考察了国际贸易动因及影响。作为新新贸易理论的典型代表，梅里兹（Melitz，2003）模型认为生产率最高的企业将进入出口市场，生产率较低的企业将只能在国内市场销售，生产率最低的企业将退出市场，因而贸易自由化导致的优胜劣汰将提高行业的总体生产率水平。

梅里兹（Melitz）模型较好地解释了同一行业出口企业与非出口企业并存的现象，但也存在一定的局限性，如模型假设本国和外国是对称的，在市场规模、消费偏好等方面完全相同，这抹杀了现实中国家间的巨大差异，削弱了模型的解释能力。更重要的是，梅里兹（Melitz）模型对企业异质性的设定较为单一，认为企业之间的差异主要体现在生产率上，这掩盖了异质性的真实来源。除生产率外，企业异质性还广泛体现在规模、利润水平、创新能力等许多方面，与本书主题密切相关的产品质量也是企业异质性的重要来源。产品质量因企业经营战略、市场目标及生产监控能力、管理水平等表现出很大差异，最终使企业的市场竞争力呈现明显的强弱差异。遗憾的是，现有的从企业异质性角度考察贸易的收入分配效应的研究对产品质量的关注不足。为数不多的文献以韦尔霍根（Verhoogen，2008）为代表，韦尔霍根利用货币贬值考察了墨西哥企业如何应对1994年“比索危机”下被动的贸易开放，假设同时存在企业异质性和产品质量异质性，只有最具生产率优势的企业才能进入出口市场，由于发达国家对高质量产品需求强烈，墨西哥的出口企业会主要生产并出口高质量产品。而当比索贬值时，企业出口增加，将进一步提升对高质量出口产品的需求。由于生产高质量产品需要更多的高技能劳动力，因而比索贬值导致的出口增加将扩大墨西哥国内高技能劳动力与低技能劳动力的工资差距。同时，他进一步指出，当不存在外部汇率冲击时，高质量企业和低质量企业会经历相似的工资不平等增长的趋势。但就产品质量与工资差距的关系而言，韦尔霍根（Verhoogen，2008）的研究显然还存在一些不足：第一，本质上是关于贸易开放与工资差距的研究，质量升级只是其重点关注的作用机制；第二，认为质量升级主要通过劳动力市场调整影响工资差距，但没有明晰具体的作用机制；第三，对质量升级与工资差距的考察被放在“比索危机”这样一个特殊的外部冲击环境下，这局限了结论的进一步推广。

另一方面，就贸易开放影响工资不平等的实证研究而言，虽然学者们从不同角度做了大量研究，也得到很多有意义的结论，但依然存在某些不足：第一，现有研究对贸易开放影响工资不平等的机制探讨较为片面，如就商品价格、技术进步等单一机制进行重点考察，缺乏一个融合多种机制的统一框架，因而难以直接判断各种因素在决定贸易开放影响工资不平等中的重要程度；第二，现有研究主要针对发达国家，发展中国家由于参与国际贸易的历史较短，贸易产品等微观数据较为缺乏，导致以发展中国家为研究对象的文献较少。但随着中国、印度等发展中大国参与国际贸易程度加深，对世界贸易格局的影响也不断加大，加之这些国家多经历过复杂的经济体制变革，劳动力市场也呈多样化、复杂化的特点，贸易开放对发展中国家工资不平等的影响呈现出一些与发达国家不一样的特点，因而针对发展中国家的研究难度更大，但也能得到更有价值的结论；第三，现有研究多集中在国家、地区或行业等宏观层面，对企业和劳动力个体等微观因素关注较少。虽然国际贸易通过宏观机制影响工资不平等更容易为人所理解，但必须承认的是，任何宏观机制最终都通过劳动者性别、技能、健康状况、偏好等个体因素对收入分配产生直接影响。因此，微观层面分析更有助于我们理解和判断工资不平等产生的根本原因，并增强相应贸易政策和收入分配政策的针对性和有效性，而微观贸易数据和统计分析工具的不断完善也为我们进行贸易收入分配效应的微观研究提供了条件；第四，在建立贸易自由化影响工资不平等的计量模型时，一个固有的难题是模型的内生性问题，虽然学者们在进行实证研究时采取了包含工具变量的2SLS估计等方法降低内生性的影响，但工具本身也受到了一定质疑。例如，弗兰克尔和罗默（Frankel & Romer，1999）利用引力模型的估计系数得到一国贸易额与国内生产总值之比作为贸易开放度的工具变量，并得到贸易开放显著提升了国民收入水平的结论。但罗德里格斯和罗德里克（Rodriguez & Rodrik，2001）质疑了弗兰克尔和罗默（Frankel & Romer，1999）的做法，他们认为构造的工具变量与地理因素有密切关系，因而很大程度上反映的是地理因素对收入分配的影响而非贸易开放度的影响。阿尔卡拉和西科尼（Alcala & Ciccone，2004）使用一国名义贸易额与购买力平价下的国内生产总值之比作为贸易开放的工具变量，并在控制地理因素和制度因素后发现贸易开放显著提高了国民收入水平。但多拉尔和克雷（Dollar & Kraay，2003）使用上述工具变量进行的两阶段最小二乘估计却得到了不一样的结果，认为贸易开放并没有真正提高国民收入水平。

结合上述分析，本书将产品质量异质性纳入梅里兹（Melitz）模型，在新新贸易框架内，从资本-技能互补、产品质量提升及进口竞争三个角度提出了进口产品质量影响企业性别工资差距的微观机制，然后试图以中国这个正在经历全面贸易自由化改革的世界最大的发展中国家为研究对象，利用2004—2007年中国工业企业数据和海关数据，对主要的影响机制和理论假说进行实证检验；针对可能的内生性问题，本书不仅构造了合适的工具变量进行2SLS估计，还利用倾向匹配得分、工具变量有效性检验及分样本对比分析等多种方法保证回归结果的稳健性。对于本书主题的理论及实证分析，不仅有助于我们厘清进口产品质量与企业性别工资差距的关系，也能根据国内贸易体制改革和劳动力市场变革历程，就转变贸易发展方式和改变国内收入分配格局提出有针对性的政策建议。

3

概念界定、指标构建及现状描述

进口产品质量与企业性别工资差距是与本书研究主题密切相关的关键因素，也是后文经验研究的核心变量，对其进行科学准确的测算是后文定性分析和实证检验的重要前提。本章首先利用中国工业企业数据和海关数据对进口产品质量与企业性别工资差距等关键指标进行测算，并通过描述性分析准确把握我国进口产品质量与企业性别工资差距的现状及变动趋势。在此基础上，通过将产品质量异质性引入梅里兹（Melitz）模型，从资本-技能互补、产品质量提升和进口竞争等三个渠道提出了进口产品质量影响企业性别工资差距的微观机制。特别需要说明的是，本书阐述的进口产品质量影响企业性别工资差距主要是通过改变劳动力市场技能需求结构来实现的，其背后的逻辑是，在中国这样的发展中国家，如果进口产品质量增加了企业对高技能劳动力的需求，就会变相增加对拥有高技能水平的男性劳动力的需求，同时减少对技能水平较低的女性劳动力的需求，最终扩大企业性别工资差距。要保证这一逻辑关系成立，就必须保证本书的前提假设“男性的平均技能高于女性”或“低技能劳动力以女性为主”是合理的。因此，我们在本章专门加入了“我国男性和女性的技能水平差异”一节，利用2018年中国家庭住户收入项目调查数据（CHIP2018）分析了我国劳动力市场技能结构的性别差异，为本书的理论机制、研究假说及后文实证检验提供现实依据。

3.1 产品质量的内涵及测算方法

3.1.1 质量的内涵

梅里兹（Melitz，2003）模型从企业异质性角度对企业的贸易行为进行了解释，但近年来学者们发现难以利用其解释企业的出口价格（Kugler & Verhoogen，2012）。梅里兹（Melitz）模型将生产率差异视为企业异质性的最重要来源，认为只有生产率最高的企业才能进入出口市场，生产率低的企业只能在国内市场销售或退出市场。同时，企业生产率决定了产品价格，而产品价格决定企业的竞争能力，生产率高的企业因为生产成本较低，因而具有较低的产品价格和较高的竞争能力。但现实生活中生产率高的企业往往也拥有较高的成本加成，因而具有较强的自主定价能力，对应的产品价格也更高。对于这种看似矛盾的结论，学者们在企业生产率异质性的基础上逐渐引入产品质量异质性，尝试从产品质量异质性的角度对企业的贸易行为和竞争能力提供新解释，如坎德尔瓦尔等（Khandelwal et al，2013）利用产品价格信息和数量信息重新测算了美国进口产品质量，并从产品质量异质性的角度检验了低收入国家进口竞争对美国制造业就业和工资的影响，发现质量阶梯较短的部门的进口竞争大幅度降低了员工的就业和工资水平；皮韦托和斯马乔（Piveteau & Smagghue，2015）用法国的企业数据检验了低收入国家进口竞争对法国产品质量的影响；库格勒和韦尔霍根（Kugler & Verhoogen，2012）从投入品、产出品质量的角度验证了产品价格与企业规模的关系；法杰格尔鲍姆等（Fajgelbaum et al，2011）从产品质量的角度研究了贸易及贸易政策的福利效应；李小平等（2015）从出口产品质量的角度考察了中国出口贸易增长。

质量研究的一个难点是质量的测算，在测算之前需要明确如何定义质量。质量属于产品的无形属性，看不见、摸不着，因而不同的学者对质量有不同的理解，也导致目前学界对质量缺乏一个统一的定义。The Free Dictionary① 指出，凡是能满足消费者需求的产品属性都算是产品质量的内容，具体从三个维度对产品质量进行了界定：第一，对生产者而言，产品质量主要体现在产品生产中的研发、工艺及过程控制中，高质量要求实际产品满足业已确定的产品规格和标准，并将可能导致低质量和低性能的因素排除掉。因而，质量提升的关键在于降低产品缺陷、报废率和返工率，进而降低生产成本。第二，对消费者而言，质量是产品满足他们的偏好和预期的能力，有些产品即使实用性很低，但只要能提高消费者的满足感，我们也认为它具有高质量。第三，对产品本身而言，质量是指产品是否具有预先设定的功能。

传统观点认为产品质量主要存在于产品的垂直差异化中，如现有产品的升级、新产品问世等。弗朗和赫尔普曼（Flam & Helpman，1987）认为垂直专业化导致北方发达国家和南方发展中国家产品质量出现分化，北方国家生产高质量产品，南方国家生产低质量产品，技术进步集中体现为新的高质量产品出现、落后的低质量产品退出市场；格罗斯曼和赫尔普曼（Grossman & Helpman，1991）继承了弗朗和赫尔普曼（Flam & Helpman，1987）的观点，也认为质量是产品垂直差异化的重要来源，并指出质量提

① www. the freedictionary. com.

升显著提高了居民生活的幸福感和舒适度，如电气化交通工具代替传统骡马提升了人们出行的舒适程度，新型电视机能给观众提供更好的视觉体验；法恩（Fan，2005）在弗朗和赫尔普曼（Flam & Helpman，1987）的基础上更进一步，认为产品质量不仅存在于最终品的垂直差异化中，也存在于中间品的垂直差异化中，高质量最终品生产需要互补性的高质量中间品投入；廖等（Liao et al，2011）将产品质量定义为其他条件不变的情况下体现产品差异化的某些特征，如更低的生产成本或能增加消费者效用等。与这些观点不同，部分学者们对产品质量的范围进行了扩展，认为凡是能增加消费者效用或满足感的属性都应被视为产品质量，如：哈拉克和斯科特（Hallak & Schott，2011）将质量界定为能够增加消费者效用的所有有形和无形属性，并将产品出口价格分解为质量和质量调整成分，出口产品价格相同时，贸易盈余国家比贸易赤字国家拥有更高的产品质量；赫梅尔斯和克雷诺（Hummels & Klenow，2005）认为产品质量能增加消费者效用，其效用取决于产品种类和不同产品间的替代弹性。

对质量的上述定义有助于我们更好地理解质量的内涵，不足之处是难以用数据将质量的这些内涵体现出来。为了扩大适用范围，后来的学者从测算角度对质量内涵进行了重新界定，如斯科特（Schott，2004）运用美国出口产品的单位价格作为出口质量的代理变量，发现人均收入高的国家其出口产品质量也相对较高。随着越来越多的微观数据逐渐公布使用，用产品单位价值代替质量的方法因为操作简单、实用性强而被后续很多学者效仿，如赫梅尔斯和希巴（Hummels & Skiba，2004）、巴斯托斯和席尔瓦（Bastos & Silva，2010）、李坤望（2014）等。但由于产品价格中除质量信息外还包括成本信息等其他因素，因而用单位价值来代替质量存在一定缺陷。在这种情况下，部分学者改进了质量的测算方法，如坎德尔瓦尔（Khandelwal，2010）打破了单位价值等于质量的假设，将质量因素引入需求函数中，利用市场占有率、销售量等指标反推产品质量。在给定条件下，高质量产品将拥有更大的市场份额，因而市场占有率可以作为产品质量的代理指标。

3.1.2 产品质量的测算方法

目前产品质量测算的方法很多，如产品单价法、特色产品质量计算法、EKS 价格指数法及函数反推法等，但不像技术复杂度、要素密集度等指标，学界关于产品质量测算一直缺乏统一的方法，其中重要的原因是每种测算方法对假设条件及使用数据都有严格假定，导致单一方法在测算不同层次的产品质量时难以推广。本书将总结现阶段测算产品质量的常见方法，并对每种方法的优缺点进行评述。

3.1.2.1 产品单价法

鉴于数据的可得性，早期关于产品质量的测算以产品单价法为主，其背后的经济逻辑很直接，即对于同一件产品，消费者愿意为高质量产品支付更高的价格。在利用产品单位价格代替质量的文献中，当属斯科特（Schott，2004）最具代表性，他利用1972—1994年美国HS10位码进口产品的单位价格代理产品质量，发现产品质量与来源国要素禀赋、生产技术的关系符合产品内分工的相关理论。资本、技能丰裕的国家将利用优势资源生产价值链中更具技术优势的产品，由于这些产品中包含了更多的资本、技能要素，因而产品质量相对较高，也会制定更高的价格。产品单价法因为简单直接、可操作性强，被后来很多学者效仿，如赫梅尔斯和希巴（Hummels & Skiba，2004）利用世界各国出口到美洲六国HS6位码产品的离岸价（FOB）作为产品质量的代理变量，检验了阿尔钦-艾伦定理，发现出口产品质量与出口目的国有关，高质量产品通常被出口到运输成本较高的国家或地区。赫梅尔斯和克雷诺（Hummels & Klenow，2005）利用1995年126个国家出口的5 000种HS6位码产品数据，检验了大国的扩展边际和集约边际，发现富国出口的数量更多，单位价格也更高。巴斯托斯和席尔瓦（Bastos & Silva，2010）利用2005年葡萄牙企业出口到199个国家的产品数据测算了出口企业的产品质量，并对其影响因素进行了分析；利用FOB单位价值作为产品质量的代理变量，发现高生产率企业将高质量产品出口到距离更远、人均收入水平更高的国家。马丁（Martin，2012）利用2003年法国综合税则目录覆盖的96 467家企业、10 050种产品的数据检验了出口产品质量与地理距离的关系，作者利用FOB单位价值作为出口产品质量的代理变量，同样也证实存在阿尔钦-艾伦效应。萨拉维亚和沃格特斯纳尔（Saravia & Voigtlsnder，2012）认为直接用产品的单位价格代理产品质量可能存在偏误，因为产品价格不仅包括质量因素，还包括成本因素、产品水平差异等，因而即使一国国内不同企业从相同的进口来源国进口产品，其价格也可能不同。对于这种情况，学者对产品单价法进行了改进，利用企业进口产品的价格与其他企业进口相同产品的价格之比作为产品质量的代理变量。李坤望等（2014）基于2000—2006年中国HS8位码海关数据，利用FOB单位价值作为出口产品质量的代理变量，从市场进入退出的角度研究了我国出口产品品质演化的微观机制。

3.1.2.2 特色产品质量计算法

除产品价格外，某些特殊产品的现有指标也可以很好地衡量产品质量，如葡萄酒等级、中国名牌产品或免检产品、企业是否通过国际质量体系认证等，部分学者在理论文献中已使用该方法测算产品质量，如：克罗泽特等（Crozet et al，2012）将法国企业出口状况与专家对产品的评估相结合来衡量香槟酒质量，并进一步考察了质量差异对企业出口市场表现的影响，发现高质量的生产厂商通常会拥有更多出口市场，在每一市场上产品的销量也更多，并制定更高的销售价格。韦尔霍根（Verhoogen，2008）将企业通过ISO9000国际质量体系认证作为质量提升的标志，研究了贸易开放通过质量升级对墨西哥制造业工资不平等的影响，发现货币贬值导致高生产率企业增加出口，并通过技术升级扩大了企业性别工资差距。科普菲尔和洛朗（Kapferer & Laurent，1983）首次提出品牌敏感度的概念，认为在同类产品中存在一个（些）品牌明显优于其他品牌，因而品牌质量差异是影响品牌敏感度最重要的因素。在这种情况下，品牌可以作为产品质量的代理指标，具有较高品牌敏感度的消费者认为某些产品的质量优于其他产品。江明华和郭磊（2003）利用北京十所大型连锁超市的问卷数据检验了商店形象对超市自有品牌感知质量的影响，发现商店形象明显提升了消费者对超市所售产品的质量认知。

3.1.2.3 EKS价格指数法

产品单价法因为实用简单、操作性强，在测算产品质量过程中得到了广泛使用，但该方法也存在一些固有缺陷，如产品价格并不完全受产品质量的影响，还受生产成本和需求冲击的影响。尤其是对进出口产品而言，很多发展中国家实施出口导向型发展战略，通过出口退税、出口补贴等政策降低本国产品的出口价格，从而达到扩大市场份额的目的。在这种情况下，政府干预会扭曲产品价格，因而不能准确反映产品质量。

部分学者从统计学的角度对原始的产品单价法进行了改进，逐渐形成了EKS价格指数法。这方面以哈拉克（Hallak，2006）最具代表性，他利用1995年60个国家跨行业的双边贸易数据（HS3位码产品）测算了行业层面的产品质量，并从需求侧检验了质量对全球贸易方向的影响，证实富国通常会从高质量产品生产国进口更多产品。哈拉克（Hallak & 2006）使用的数据是芬斯特拉、罗马里斯和斯科特（Feenstra，Romalis & Schott，2002）编辑的美国国家经济研究局（NBER）贸易数据，该数据公布了美国 HS10 位码的进口数据，包括产品的进口来源国、价值、数量和计量单位等丰富的信息。为了消除原始数据可能因测量误差产生的不利影响，该学者对原始数据进行了处理，剔除了单位价值为异常值的样本（单位价值大于或小于 4 倍均值）和进口数量特别小的样本（产品数量小于 50 或小于同种类数量均值的 1/4）。在此基础上构建了基于跨国行业差异的产品单位出口值，作为产品质量的代理变量，具体步骤如下。

第一，计算 i 国 HS10 位码产品的单位出口价格 p_{in}，利用 p_{in} 计算 HS2 位码行业 z 的多变价格指数（z 代表 HS2 位码行业，i 属于 z 中的一种具体产品）。如果 i 国出口的产品中包括 n，就说明 p_{in} 非缺失值（或者说 n 是"活跃"的）；如果国家 i 包括至少两种"活跃"的 n，就认为国家 i 是活跃的；其他情况均假定 p_{in} 是缺失值。

第二，假定 j 国为计价单位，对于 i 国与 j 国共同"活跃"的部门，我们可以得到双边 Fisher 价格指数 $P_i^j = p_{iz}/p_{jz}$。分别以其他国家作为计价单位，可以得到一系列的双边价格指数，形成一个价格指数向量 $\boldsymbol{P}^j$（$j=1$，2，3，…，C）。然后将向量 $\boldsymbol{P}^j$ 分成三组，第一组只包括没有缺失值的指数，第二组包括至多 5 个缺失值的指数，剩余的样本归到第三组。

第三，将第一组指数进行归一化处理，并加总到 1，得到向量 $\tilde{\boldsymbol{P}}^j$，然后再进行几何加权，得到 $P_z^1 = \prod_{j=1}^{C} (\tilde{\boldsymbol{P}}^j)^{w^j}$，其中 w^j 为 j 国 z 行业中"活跃"的产品数量；然后对第二组进行类似操作，归一化处理后加权到（$1-m^j$），m^j 为 P_z^1 条目中对应 p^j 中缺失值的加总，然后将 P_z^1 的值归入 $\boldsymbol{P}^j$ 的缺失值，得到新的归一化向量 $\tilde{\boldsymbol{P}}^j$，对 $\tilde{\boldsymbol{P}}^j$ 进行几何加权，得到 P_z^2；对第三组中的指数重复类似于第二组的操作，计算新的 $\tilde{\boldsymbol{P}}^j$，最后式（3.1）计算就可得到最终的出口价格指数（产品质量），即：

$$P_z = \prod_{j=1}^{C} (\tilde{\boldsymbol{P}}^j)^{w^j} \tag{3.1}$$

斯科特（Schott，2004，2008）、哈拉克（Hallak，2006）、哈拉克和斯科特（Hallak & Schott，2011）、坎德尔瓦尔（Khandelwal，2010）等人利用产品单位价值测算产品质量，主要从需求侧入手，如：坎德尔瓦尔

(Khandelwal, 2010) 认为在控制产品价格的情况下，市场份额越大，产品质量也就越高；哈拉克和斯科特（Hallak & Schott, 2011）认为贸易差额可以作为产品质量的代理变量，贸易盈余代表该国的产品质量较高。与这些研究不同，芬斯特拉和罗马里斯（Feenstra & Romalis, 2013）扩展了梅里兹（Melitz, 2003）模型，通过引入消费者对产品质量的非位似偏好，在一般均衡的框架下得到了企业的最优质量选择，并从供给侧角度对产品单位价值与产品质量的关系进行了解释。然后他们利用 1984—2008 年包括产品数量、运费、关税信息的双边贸易数据对理论命题进行检验，发现当用质量调整的价格指数而不是用单位价值代理产品质量时，国家之间的质量差异要小得多。除此之外，他们另一个有趣的发现是质量调整的价格指数与国家收入水平负相关，尤其是那些小国、穷国，因为这些国家的进口规模很小，因而只有高生产率的外国企业才能克服沉没成本进入该国市场，而高生产率企业的产品质量往往也更高。这一结论与法杰格尔鲍姆（Fajgelbaum）以及格罗斯曼和赫尔普曼（Grossman & Helpman, 2011）的发现相符合，后者认为国际贸易中小国通常会成为高质量产品的净进口国。接下来作者将介绍芬斯特拉（Feenstra）和罗马里斯（Romalis）改进的 EKS 价格指数法的基本思想。

继承梅里兹（Melitz, 2003）模型的思想，假设企业能克服沉没成本进入海外市场 k 的生产率阈值为 $\hat{\phi}_i^k$，在零利润条件下，可以得到：

$$\hat{P}_i^k \equiv \bar{p}_i^k / [z_i^k(\hat{\phi}_i^k)]^{\alpha^k} \tag{3.2}$$

因而可以得到边际出口者（生产率等于 $\hat{\phi}_i^k$）的质量调整价格：

$$\hat{P}_i^k = \bar{p}_i^k [(w_i/\hat{\phi}_i^k)/k_1^k \bar{p}_i^{*k}]^{\alpha^k \theta} \tag{3.3}$$

式（3.3）中，$\alpha^k = h(U^k) = 1 + \lambda \ln U^k$，$U^k$代表效用水平，$P_i^k \equiv p_i^k / z_i^{\alpha^k}$ 表示质量调整的价格指数；$\bar{p}_i^k$ 和 $\bar{p}_i^{*k}$ 分别表示不考虑企业异质性时 i 国与 k 国间贸易产品的成本加保险费加运费（CIF）价格和 FOB；θ 为常数，反映了质量的边际收益递减；w_i表示 i 国生产 1 单位质量为 $z_{ij}{}^k$所需要的劳动力 $l_{ij}{}^k$ 的工资；$k_1^k \equiv [\alpha^k \theta(\sigma - 1)/1 + \alpha^k \theta(\sigma - 1)]$，$\sigma$ 表示产品替代弹性。

假设 $\hat{Q}_i^k$ 代表临界企业的出口数量，则 $\hat{X}_i^k \equiv \hat{P}_i^k \hat{Q}_i^k$ 表示企业的出口收入，在零利润条件下，该企业的利润必须刚好能够支付固定成本，即：

$$\frac{\hat{X}_i^k}{tar_i^k \sigma} = f_i^k(\hat{\phi}_i^k) \tag{3.4}$$

式（3.4）中，tar_i^k代表国家 i 与 k 之间的税收成本，即特定贸易成本加上产品从价税。假设 i 国和 j 国同时向 k 国出口产品，则在 CES 函数下，根据式（3.4）可得到：

$$\frac{\hat{X}_i^k}{\hat{X}_j^k} = \left(\frac{\hat{P}_i^k}{\hat{X}_j^k}\right)^{-(\sigma-1)} = \frac{tar_i^k f_i^k}{tar_j^k f_j^k} \tag{3.5}$$

为得到更一般的结论，作者假定成本函数满足：

$$f_i^k(\hat{\phi}_i^k) = \left(\frac{w_i}{\hat{\phi}_i^k}\right)\left(\frac{Y^k}{p^k}\right)^{\beta_0} e\beta' F_i^k\ ,\ \beta_0>0 \tag{3.6}$$

式（3.6）提供了三方面的重要信息：第一，等式右边包括经临界出口企业生产率调整的工资，说明高生产率企业的固定成本更低，因而具有更低的质量调整价格，产品质量也更高；第二，出口固定成本受 k 国实际支出的影响（Y^k/P^k），说明小国（Y 很小）的固定成本相对较低，因为厂商能相对容易地接触到消费者；第三，F_i^k表示能影响 i 国与 k 国贸易固定成本的任何因素，为了简化起见，作者用两国的语言相似度来近似替代。

假设企业是同质的，即 i 国国内企业生产率均为 $\hat{\phi}_i^k$①，从 i 国出口到 k 国的产品总数为 $X_i^k = \hat{X}_i^k N_i$（N_i 表示企业的数量）。联立式（3.4）、式（3.5）和式（3.6），可以得到 i 国出口到 k 国的质量调整价格：

$$\hat{P}_i^k = \left(\frac{\bar{P}_i^k}{(k_1^k \bar{p}_i^{*k})^{\alpha^k\theta}}\right)\left(\frac{X_i^k}{\sigma tar_i^k N_i}\left(\frac{Y^k}{p^k}\right)^{-\beta_0} e^{-\beta' F_i^k}\right)^{\alpha^k\theta} \tag{3.7}$$

从式（3.7）可以看出，当控制企业数量 N_i 时，企业出口规模 X_i^k与质量调整价格正相关。这是因为企业出口规模越大，其面临的出口固定成本也越高，因而要求企业支付更高的质量调整工资，导致企业出口质量下降，质量调整价格提高。

在零利润条件下，每家企业出口规模可表示为 $\hat{X}_i^k = X_i^k/N_i$，当支出函数满足固定替代弹性时，可得到：

$$\hat{X}_i^k = \frac{X_i^k}{N_i} = \left(\frac{\hat{P}_i^k}{P^k}\right)^{-(\sigma-1)} Y^k \tag{3.8}$$

---

① 芬斯特拉和罗马里斯（Feenstra & Romalis，2013）的测算结果表明，即使是异质性企业，当生产率满足帕累托分布时，其质量调整的价格差别也不大。因而为分析简单，本书主要推导了企业同质时的情况，关于企业异质性分析可参见他们发表在 *The Quarterly Journal of Economics* 上的文章 *International prices and endogenous quality*（2014 年，129 卷第 2 期，477-527）。

式（3.8）中，P^k为 CES 函数对应的价格指数，假设同时有两个国家 i、j 出口到 k 国，则根据式（3.7）和式（3.8）可得到相对质量调整的出口价格：

$$\frac{\hat{P}_i^k}{\hat{P}_j^k} = \left(\frac{\left(\dfrac{X_i^k}{N_i}\right)}{\left(\dfrac{X_j^k}{N_j}\right)}\right)^{\frac{-1}{\sigma-1}} \tag{3.9}$$

因而只要给定出口产品的数量和产品替代弹性 σ，就可以根据式（3.9）计算出对给定国家，其他任意两两国家之间相对质量调整的出口价格。同时，式（3.9）进一步证明了坎德尔瓦尔（Khandelwal，2010）以及哈拉克和斯科特（Hallak & Schott，2011）的观点：市场份额高通常意味着较高的质量水平与较低的质量调整价格，因而可以用市场份额作为产品质量的代理变量。

因为假设企业是同质的，因而通过临界出口企业的零利润条件，我们可以将相对质量调整的出口价格进一步具体化。将式（3.9）带入式（3.8），消去变量 $X_i{}^k$，可以得到相对质量调整的出口价格的新形式：

$$\frac{\hat{P}_i^k}{\hat{P}_j^k} = \left(\frac{\dfrac{\bar{P}_i^k}{(tar_i^k \bar{p}_i{}^{*k} e^{\beta' F_i^k})^{\alpha^k \theta}}}{\dfrac{\bar{P}_j^k}{(tar_j^k \bar{p}_j{}^{*k} e^{\beta' F_j^k})^{\alpha^k \theta}}}\right)^{\frac{-1}{1+\alpha^k \theta(\sigma-1)}} \tag{3.10}$$

对于相对质量调整的进口价格，假设 i 国同时向 k 国和 l 国出口产品，价格比率为 $\bar{P}_i^k/\bar{P}_i^l$。k 国和 l 国可能对来自 i 国质量相同的产品拥有不同的偏好（分别用 α^k 和 α^l 表示，且 $\alpha^k \neq \alpha^l$），质量偏好可能对质量调整的进口价格造产生影响，而这不是我们想要的答案，因而用所有国家的平均偏好 $\bar{\alpha}$ 代替 α^k 和 α^l。类似于式（3.10），我们可以得到质量调整的相对进口价格：

$$\frac{\bar{P}_i^k}{\bar{P}_j^k} = \left(\frac{\dfrac{\bar{P}_i^k}{(k_1^k \bar{p}_i{}^{*k})^{\bar{\alpha}\theta}}}{\dfrac{\bar{P}_i^l}{(k_1^l \bar{p}_i{}^{*l})^{\bar{\alpha}\theta}}}\right) \left(\frac{\dfrac{X_i^k}{k_2^k tar_i^k \left(\dfrac{Y^k}{P^k}\right) \beta^0 e^{\beta' F_i^k}}}{\dfrac{X_i^l}{k_2^l tar_i^l \left(\dfrac{Y^l}{P^l}\right) \beta^0 e^{\beta' F_i^l}}}\right)^{\frac{\bar{\alpha}\theta}{(1+\gamma)}} \left(\frac{k_2^k}{k_2^l}\right)^{\frac{1}{1-\sigma}} \tag{3.11}$$

为了利用实际数据对式（3.10）和式（3.11）进行测算，芬斯特拉和罗马里斯（Feenstra & Romails，2014）对公式进行了简化处理，用去除从价税的进口 CIF 单位价值 $uv_{igt}^{k}tar_{igt}^{k}$ 代替 $\bar{p}_{igt}^{k}$ ，用 FOB 单位价值 uv_{igt}^{*k} 代替 $\bar{p}_{igt}^{*k}$ ，用 i 国对 k 国和 j 国产品偏好的几何平均值 $\alpha_{g}^{kl} \equiv (\alpha_{g}^{k}\alpha_{g}^{l})^{1/2}$ 来替代 α_{g}^{k} 和 α_{g}^{l} ，并将质量调整的单位价值定义为：

$$\frac{UV_{igt}^{*k}}{UV_{jgt}^{*k}} = \frac{\left(\frac{uv_{igt}^{*k}}{uv_{jgt}^{*k}}\right)}{\left(\frac{\bar{z}_{igt}^{k}}{\bar{z}_{jgt}^{k}}\right)}, \frac{UV_{igt}^{k}}{UV_{jgt}^{k}} = \frac{\left(\frac{uv_{igt}^{k}}{uv_{jgt}^{k}}\right)}{\left(\frac{\bar{z}_{igt}^{k}}{\bar{z}_{jgt}^{k}}\right)} \tag{3.12}$$

最后，作者将平均质量定义为剔除从价税的单位价值与剔除从价税的质量调整价格之比，分别得到相对出口产品质量与相对进口产品质量：

$$\ln\left(\frac{\bar{z}_{igt}^{k}}{\bar{z}_{jgt}^{k}}\right) = \frac{\bar{\alpha}_{g}\theta_{g}}{[1+\bar{\alpha}_{g}\theta_{g}(\sigma_{g}-1)]}\left[\begin{array}{l}(\sigma-1)\ln\left(\frac{uv_{igt}^{k}}{uv_{jgt}^{k}}\right)+\ln\left(\frac{uv_{igt}^{*k}}{uv_{jgt}^{*k}}\right)+ \\ \beta'_{g}(F_{i}^{k}-F_{i}^{l})+\sigma_{g}\ln\left(\frac{tar_{igt}^{k}}{tar_{jgt}^{k}}\right)\end{array}\right] \tag{3.13}$$

$$\ln\left(\frac{\bar{z}_{igt}^{k}}{\bar{z}_{igt}^{l}}\right) = \frac{\alpha_{g}^{kl}\theta_{g}}{(1+\gamma_{g})}\left[(1+\gamma_{g})\ln\left(\frac{uv_{igt}^{*k}}{uv_{igt}^{*l}}\right)-\ln\left(\frac{\frac{X_{igt}^{k}}{tar_{igt}^{k}}}{\frac{X_{igt}^{l}}{tar_{igt}^{l}}}\right)+\beta'_{g}(F_{i}^{k}-F_{j}^{k})+\beta_{0g}\ln\left(\frac{\frac{Y_{t}^{k}}{p_{t}^{k}}}{\frac{Y_{t}^{l}}{p_{t}^{l}}}\right)\right] \tag{3.14}$$

3.1.2.4 函数反推法

由于产品价格中包含了很多非质量的因素，因而用单位价值作为产品质量的代理存在一定偏误。格尔瓦斯（Gervais，2015）指出，除质量外，企业生产率也是影响产品价格的重要因素：一方面，生产率提升可以降低企业生产成本，进而降低均衡价格；另一方面，生产率提升可以在一定程度上提升产品质量，高质量产品生产要求企业提高生产成本，进而提高产品价格。当产品质量与价格弱相关时，质量提升可能并不表现为价格上升，而是销售量增加。因而，越来越多的学者将产品质量纳入消费者效用函数或企业成本函数中，在效用水平、利润最大化及预算约束的条件下，经过一系列数学推导得到消费者或企业的质量选择函数。

格尔瓦斯（Gervais，2015）拓展了梅里兹（Melitz，2003）模型，通过引入产品质量异质性得到易处理的一般均衡模型，结果表明产品价格和质量是影响消费者消费决策的重要因素，均衡的最优消费数量与产品价格负相关，但与产品质量正相关，说明质量可以作为影响消费者效用的需求转换器。用数据估算的需求转换器也符合产品质量异质性模型的一系列推论，如：产品价格和边际生产成本随质量上升而增加；产品质量与价格的弱相关关系导致出口企业与非出口企业的产品价格和质量差异很大——出口企业的平均价格比非出口企业高 7%，但质量只高 0.5 个标准差。格尔瓦斯（Gervais，2015）利用函数反推法测算产品质量的基本思想如下。

假设经济体有 L 个无限期生存的劳动者，每个劳动者拥有 1 单位的劳动禀赋，对既定工资水平，消费者提供无弹性的劳动供给。

（1）消费者偏好

假设代表性消费者的效用函数为：

$$U = \left[\int_{x \in X} w(x)^{1-\rho} q(x)^{\rho} \mathrm{d}x \right]^{\frac{1}{\rho}} \tag{3.15}$$

式（3.15）中，$w(x)$ 和 $q(x)$ 分别代表消费品数量和质量，ρ 代表消费品质量与数量的替代弹性，X 代表可消费的产品集合。假设所有产品质量可知，且同一产品对所有消费者而言质量是相同的。满足预算约束的最优产品需求可表示为：

$$q(x) = QP^{\sigma} w(x) p(x)^{-\sigma} \tag{3.16}$$

式（3.16）中，$p(x)$ 代表产品 x 的价格，$\sigma = 1/(1-\rho)$ 代表产品替代弹性，P 为质量调整的理想价格指数，满足：

$$P = \left[\int_{x \in X} w(x) p(x)^{1-\sigma} \mathrm{d}x \right]^{\frac{1}{1-\sigma}} \tag{3.17}$$

（2）生产

生产需要固定成本和可变成本，总成本受企业生产率 ϕ 和总产出 w 的质量影响，因而生产总成本可表述为：

$$\Gamma(\phi, w) = \left(f_c + w^{r} + \frac{w^{\eta}}{\phi} q \right) w \tag{3.18}$$

式（3.18）中，w 表示员工的工资水平（标准化为 1），f_c、γ、η 均为正的常数。由于生产高质量产品需要更多要素投入，因而其可变成本也较高。固定成本随质量提升而增加，但其下限为 f_c（企业生产质量为 0 的产品时需要付出的成本）。

（3）国际贸易

假设世界上存在本国和外国两个完全相同的国家，企业将本国产品出口到国外必须支付关税和运费。假定企业为克服贸易障碍付出的成本包括两部分：一是固定出口成本（f_x，所有企业都相等）；二是固定的冰山成本 τ（$\tau>1$，企业出口 τ 单位产品到国外，只有 1 单位最终到达）。

（4）利润最大化

假设企业面临一个进入成本 f_e（所有企业均相等），当企业支付了进入成本并了解到自身生产率 ϕ [生产率服从随机分布 g（ϕ），其累计密度函数为 G（ϕ）] 后开始生产，企业同时选择产品质量、单位价格及是否进入海外市场以最大化其利润：

$$\max_{p,\ \tilde{p},\ w,\ I_x} \pi = pq(p,\ w) + \Gamma(\phi,\ w) + I_x[\tilde{p}q(\tilde{p},\ w) - f_x] \tag{3.19}$$

式（3.19）中，q（p，w）为式（3.16）定义的产品最优需求量，$\Gamma(\phi,\ \omega)$ 代表式（3.18）定义的生产总成本，I_x 是一个二元变量（企业参与出口为 1，不参与出口为 0），$\tilde{p}$ 为出口产品的国内售价。利润最大化要求企业边际成本等于边际利润，因而可以得到企业的定价策略：

$$p(\phi,\ \omega) = \frac{\omega^{\eta}}{\rho\phi} \tag{3.20}$$

$$\tilde{p}(\phi,\ \omega) = \tau p(\phi,\ \omega) \tag{3.21}$$

式（3.20）和式（3.21）表明产品的国内价格和海外市场价格是企业生产率和产品质量的函数，价格随质量增加而提升，随生产率提升而降低。同时，在给定的偏好结构下，本国与外国的 FOB 是相等的。

将式（3.18）、式（3.20）和式（3.21）带入式（3.19）中，分别可得到仅在国内销售企业和出口企业的利润水平：

$$\pi_d(\phi,\ \omega) = \Lambda(\phi,\ \omega) - f_c \tag{3.22}$$

$$\pi_x(\phi,\ \omega) = (1 + \tau^{1-\sigma})^{\alpha\gamma}\Lambda(\phi,\ \omega) - f_c - f_x \tag{3.23}$$

式（3.23）中，$\Lambda(\phi,\ \omega) = \sigma^{-1}R\ (P\rho)^{\sigma-1}\omega^{1-\eta(\sigma-1)} - \omega^{\gamma}$，且 $\alpha = [\gamma + \eta(\sigma - 1) - 1]^{-1}$ 对所有企业都相等，通过对式（3.22）和式（3.23）求质量的一阶导，可以得到企业的最优质量决策：

$$\omega_d(\phi) = A\phi^{\alpha(\sigma-1)} \tag{3.24}$$

$$\omega_x(\phi) = (1 + \tau^{1-\sigma})^{\alpha}A\phi^{\alpha(\sigma-1)} \tag{3.25}$$

$\omega_d(\phi)$、$\omega_x(\phi)$ 分别表示国内销售企业和出口企业的最优产品质量，且 $A = \{L[1 - \eta(\sigma - 1)](P\rho)^{\sigma-1}(\gamma\sigma)^{-1}\}^{\alpha}$ [$\eta(\sigma - 1) < 1$] 是常数，A 是市场规模 L 和价格指数 P 的增函数，因而可以看作是市场韧性的反面度量。因而，由式（3.24）和式（3.25）可以看出，当控制企业生产率时，产品质量是市场规模的增函数。这一结论与坎德尔瓦尔（Khandelwal，

2010）的研究相符：在控制产品价格时，企业市场份额越高，产品质量也越高。

根据上述结论，作者构建了测算产品质量的计量方程：

$$\ln q_{it} = \lambda_t + I_{x,\ it} - \sigma \ln p_{it} + \nu_i + e_{it} \tag{3.26}$$

式（3.26）中，λ_t为不随企业变化的时间效应，且满足$\lambda_t = (\sigma - 1)\ln P_t + \ln R_t + \ln\omega_t$；$I_{x,\ it}$为出口企业固定效应，如果企业 i 为出口企业，取值为 1，否则为 0；$\nu_i = \ln\omega_i$ 是无法观察的企业效应，控制了产品质量 ω_i。

由于产品质量包含在不能观察到的企业特征中，因而可以通过对式（3.26）进行两步估计得到最终的产品质量。首先，在满足一定条件下，用 2SLS 的固定效用模型可以得到价格需求弹性的一致估计，所选择的工具变量是实际全要素生产率；其次，估计随时间变动的产出变化作为产品质量的代理变量。

3.2 进口产品质量

3.2.1 测算方法

本书在格尔瓦斯（Gervais，2009）、施炳展（2015）等人的研究基础上，在新新贸易理论框架内构建了测算企业进口产品质量的理论模型。

首先，假设代表性消费者的效用函数为 CES 形式：

$$U = \left\{\int [\lambda(i)q(i)]^{1-1/\sigma}\mathrm{d}i\right\}^{1/(1-1/\sigma)} \tag{3.27}$$

式（3.27）中，λ（i）和 q（i）分别代表产品 i 的质量和数量；σ 代表差异化产品之间的替代弹性。为简化分析，假定消费总支出水平为 1，则由式（3.27）可得到代表性消费者对商品 i 的需求函数为：

$$q(i) = P^{\sigma-1}\lambda(i)^{\sigma-1}p_D(i)^{-\sigma},\ P = \left\{\int [p_D(i)/\lambda(i)]^{1-\sigma}\mathrm{d}i\right\}^{1/(1-\sigma)} \tag{3.28}$$

对于特定的产品而言，企业进口产品的数量可表示为：

$$q_{imt} = P_{mt}^{\sigma-1}\lambda_{imt}^{\sigma-1}p_{imt}^{-\sigma} \tag{3.29}$$

式（3.29）中，下标 i、m、t 分别表示企业、进口来源国和年份，λ 表示企业进口产品质量，P 为产品综合价格指数，p 为产品 i 的进口价格。对式（3.29）进行对数化处理可得：

$$\ln q_{imt} = (\sigma - 1)\ln P_{mt} - \sigma\ln p_{imt} + (\sigma - 1)\ln\lambda_{imt} \tag{3.30}$$

上式在产品层面进行回归，综合价格指数 P 用时间虚拟变量表示，将产品质量作为残差项处理。p、q 分别代表企业进口产品的价格和数量。

根据坎德尔瓦尔（Khandelwal，2010）的结论，市场规模是影响产品质量的重要因素，当控制产品价格时，市场规模越大，产品质量越高。借鉴坎德尔瓦尔（Khandelwal，2010）的做法，我们在公式（3.30）中加入来源国人口数量，以控制市场规模和企业水平产品种类。因此，计量方程进一步转化为：

$$\ln q_{imt} = (\sigma - 1)\ln P_{mt} - \sigma \ln p_{imt} + \gamma \ln pop_{mt} + (\sigma - 1)\ln \lambda_{imt} \tag{3.31}$$

需要特别指出的是，公式（3.31）中由于产品质量 λ 会影响产品需求 q，计量方程中残差项与被解释变量相关会导致模型的内生性问题。在前人研究的基础上，我们通过构造合适的工具变量进行 2SLS 回归来减轻内生性问题的影响。借鉴埃米蒂（Amiti，2010）的做法，本书选择单位运输成本作为产品价格的工具变量，其中运输成本=地理距离×油价。对上述问题进行处理后，通过对公式（3.31）的回归结果，我们将企业进口产品质量定义为：

$$ql_{imt} = \ln\hat{\lambda}_{imt} = \hat{\varepsilon}_{imt}/(\sigma - 1) = (\ln q_{imt} - \ln\hat{q}_{imt})/(\sigma - 1) \tag{3.32}$$

通过式（3.32），我们可以得到各个企业每年从每个国家进口的每种产品的质量，为了得到整体层面的质量，我们进一步定义标准化质量指数：

$$rq_{imt} = (ql_{imt} - \min ql_{imt})/(\max ql_{imt} - \min ql_{imt}) \tag{3.33}$$

其中，$\max ql_{imt} - \min ql_{imt}$ 表示某一行业的质量阶梯长度，并不随时间改变。式（3.33）定义的标准质量指数可以进行加总，加总后整体层面的质量位于［0，1］之间，也可以进行跨行业、跨时期的比较。我们将整体质量指标定义为：

$$TQ = \frac{v_{imt}}{\sum_{imt \in \Omega} v_{imt}} rq_{imt} \tag{3.34}$$

TQ 为对应样本整体的质量水平，v_{imt} 代表贸易价值量。为了得到企业层面的进口产品质量，我们进一步明确 $\frac{v_{imt}}{\sum_{imt \in \Omega} v_{imt}}$ 为企业 i 第 t 年从 m 国进口的一个 HS6 位码产品占企业该年度所有进口产品的比重。

3.2.2 使用数据及处理

利用2000—2007年的海关数据，我们提取产品出口价值量、出口数量指标、计算产品的出口价格，然后通过对计量方程（3.6）进行回归得到产品层面的质量。为保证回归结果的可信度，我们参照施炳展（2015）的方法，对海关原始数据进行处理，处理的具体步骤如下：①删除企业名称、进口来源国等关键信息缺失的样本；②删除单笔交易金额在50美元以下或交易数量少于1的样本；③删除企业名字中包括“进出口”“商贸”等中间商信息的样本；④利用CEPII数据库的商品编码转换标准将海关HS8位码同国际HS6位码、ISIC Rev.2 3分位编码、SITC Rev.2 3分位编码对齐；⑤删除非制造业企业样本，即删除ISIC编码小于300或大于400的样本、SITC分位编码小于5 000或大于9 000的样本；⑥借鉴劳赫（Rauch，1999）的做法，将全部产品划分为同质性产品和差异化产品，删除同质化产品样本；⑦参照拉尔（Lall，2000）的分类标准，将所有产品按技术密集度进行分类，删除初级品、资源品等不存在质量差异的样本；⑧为提高回归准确性，删除样本数量少于100的样本。

3.2.3 我国进口产品质量现状：企业层面

表3.1报告了2000—2007年我国企业进口产品质量的情况。对于企业层面的进口产品质量分析，我们主要从三个方面进行分析：一是整体层面的企业进口产品质量；二是按进口方式将企业分成加工贸易企业和一般贸易企业；三是根据所有制差异对企业进行分类。

2000—2007年，我国企业的平均进口产品质量为0.478。同时，进口产品质量表现出明显的波动变化趋势：2000—2003年，进口产品质量由0.482下降为0.474，下降1.66%。2004年以后，进口产品质量缓慢上升，到2005年，进口产品质量上升为0.479；2006年，进口产品质量大幅下降，只有0.465，比2005年下降2.92%；虽然2007年有所上升，但也只有0.472，低于平均进口产品质量。因此，与施炳展（2015）的结论不同，我们认为，加入WTO以后，伴随进口规模扩大，我国企业进口产品质量并没有明显提升。

就不同的贸易方式而言，加工贸易企业的进口产品质量高于一般贸易企业，这与施炳展（2015）的结论一致。我国加工贸易主要呈现“两头在外，中间在内”的特点，即原材料、零部件的进口来源地及最终品的销售地都在国外，本国主要负责加工组装的环节。进口原材料或零部件来源地多为新兴经济体及发达国家，产品质量相对较高；同时，加工组装成成品后需要再出口到发达国家，由于发达国家居民收入水平较高，本身就更偏好高质量产品，中国加工贸易企业为满足发达国家对高质量产品的需求，会进一步优化商品结构，提高产品质量。反过来，高质量产品生产和出口也要求中国的加工企业进口高质量的原材料和零部件。

表 3.1　2000—2007 年我国企业进口产品质量

分类	2000 年	2001 年	2002 年	2003 年	2004 年	2005 年	2006 年	2007 年	均值
整体	0.482	0.487	0.483	0.474	0.476	0.479	0.465	0.472	0.478
一般贸易	0.460	0.455	0.451	0.441	0.444	0.453	0.443	0.453	0.450
加工贸易	0.491	0.497	0.495	0.485	0.484	0.488	0.473	0.472	0.486
国有企业	0.495	0.478	0.483	0.470	0.467	0.460	0.455	0.478	0.473
集体企业	0.493	0.483	0.485	0.471	0.465	0.465	0.454	0.455	0.471
个私企业	0.494	0.490	0.483	0.471	0.466	0.462	0.448	0.462	0.472
外资企业	0.521	0.521	0.516	0.508	0.507	0.506	0.492	0.512	0.510

从不同所有制来看，本土企业（包括国有企业、集体企业和个私企业）的进口产品质量无论是平均水平还是增长趋势都与整体的变化趋势趋于一致。2000—2007 年，我国本土企业进口产品质量也呈波动下降的变化趋势，而平均进口产品质量也基本维持在 0.47 左右。与本土企业相比，外资企业进口产品质量无论在增长率还是在平均水平上都更有优势，平均进口产品质量为 0.510，比本土企业高 8.51%。这符合价值链全球分工的现实，与本土企业相比，外资企业多处在国际产业链的高端，自身所配套的人力资源、技术水平和管理制度等更为先进，为了更好地释放优势资源的潜能，当然更倾向于进口高质量产品。在价值链分工格局中，本土企业更多地参与劳动密集型、技术含量低的低端生产制造与组装环节，这种国际分工的固化将使本土企业逐渐形成对发达国家先进生产设备的引进依赖和成本降低型生产效率的提升，导致其进口产品质量较低。

3.2.4　我国进口产品质量现状：产品层面

整体层面的进口产品质量是在不同范围内进行加总，虽然标准化的质量能够体现整体性变化的某些趋势，但忽略了产品的结构差异，难以从微观视角衡量我国进口产品质量的变化趋势。基于此，表 3.2 根据产品的生产阶段和行业类别描绘了 2000—2007 年我国进口产品质量的变化趋势。与企业层面的质量变化一致，进口产品的质量整体上也呈明显的波动趋势，只是在具体的产品种类上有所差异。首先，我们根据生产阶段将进口产品分为中间品、资本品、消费品，发现三类进口产品的质量都较高，平均水平都超过 0.5；中间品的质量高于资本品和消费品。这一方面说明消费者对高质量进口产品的需求随个人收入水平提升而逐渐增强，另一方面也说明为适应日益激烈的市场竞争，生产厂商通过进口高质量中间品和资本品来提升自身的市场竞争力。同时，为了进一步反映进口产品质量的行业差异，我们按照新的国民经济行业分类准则考察了 28 个细化制造业行业进口产品质量的变化趋势。结果表明，进口产品质量在制造业行业内部存在明显差异：食品制造业，纺织业，纺织服装与服饰业，皮革、毛皮、羽毛及其制品和制鞋业等进口产品质量较高，仪器仪表制造业、印刷和记录媒介复制业、化学纤维制造业和家具制造业等进口产品质量相对较低。

表 3.2 2000—2007 年我国产品层面的进口产品质量

分类	产品	2000 年	2001 年	2002 年	2003 年	2004 年	2005 年	2006 年	2007 年	均值
生产阶段	中间品	0.564	0.554	0.555	0.548	0.552	0.561	0.547	0.580	0.558
	资本品	0.540	0.548	0.548	0.536	0.542	0.532	0.510	0.537	0.537
	消费品	0.544	0.555	0.551	0.541	0.540	0.538	0.533	0.539	0.543
行业类别	农副食品加工业	0.569	0.542	0.572	0.556	0.550	0.526	0.553	0.538	0.551
	食品制造业	0.623	0.636	0.640	0.640	0.635	0.626	0.616	0.603	0.627
	酒、饮料和精制茶制造业	0.588	0.560	0.583	0.562	0.588	0.563	0.596	0.607	0.581
	纺织业	0.631	0.631	0.629	0.626	0.620	0.625	0.610	0.607	0.622
	纺织服装与服饰业	0.588	0.623	0.637	0.600	0.618	0.614	0.615	0.612	0.613
	皮革、毛皮、羽毛及其制品和制鞋业	0.621	0.624	0.609	0.601	0.597	0.599	0.586	0.593	0.604
	木材加工和木、竹、藤棕、草制品业	0.587	0.591	0.564	0.570	0.560	0.571	0.545	0.582	0.571
	家具制造业	0.575	0.573	0.544	0.534	0.542	0.541	0.529	0.539	0.547

续表

分类	产品	2000年	2001年	2002年	2003年	2004年	2005年	2006年	2007年	均值
行业类别	造纸和纸制品业	0.555	0.558	0.555	0.549	0.547	0.555	0.543	0.545	0.551
	印刷和记录媒介复制业	0.524	0.531	0.531	0.527	0.529	0.538	0.522	0.537	0.530
	文教、工美、体育和娱乐用品制造业	0.566	0.562	0.555	0.541	0.550	0.553	0.550	0.541	0.552
	石油、煤炭及其他燃料加工业	0.560	0.597	0.560	0.557	0.564	0.519	0.526	0.548	0.554
	化学原料和化学制品制造业	0.577	0.577	0.574	0.566	0.564	0.564	0.552	0.559	0.567
	医药制造业	0.573	0.591	0.571	0.588	0.578	0.584	0.553	0.566	0.576
	化学纤维制造业	0.538	0.548	0.530	0.533	0.534	0.533	0.517	0.529	0.533
	橡胶和塑料制品业	0.578	0.575	0.570	0.563	0.571	0.576	0.565	0.587	0.573
	非金属矿物制品业	0.571	0.569	0.575	0.572	0.572	0.578	0.567	0.580	0.573
	黑色金属冶炼和压延加工业	0.576	0.576	0.573	0.567	0.566	0.570	0.557	0.572	0.570
	有色金属冶炼和压延加工业	0.591	0.589	0.574	0.565	0.568	0.581	0.569	0.586	0.578
	金属制品业	0.600	0.594	0.603	0.581	0.589	0.588	0.568	0.593	0.590
	通用设备制造业	0.584	0.580	0.574	0.566	0.572	0.580	0.567	0.588	0.576
	专用设备制造业	0.561	0.559	0.552	0.545	0.553	0.559	0.538	0.567	0.554
	汽车制造业	0.577	0.580	0.576	0.565	0.571	0.570	0.555	0.563	0.570
	铁路、船舶、航空航天和其他运输设备制造业	0.583	0.580	0.567	0.552	0.571	0.579	0.557	0.557	0.568
	计算机、通信和其他电子设备制造业	0.565	0.559	0.555	0.547	0.555	0.560	0.540	0.563	0.555
	仪器仪表制造业	0.544	0.530	0.531	0.517	0.517	0.524	0.502	0.509	0.522
	废弃资源综合利用业	0.581	0.580	0.579	0.571	0.572	0.577	0.565	0.576	0.575
	其他制造业	0.583	0.577	0.571	0.559	0.564	0.568	0.547	0.563	0.675

3.3 企业性别工资差距

3.3.1 测算方法

由于中国工业企业数据库没有直接报告企业男性员工和女性员工的平均工资，因而不能直接计算企业性别工资差距。陈波（Chen Bo，2014）利用微观企业数据计算了中国企业技能工资差距，并进一步研究了投入品贸易自由化对企业技能工资差距的影响；借鉴他的方法，李磊等（2015）利用2008年经济普查数据测算了服务业企业性别工资差距。本书在已有研究基础上更进一步，通过构建合理的计量模型对制造业企业性别工资差距给予数量化度量。

假设下标 i、j、t 分别表示企业、行业和年份，上标 M 和 F 分别表示男性员工和女性员工。员工工资收入由行业平均工资和企业特定误差项组成，因此，在第 t 年行业 j 中的企业 i 支付给男性员工的工资可表示为 $w_{ijt}^{M}=w_{it}^{M}+\varepsilon_{ijt}^{M}$，相应的女性员工工资为 $w_{ijt}^{F}=w_{it}^{F}+\varepsilon_{ijt}^{F}$。也就是说，员工的工资是由不同性别员工的市场价值同企业自身支付的激励性报酬所组成。对企业 i 而言，其在 t 年的性别工资差距等于：

$$Wage_{ijt}=w_{ijt}^{M}-w_{ijt}^{F}=(w_{it}^{M}-w_{it}^{F})-(\varepsilon_{ijt}^{M}-\varepsilon_{ijt}^{F}) \tag{3.35}$$

式（3.35）中，$(w_{it}^{M}-w_{it}^{F})$ 是行业支付给不同性别员工的工资差距，假设 $w_{it}^{M}-w_{it}^{F}=\alpha_{jt}$。$(\varepsilon_{ijt}^{M}-\varepsilon_{ijt}^{F})$ 表示企业层面不同性别员工的工资残差。按照卡于克等（Cahuc et al，2006）、埃德林顿等（Ederington et al，2009）的研究，工资残差是企业盈利能力的函数，即 $\varepsilon_{ijt}^{M}-\varepsilon_{ijt}^{F}=\beta_{jt}\pi_{ijt}$，其中，$\pi_{ijt}$ 表示企业 i 的盈利能力，β_{jt} 是行业 j 的估计系数。因而，企业性别工资差距可表示为：

$$Wage_{ijt}=\alpha_{jt}+\beta_{jt}\pi_{ijt} \tag{3.36}$$

如果估计出 α_{jt} 和 β_{jt}，就可以计算出企业性别工资差距。为此，我们首先分行业估计得到式（3.10）中平均工资和男性员工比重的系数。假设 θ_{ijt} 代表企业 i 中男性员工所占比重，企业层面的平均工资就可表示为：

$$\bar{w}_{ijt}\equiv\theta_{ijt}w_{ijt}^{M}+(1-\theta_{ijt})w_{ijt}^{F} \tag{3.37}$$

$$\bar{w}_{ijt}=\theta_{ijt}(w_{jt}^{M}+\varepsilon_{ijt}^{M})+(1-\theta_{ijt})(w_{jt}^{F}+\varepsilon_{ijt}^{F}) \tag{3.38}$$

$$\bar{w}_{ijt}=w_{jt}^{F}+\alpha_{jt}\theta_{ijt}+\beta_{jt}(\theta_{ijt}\pi_{ijt})+\varepsilon_{ijt}^{F} \tag{3.39}$$

式（3.37）是根据定义得到的，式（3.38）通过将式（3.35）带入式（3.37）得到，式（3.39）则是根据式（3.36）得到的。假设残差项 ε_{ijt}^F 满足独立同分布假定，则只要知道企业的平均工资、男性员工比重及盈利能力指标，就可以通过回归模型（3.39）得到参数 $\hat{\alpha}_{jt}$ 和 $\hat{\beta}_{jt}$ 。通过公式（3.36），可以估算出企业性别工资差距：

$$Wg\hat{a}p_{ijt} = \hat{\alpha}_{jt} + \hat{\beta}_{jt}\pi_{ijt} \tag{3.40}$$

需要指出的是，公式（3.39）中残差项 ε_{ijt}^F 与企业盈利能力指标 π_{ijt} 相关，造成 $\hat{\beta}_{jt}$ 被低估。因而，我们估计的结果可以被解释为真实系数的估计下界。同时，w_{jt}^F 随行业和年份改变，而我们的回归是按行业和年份进行的，因而 w_{jt}^F 可以被理解为每个回归方程的常数项。

由于 1998—2003 年工业企业数据库没有报告企业员工的性别信息，不能直接利用式（3.40）估计出企业性别工资差距，因而我们把样本区间限定在 2004—2007 年之间。其中，男性员工比重 θ_{ijt} 用男性员工人数/企业年末就业总人数来表示；企业的盈利能力 π_{ijt} 用营业利润/营业收入来表示；员工的收入除工资外还应该包括补贴、年终奖等福利性收入，因而本书用（企业年末应付总工资+年末应付总福利）/企业年末就业人数表示企业的平均工资 $\bar{w}_{ijt}$ 。

3.3.2 使用数据及处理

计算企业性别工资差距的数据来自 1998—2007 年国家统计局规模以上工业企业调查，该调查涵盖了所有国有企业和规模以上（销售额在 500 万元以上）非国有企业。由于本书研究的是企业性别工资差距，而 1998—2003 年工业企业数据没有分性别报告企业员工数量，因而本书主要保留了 2004—2007 年的数据。由于该套数据存在指标异常、测量误差等统计问题，我们按照蔡等（Cai et al，2009）和芬斯特拉等（Feenstra et al，2011）提供的思路对原始数据进行筛选：①删除总产值规模小于 500 万元的样本；②删除总收入、就业人数、固定资产、总销售额、中间投入额至少一项为负或缺失值的样本；③删除成立年份早于 1949 年的企业样本，同时删除企业年龄小于 0 的样本；④由于 2004 年数据缺少企业“工业增加值”信息，本书依据会计准则进行了估算（工业增加值=工业总产值-工业中间投入+增值税）；⑤删除年末从业人数小于 8 的样本；⑥删除明显不合理的企业样本，如总资产小于流动资产、总销售额小于出口额或累计折旧小于当期折旧的样本。经过这些处理后，仍然有 386 596 家企业的

970 705 项观察值留在样本中，约占全体样本的 81.78%。

3.3.3 我国企业性别工资差距现状及变化趋势

基于 2004—2007 年中国工业企业数据库，本书对式（3.14）的估计结果表明，2004—2007 年，我国企业存在明显的性别工资差距，且该差距在企业间表现出很大差异：企业性别工资差距最大值为 23 894 元，最小值为-3 048 元（女性比男性工资高 3 048 元），平均工资差距达到14 877元。尤其值得注意的是，样本中 95%的企业都存在男性工资显著大于女性的事实。我们认为造成这种现象的原因主要包括三个方面：一是男性和女性个人特征的差异。由于社会、历史及生理等因素的影响，女性要更多地承担照顾家庭、抚养孩子的责任，导致即使劳动力市场提高女性报酬，她们对工作的投入也有限。同时，女性体力不足或在面对危险、数理科技等方面的能力较弱，导致女性在管理人员、建筑工人、市场营销人员和科学家等职业中的比例较低（刘斌、李磊，2012）。二是在具体的工作中女性可能遭受性别歧视，如在同等条件下企业在招工时更偏好男性而非女性，教育年限、劳动生产率和男性接近的女性可能被安排到工资较低的岗位，女性获取职位晋升的机会或速度低于男性，女性通过职位晋升获取的收益较小。三是女性的人力资本投资相对较低。劳动力市场中的性别歧视通过反馈机制降低了女性劳动收益的预期，从而降低了女性进行人力资本投资的积极性，导致女性的劳动生产率和工资水平较低。

就增长率而言，企业平均性别工资差距由 2004 年的 14 432 元增加到 2005 年的 14 949 元，增长了 3.6%，增速相对较快；2005 年以后，增长相对缓慢，平均增速只为 0.11%。图 3.1 除了报告全国企业性别工资差距以外，还考察了不同地区的变化趋势。从中可以看出，无论是增长速度还是平均水平，我国企业性别工资差距存在明显的地区差异：东部地区与全国接近，西部地区和中部地区则远高于东部地区；2005 年以后，地区间企业性别工资差距进一步拉大；就增速而言，2004—2005 年，各地增速接近，但 2005 年以后，地区间增速出现明显差异，中部地区和西部地区分别增长了 2%和 1.4%，但同期东部地区只增长了 0.09%。

图 3.2 报告了不同所有制企业性别工资差距的核密度分布图。所有企业性别工资差距的正态分布检验的 p 值都接近于 0，说明无论是公有制企业、个私企业还是外资企业，其性别工资差距都不服从正态分布。其中，

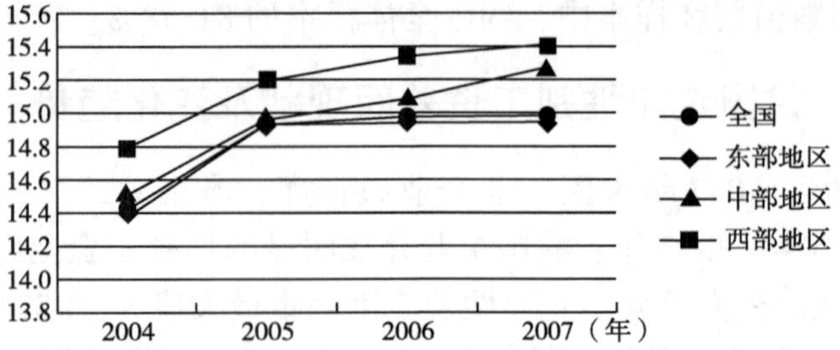

图 3.1　全国及各地区企业性别工资差距变化趋势（单位：千元）

公有制企业和外资企业的偏态系数分别为-0.358 和-0.256，说明这两种类型企业的性别工资差距都左偏，企业更多集中在性别工资差距较高的区间；个私企业呈正偏态分布，偏态系数为 0.102，性别工资差距相对较小；虽然公有制企业和外资企业的性别工资差距都较高，但公有制企业左偏的程度更严重，因而公有制企业的性别工资差距在三类企业中是最大的。这与莫雷尔·法齐奥和休斯（Maurer Fazio & Hughes，2002）的结论有明显差异，他们认为企业性别工资差距与劳动力市场制度改革有关，市场化程度越高，企业性别工资差距越大；戴园晨和黎汉明（1995）比较了不同所有制部门的企业性别工资差距，发现国有企业女性工资相当于男性的 88.75%，集体企业为 83.9%，“三资”企业只有 74.67%，因而国有企业的性别工资差距最小。我们认为造成这种不一致的原因是样本考察时期的选择导致市场化改革进程存在差异。上述研究多集中在 1990—1995 年，大规模的国有企业改革尚未展开，计划经济因素对国有企业和集体企业仍有重要影响，计划经济下的平等主义依然占据企业收入分配的主导地位。无论是企业管理者还是普通员工，只能被动接受国家分配的工资福利。企业在招聘过程中也缺乏自主决策权，既不能刻意追求高技能劳动力，也不能拒绝低技能劳动力。这种招聘机制和工资决定机制导致劳动力市场缺乏流动性，也难以有效激发员工的创造潜力进而提升企业生产率，使得男性和女性的工资收入趋于一致。从 1998 年开始，长达五年的“国退民进”使国有及国有控股企业数量减少了 40%。相应地，劳动力市场流动性和竞争性加剧，市场化程度提升导致企业性别工资差距逐渐扩大。而就追求企业利润最大化的个私企业和外资企业而言，教育、职业培训等个体异质性因素而非性别因素在解释工资差距中的作用更大。因而对非公有制企业而言，经济体制改革带来的市场化程度增加，实际上减少了对女性的歧视。

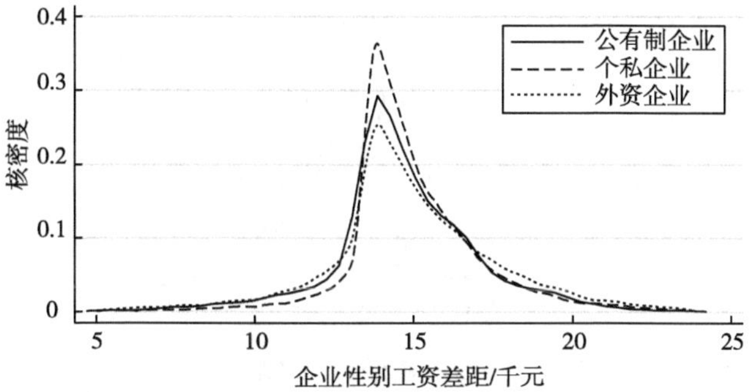

图 3.2 不同所有制企业的性别工资差距分布

图 3.3 报告了不同资本密集度企业的性别工资差距核密度分布图，从中可以看出，所有企业的性别工资差距都左偏，但资本密集型企业比劳动力密集型和中间行业左偏程度更大，说明资本密集型企业的性别工资差距更大。劳动密集型企业主要依靠大量使用廉价劳动力，对技术和设备的依赖程度低，因而进入门槛较低，激烈的市场竞争导致工资差距也较低。而资本密集型企业资金投入较多，同时对技术、设备的要求较高，且兼有技术装备多、投资量大、容纳劳动力较少、科技人员比重大等特点。因为女性需要更多承担照顾家庭的责任，面对危险时应变能力较差，抗压能力和体力较差，不容易进入那些门槛较高、收入较高的资本技术密集型企业。王美艳（2005）利用上海、武汉、沈阳、福州和西安五城市的劳动力调查数据对男女就业和工资的行业分布进行了分析，她将所有行业划分为四类[①]，发现男女就业的行业分布存在明显差异，即使在同一行业，女性收入也低于男性。对于一个女性而言，她更有可能进入门槛较低、收入也较低的第一、二、三类行业；在门槛和垄断程度都较高的第四类行业中，女

① 第一类为农业、采掘业、建筑业、贸易、餐饮业；第二类为制造业、地质勘查业、水利业、教育、文化艺术和广播电影电视业、社会服务业；第三类为党政机关和社会团体、卫生体育和社会福利业、房地产业、其他行业；第四类为交通运输仓储和邮电通信业，电力、煤气及水的生产和供应业，金融，保险业，科学研究和综合技术服务业。

性进入的概率较男性低 9.5%，平均小时工资也比男性低 25%。

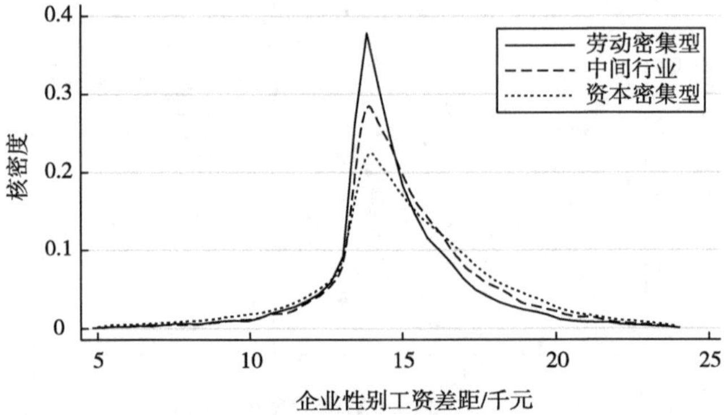

图 3.3　不同资本密集度企业的性别工资差距分布

图 3.4 则考察了不同出口密集度企业的性别工资差距的分布。从中可以看出，无论是高出口密集度企业还是低出口密集度企业，其核密度曲线都左偏，说明企业更多集中在性别工资差距较高的区间。相对于高出口密集度企业而言，低出口密集度企业左偏更严重，说明其性别工资差距相对较大。对于这个现象，我们认为可以用贝克尔（Becker，1957）的劳动力市场就业歧视理论进行解释。在封闭的市场环境中，雇主有性别歧视的偏好，这种歧视主要体现在就业歧视、行业歧视、工资歧视等方面。但贸易开放通过加剧市场竞争提高雇主的歧视成本，迫使追求利润最大化的厂商

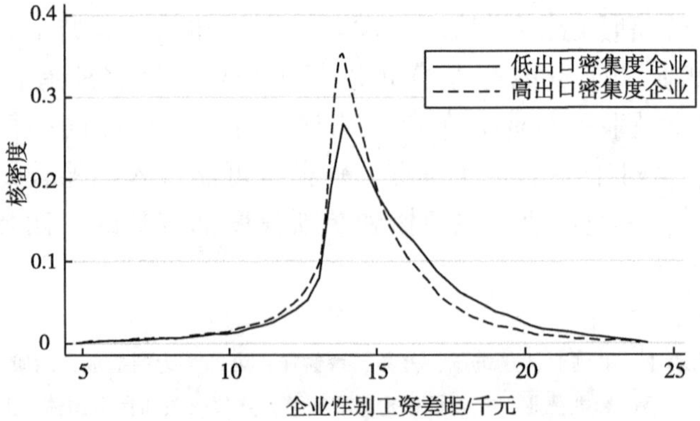

图 3.4　不同出口密集度企业的性别工资差距分布

减少对女性的歧视。因而，对高出口密集度企业而言，出口市场的竞争压力迫使其通过有效的工资安排激发员工创新潜力，并减少对女性的歧视。

3.4　我国男性和女性的技能水平差异

本书在阐述进口产品质量影响企业性别工资差距的微观机制时，反复提及“发展中国家低技能劳动力以女性为主，因而进口产品质量通过改变劳动力市场的技能需求结构最终会影响企业性别工资差距”，其背后的逻辑是，在中国这样的发展中国家，如果进口产品质量增加了企业对高技能劳动力的需求，就会变相增加对拥有高技能水平的男性劳动力的需求，同时减少对技能水平较低的女性劳动力的需求，最终扩大企业性别工资差距。因此，保证这一逻辑成立的关键条件是男性和女性的技能水平存在显著差异，特别是高技能劳动力主要集中于男性，低技能劳动力集中于女性，或者说男性的平均技能水平要显著高于女性。本节利用 2013 年中国家庭住户收入项目调查数据（CHIP2013），从平均受教育年限、最高学历水平和职业分布三个视角考察了我国劳动力市场上男性和女性的技能分布情况。

CHIP2013 包括农村、城镇和流动人口三大类共 21 个子数据库，主要涉及被调查者的个人、家庭信息和收支信息。本次调查覆盖了北京、山西、重庆、辽宁等 14 个省（直辖市）①、17 890 户和 61 162 位个人。由于本书的关注对象是企业，而企业多坐落于城镇，其雇佣的员工以城镇居民和流动人口为主。因此，为更好地与研究匹配，我们主要选择了流动人口个人信息库和城镇个人信息库两个子数据库，分别包括 726 户、2 210 位个人的流动人口和 6 674 户、19 887 位个人的城镇人口的个人信息和就业信息。对本节而言，数据库中提供的被调查者的居住信息、性别、所完成的最高学历、受正规教育年限、职位等信息为我们对男性和女性的技能水平进行定量分析提供了便利。由于当时男性退休年龄一般为 60 岁，女性为 55 岁，因而我们主要保留了男性年龄为 16~60 岁、女性年龄为 16~55 岁且工资收入大于 0 的样本。

---

① 调查中的 14 个省（直辖市）包括北京、山西、辽宁、江苏、安徽、山东、河南、湖北、湖南、广东、重庆、四川、云南、甘肃。

3.4.1 以接受正规教育年限来衡量

图 3.5 和图 3.6 分别报告了流动人口和城镇人口接受正规教育年限的核密度分布图。我们发现，无论是流动人口还是城镇人口，男性的平均受教育年限都显著大于女性（流动人口男性为 9.74 年，女性为 9.22 年；城镇人口男性为 10.49 年，女性为 9.93 年）；女性分布在平均教育年限以下的概率更高，男性则正好相反，说明女性更多地集中在教育年限较低的区间，男性的平均受教育水平比女性高。由于正规学校教育能显著提升人力资源的知识、技能等特殊能力，对人力资本形成有重要作用，因而我国男性相对于女性的受教育优势最终会转化为男性的技能优势。

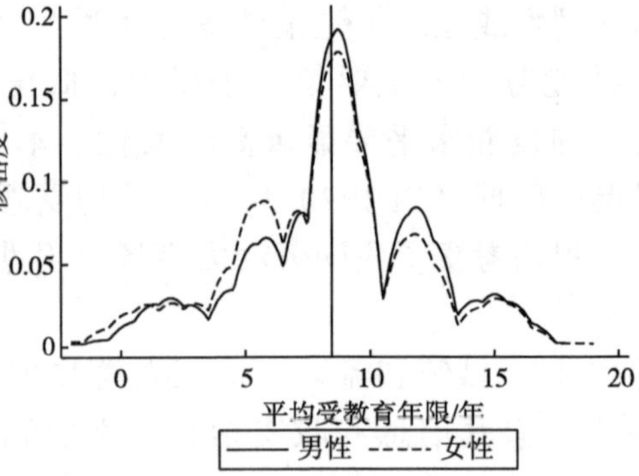

图 3.5 流动人口平均受教育年限

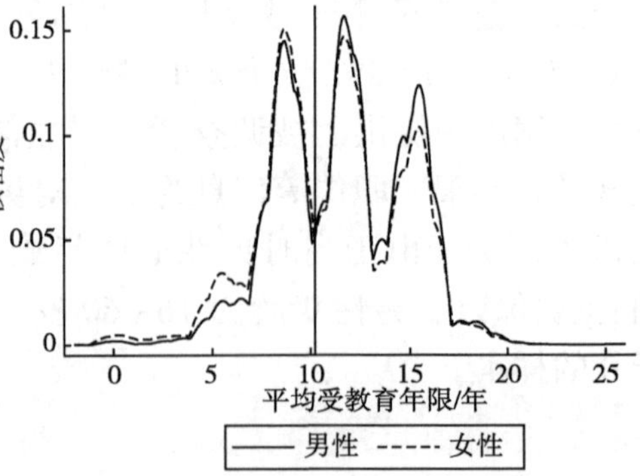

图 3.6 城镇人口平均受教育年限

图3.7报告了2013年14个省（直辖市）流动人口中男性和女性平均受教育年限的对比情况。我们发现，就平均受教育年限而言，除河南、重庆女性略大于男性外，其余12个地区女性均小于男性。其中，四川、云南、山西女性的平均受教育年限只相当于男性的86.52%、88.58%和89.74%；女性受教育年限最低的地区是安徽，只有6.81年，相当于男性的79.98%；即使在平均教育水平最高的北京，女性也只相当于男性的96.22%。与流动人口8.44年的平均受教育年限相比，城镇人口的平均受教育水平显然高出很多，达到10.21年，为流动人口的1.21倍。

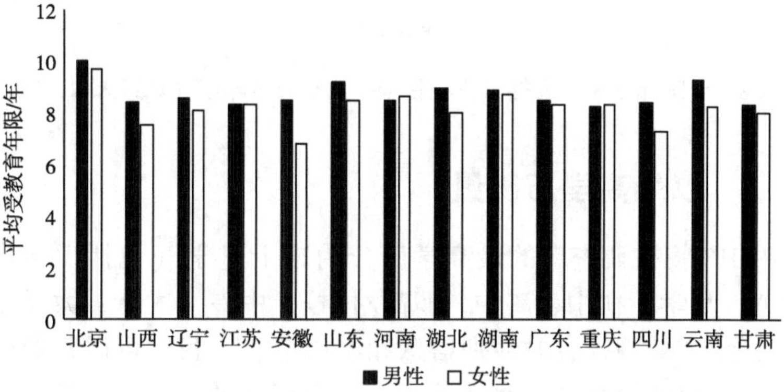

图3.7　全国部分省（直辖市）分性别平均受教育年限（流动人口，2013）

就分性别的接受正规教育年限而言，城镇人口与流动人口类似，男性也显著高于女性（见图3.8，男性为10.49年，女性为9.93年），却体现出与流动人口不一样的特点：总体而言，女性与男性教育水平差距较小，但这种差距与地区教育水平有关，在教育水平较高的地区，女性和男性的差距较大；在教育水平较低的地区，女性和男性的差距相对较小。在教育水平较低的安徽、四川、云南，女性的平均受教育年限相当于男性的90.62%、92.34%和91.36%，远高于本地区流动人口中的该比例；教育水平较高的北京、江苏、山东，女性的平均受教育年限相当于男性的95.95%、92.14%和93.65%，男女教育水平差距较同地区流动人口要大。

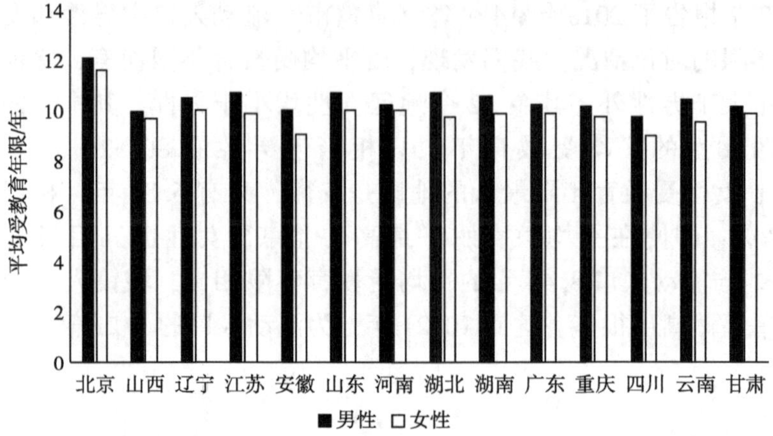

图 3.8　全国部分省（直辖市）分性别平均受教育年限（城镇人口，2013）

3.4.2　以最高学历衡量

CHIP2013 将被调查者的最高学历分为未上过学（包括识字班等非正规的教育)、小学、初中、高中、职高/技校、中专、大专、大学本科和研究生 9 类，结合被调查者的性别信息和学历信息，我们可以判断劳动力市场上男性和女性的最高学历水平差距。与受正规教育相似，学历水平也是劳动技能的代理变量，不同学历水平的人通过教育获取劳动技能的程度不同，导致劳动力技能结构出现明显的学历分化。

图 3.9 展示了流动人口中男性和女性劳动力的最高学历分布。我们发现，总体而言，流动人口多集中在高中及以下学历水平较低的位置，取得大专及以上高学历的劳动力相对较少。如果以初中作为学历水平高低的分界线，我们发现低学历劳动力占总体的 72.82%，高学历劳动力只占 27.18%。女性也更多地集中在低学历位置上，最高学历为未上过小学及小学的劳动力中，女性显著多于男性；初中学历男性人数虽然多于女性，但女性占比也较高，达到 45.91%。在高中及以上的高学历劳动力中，女性占比进一步降低，大专和大学本科中女性占比分别为 43.48%和 43.94%，低于 47.79%的女性平均占比。即使以高中（职高、中专）作为高低学历的划分标准，我们依然发现女性主要集中在低学历位置上，低学历劳动力中女性占比为 48.12%，高学历劳动力中女性只占 44.39%。

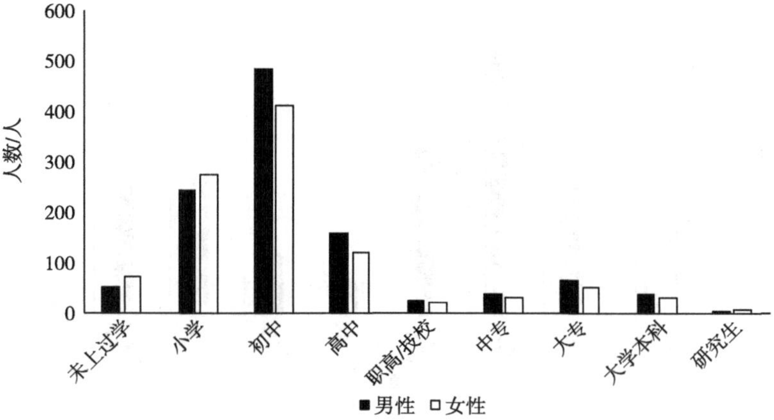

图 3.9 分性别最高学历对比（流动人口，2013）

与流动人口不同，城镇人口中劳动力分布较为分散，在高中及以下和大专及以上两个区段中都较为集中（见图 3.10），这说明城镇人口平均教育水平（学历水平）比流动人口高。在学历水平较低的未上过学、小学、初中等阶段，女性数量明显多于男性；中等教育学历（高中、职高和中专）中女性人数虽然下降，但仍基本与男性持平；大专及以上的高学历劳动力中，女性数量则明显少于男性。女性劳动力占比随学历水平上升而逐渐下降：高中及以下低学历劳动力中，女性占比都超过 50%，尤其是学历水平最低的未上过学和小学劳动力中，女性占比分别达到 63.19% 和 55.07%；在大专、大学本科和研究生三个高学历的区段中，女性劳动力占比较小，分别只有 46.01%、45.69% 和 44.36%。与流动人口的分析类似，如果将初中当作划分高低学历的分界线，我们发现女性在低学历劳动力中占 53.44%，在高学历劳动力中占 46.56%；如果将高中（职高、中专）作为划分依据，女性在低学历劳动力中占比为 51.99%，在高学历劳动力中只占 48.01%。

图 3.9 和图 3.10 利用流动人口、城镇人口分性别学历对比为判断我国男性和女性技能水平差距提供了依据。我们发现，无论是用初中还是高中（中职、中专）作为划分高、低学历的标准，女性都主要集中在低学历劳动力中，在高学历劳动力中占比相对较小。由于学历是衡量劳动者劳动技能的重要依据，因而可以证实我们在前文中的判断是正确的，即女性的劳动技能低于男性，低技能劳动力以女性为主。

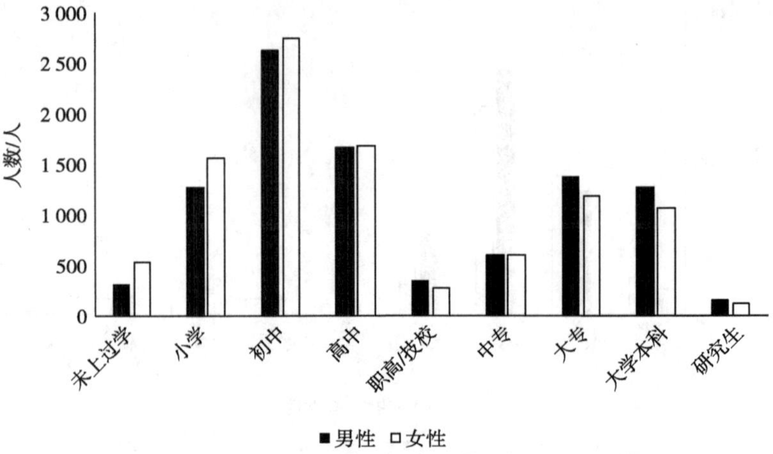

图 3.10　分性别最高学历对比（城镇人口，2013）

3.4.3　以单位职位进行划分

不同职位对劳动力技能的需求存在明显差异，如机关团体、事业单位负责人或科研人员、专业技术人员等对技能要求较高，这些技能既包括通过教育获取的专业知识、产品知识和系统工具等，也包括逐渐积累的如业务流程发起、控制、监督和管理决策的经验。即使劳动者的职位相同或相似，但可能因具体职务或所负责业务不同，要求其具备的技能也有所差异，如：同样是企业管理人员，高层次管理人员可能需要负责公司的战略规划、组织文化构建等，要求其具备良好的经营意识、领导能力和决策能力；公司总监、经理等中层管理者，因为承担联系企业高层和底层员工的职能，因而要求他们有较强的系统思维能力和交流沟通能力；基层管理人员主要担任科长、主管、组长等一线管理岗位，因而要求他们侧重培养协调沟通、辅导下属的能力。另一方面，现实生活中大量工作职位对技能的要求较低，如餐饮、饭店等服务行业，纺织、服装加工制造等以低技术劳动力为主的加工制造业等。特别需要注意的是，还存在某些特殊的工作岗位，抛开技能因素，因为岗位自身特点会特别偏好男性或女性，如护士、空乘更偏好女性，司机、保安则以男性为主。基于职位的这些特征，我们将 CHIP2013 中 51 种职位按照所需的技能水平高低分为六类：单位负责人、高技术专门人才、一般专业技术人员、服务行业人员、熟练工人或技术工人、非熟练工人或非技术工人。

表3.3报告了2013年城镇人口中部分职位女性数量及相对于男性的比例。通过表3.3，我们可以总结出我国不同职位中性别分布的三个特点：第一，对技能要求较高的职位中女性占比较低，如单位负责人、高技术专门人才和熟练工人或技术工人，尤其是工程技术人员，勘测及矿物开采/金属冶炼人员，电力设备安装、设备制造人员，橡胶和塑料制品生产人员，女性占比不到35%，远远小于男性。第二，对技能要求较低的工作职位中女性占比较高，如服务行业人员、非熟练工人或非技术工人，尤其是餐饮、饭店、旅游服务人员，文学艺术工作人员，纺织、针织、毛皮制品加工人员中，女性远远多于男性。第三，不考虑技能因素，某些职位可能本身更偏好某种性别的劳动力，如文学艺术工作人员、医疗卫生辅助服务人员等职位更偏好女性，体育工作人员、运输服务人员等更偏好男性。造成这一现象的原因除女性和男性的技能水平差异外，还跟女性的自身特征密切相关，如：女性体力较弱或面对危险的能力较差，导致工程施工、建筑行业以男性为主；女性思维方式更偏向于感性，语言能力较强但数理能力相对较差，导致女性在科研人员、管理人员等职业中比例较低；女性不愿意接受监督、不愿出差，获取信息流和物资流的能力较差，导致女性在销售、市场营销、高级别公务员中数量很少。

表3.3 分职业的女性就业占比（城镇人口，2013）

职业	女性（人）	女性/男性	职业	女性（人）	女性/男性
单位负责人			高技术专门人才		
国家机关及其工作机构负责人	21	0.32	科学研究人员	7	0.64
民主党派和社会团体负责人	30	0.61	工程技术人员	62	0.32
事业单位负责人	59	0.64	农业技术人员	15	0.56
企业负责人	80	0.58	飞机和船舶技术人员	18	0.55
一般专业技术人员			服务行业人员		
卫生专业技术人员	93	1.48	邮政和电信业务人员	45	1.00
经济、金融业务人员	156	1.59	其他办事人员和有关人员	406	0.92
法律专业人员	7	0.35	购销、仓储人员	131	1.11

续表

职业	女性（人）	女性/男性	职业	女性（人）	女性/男性
一般专业技术人员			服务行业人员		
教学人员	334	1.47	餐饮、饭店、旅游服务人员	262	1.56
文学艺术工作人员	7	1.75	运输服务人员	63	0.20
体育工作人员	1	0.14	医疗卫生辅助服务人员	72	1.57
新闻出版、文化工作人员	27	1.00	社会服务和居民生活服务人员	373	1.32
宗教职业者	6	1.00	其他商业、服务业人员	755	1.51
熟练工人或技术工人			非熟练工人或非技术工人		
勘测及矿物开采/金属冶炼人员	19	0.18	纺织、针织、毛皮制品加工人员	106	2.52
化工产品生产人员	12	0.60	粮油、食品、饮料生产加工人员	29	0.97
机械制造加工/机电产品装配人员	81	0.40	烟草及其制品加工人员	2	0.50
电力设备安装、设备制造人员	52	0.32	药品生产人员	11	0.79
橡胶和塑料制品生产人员	3	0.23	木材加工、木制品制作人员	24	0.89

资料来源：2013年中国家庭住户收入项目调查数据（CHIP2013）。

综上所述，本节从不同角度分析了我国男性和女性的技能差异，为前文关于进口产品质量影响企业性别工资差距的理论机制提供证据支持。我们发现，就接受正规教育年限而言，男性的平均受教育水平均显著高于女性，这一结论无论对流动人口还是城镇人口，或者区分全国不同省（直辖市）都成立；就最高学历而言，女性在低学历劳动力中占比较高，在高学历劳动力中占比相对较低，城镇劳动力虽然整体上平均学历水平更高，但分性别的统计结果依然符合这一规律；就单位职务而言，女性在对技能要求较低的职位中占比较高，在对技能要求较高的职位中占比相对较低。基于以上事实，我们认为本书关于“我国低技能劳动力以女性为主”的判断是正确的，进口产品质量通过改变劳动力市场技能需求结构最终会影响企业性别工资差距。

4

进口产品质量影响企业性别工资差距的实证分析

4.1 引　　言

国际分工深化和价值链全球分割带动了我国出口贸易的持续快速发展，被外界称为“出口奇迹”。但长期“重出口、轻进口”的贸易政策恶化了我国贸易条件，加剧了国内资源环境压力，而巨额贸易顺差和急剧增加的外汇储备也使我国贸易行为备受国际质疑，贸易摩擦不断。对此，我国政府密集出台了加强进口、转变贸易发展方式的系列政策，希望以此提升进口贸易的战略地位和功能作用。基于此背景，有关进口的福利影响及收入分配效应的话题也再次被学术界和政策制定者所关注。事实上，对于贸易实践和经济现象进行观察后不难发现：一方面，进口贸易显著增长，但质量提升缓慢，进口规模从 2002 年至 2014 年增长了近 6. 64 倍，但进口产品质量却增幅有限甚至略有下降（张杰等，2014；施炳展，2015）。另一方面，我国劳动收入占比持续下降，收入分配不平衡的问题逐步凸显，尤其是企业性别工资差距持续拉大。根据中国城镇住户调查数据测算，男性工资从 1995 年高于女性 10. 5%到 2007 年高于女性 29. 7%，企业性别工资差距持续拉大（李实等，2013）。如何解释一段时期以来中国进口贸易繁荣与企业性别工资差距恶化的迥异表现？如果将进口开放作为当前收入分配问题的一种解释，那么究竟是进口的“质”（质量）还是进口的“量”（数量）影响了中国劳动力市场的收入分配？

对此，传统的斯托尔伯-萨缪尔森定理基于要素禀赋和产品相对价格较早地探讨了贸易开放的收入分配效应。贝克尔（Becker，1957）的劳动力市场歧视理论进一步认为，贸易自由化加剧市场竞争，从而减小对女性的歧视，增加女性的工资水平和就业机会，最终有利于降低企业性别工资差距。但近年来基于广大发展中国家的经验事实似乎并不支持上述结论，如梅姆德和别贡（Majumder & Begun，2000）基于孟加拉国、阿恩特等（Arndt et al，2006）基于莫桑比克、科伯恩等（Cockburn et al，2008）基于塞内加尔、梅农和罗杰斯（Menon & Rodgers，2009）基于印度等实证研究并没有发现贸易开放缩小企业性别工资差距的效应。而来自中国的经验同样如此，伴随着改革开放的顺利推进，我国城镇女性工资相对于男性的比例从 1995 年的 84%下降到 2002 年的 82%，2007 年进一步下降到了 74%，企业性别工资差距持续扩大（Li et al，2011）。针对贸易自由化与企业性别工资差距相伴而生的现象，学者们从不同的角度进行了解释，其中最具代表性的是有偏的学习效应和技能偏向型技术进步（Aghion et al，2003）。上述解释为我们理解贸易开放与工资不平等的关系提供了有益借鉴，但在考察工资不平等的变动过程中多数文献忽略了产品质量的因素，特别是针对转型国家，如果不考虑进口产品质量，将无法全面揭示进口贸易影响企业性别工资差距的真正动因。来自施炳展等（2015）的研究也发现，不同所有制企业（国有、外资、集体和个私）和不同产品种类（消费品、资本品和中间品）间的进口产品质量存在显著差异，而准确测算并系统考察不同企业和产品类型下的进口产品质量变动或许可为解释当前复杂的企业性别工资差距问题提供新的视角，同时为我们更好地协调优化进出口产品结构、转变贸易发展方式、寻求促进收入差距缩小的途径提供有力的理论支撑和实践指导。

梳理相关文献，已有研究主要从以下三方面展开。

一是关于进口产品质量的测算及影响因素研究。斯科特（Schott，2004）较早地采用产品单位价值作为质量的替代变量，基于美国1972—1994年含有产品数量、产品价值总额的微观进口数据，测度了世界各国出口到美国的所有产品的单位价值。随后，赫梅尔斯和克雷诺（Hummels & Klenow，2005）、库格勒和韦尔霍根（Kugler & Verhoogen，2008）利用该方法计算了不同国家出口产品的质量，发现国家收入水平、产品价格、销售利润、运输成本等都是影响产品质量的重要因素。但该方法面临的一个重要问题是产品的单位价格不仅包含质量的信息，还包括成本波动和需求冲击的信息。在此基础上，埃米蒂等（Amiti et al，2013）打破单位价值等于产品质量的假设，认为在价格相同的条件下，企业市场绩效越好，其产品质量越高，因而可以利用市场占有率、市场销售率等代表企业市场绩效的变量反推企业产品质量。

二是关于进口产品质量提升效应影响工资差距的研究。库格勒和韦尔霍根（Kugler & Verhoogen，2009）、戈德伯格等（Goldberg et al，2008）发现进口中间品通常比国内产品具有更高的质量，因而扩大进口中间品往往能够扩大其出口产品的规模，而出口扩张显然会对劳动力市场产生影响。迪恩等（Dhyne et al，2014）利用丹麦的数据研究发现，丹麦企业产品质量的提升很大程度上归功于来自国际市场的竞争，由于质量升级的过程往往伴随行业内资源重置和企业间优胜劣汰，最终会对劳动力就业和收入产生影响。赫尔普曼等（Helpman et al，2010）、科萨尔等（Cosar et al，2010）、马诺瓦（Manova，2013）发现，在生产高质量产品的过程中，精细化的中间品投入通常需要更多高技能劳动力与之匹配，因而中间品自由化能通过改变劳动力技能分布，进而影响就业和工资。

三是关于引起企业性别工资差距变动原因的研究。除了劳动者的个体特征、劳动力市场摩擦（如存在对女性的歧视）等因素外，技术方面的资本-技能互补机制通常被认为是引起企业性别工资差距变动的一个重要原因。新古典增长模型认为，资本-技能互补意味着资本设备与低技能劳动力的替代弹性大于资本设备与高技能劳动力的替代弹性。因而，当企业固定资本投入增加时，高技能劳动力的边际产出增加，低技能劳动力的边际产出减小（Krusell et al，1997），导致企业更愿意雇佣高技能劳动力。发展中国家的低技能劳动力以女性为主，因而当企业进口高质量产品时，由于产品中包含的资本、知识、技能要素较多，资本-技能互补机制将要求企业更多地雇佣男性员工，并减小对女性员工的需求，从而拉大企业性别工资差距。奇洛格等（Csillag et al，2011）利用匈牙利数据验证了资本-技能互补假说，研究指出，在同一家企业中，操作进口机器的工人工资比其他工人要高 8%，即使控制不可观测的劳动者个体异质性因素后，仍然存在 3%的工资差距。林德奎斯特（Lindquist，2004）利用动态一般均衡模型成功描述了美国技能溢价的波动性和周期性变化趋势，并且指出资本-技能互补是导致美国商业周期中工资不平等的重要因素。另外，进口的质量升级效应也有助于增加对高技能劳动力的需求。

上述文献为我们研究进口产品质量与企业性别工资差距的关系提供了有益借鉴，但遗憾的是，现有文献尚缺乏对二者之间关系的明确阐述与系统揭示。为了弥补这一缺憾，本书利用 2004—2007 年中国工业企业数据和海关数据，在对我国进口产品质量和企业性别工资差距进行精确测算的基础上，深入考察和揭示了进口产品质量对企业性别工资差距的影响，提出进口产品质量影响劳动力市场调整的进口竞争和成本加成机制，试图从进口产品质量视角为近年来我国企业性别工资差距的变动提供新的解释。

本书的创新之处主要体现在以下几个方面：第一，本书采用单位运输成本作为产品价格的工具变量，一定程度上解决了以往测算产品质量过程中存在的内生性问题；第二，在研究方法上，本书不仅分析了进口产品质量影响企业性别工资差距的统计显著性，还在经验研究上进行了反事实模拟，而工具变量的使用也提高了实证结果的可信度；第三，本书在精确计算进口竞争、成本加成等指标的基础上对进口产品质量影响企业性别工资差距的机制进行了检验，为本书的理论假说提供了现实依据，而多视角的稳健性检验进一步提高了本书结论的可靠性。

4.2 理论分析与假说

新古典增长模型通常认为技术是资本-技能互补的，这意味着资本设备与低技能劳动力的替代弹性大于资本设备与高技能劳动力的替代弹性。当企业固定资本投入增加时，高技能劳动力的边际产出增加，低技能劳动力的边际产出减少（Krusell et al，1997），导致企业更愿意雇佣高技能劳动力。发展中国家的低技能劳动力以女性为主，因而当企业进口高质量产品时，由于产品中包含的资本、知识、技能要素较多，资本-技能互补机制将要求企业更多地雇佣男性员工，并减小对女性员工的需求，从而拉大企业性别工资差距。克鲁塞尔等（Krusell et al，1997）利用1963—1992年资本与劳动投入的年度数据，发现资本-技能互补下投入要素的改变能解释美国过去30年产生的技能溢价。温彻斯特（Winchester，2004）利用CGE模型证明，当存在资本-技能互补时，英国技能溢价中的很大部分能被要素禀赋变动所解释。泰尔斯等（Tyers et al，2000）指出，美国老工业地区的技能溢价主要来自资本扩张导致的装机容量提升。库格勒和韦尔霍根（Kugler & Verhoogen，2012）在梅里兹（Melitz）模型中引入资本-生产率互补假说，证明了高生产率企业通常会进口高质量中间品，生产高质量最终品。法恩和李（Fan & Li，2013）、哈拉克和西瓦达桑（Hallak & Sivadasan，2009）也都发现高质量最终品生产需要以高质量投入品为条件。企业产品质量升级往往伴随高技能劳动力需求增加，因为只有高技能劳动力与高质量中间品投入相结合才能实现企业生产过程效率最优。克雷默（Kremer，1993）的环形生产函数认为产品生产环节由不同生产工序组成，各工序的投入品质量是互补的，单一工序质量提升要求其上下游工序的质量也相应提高。因而，企业的质量升级需要将生产要素进行合理匹配，尤其要保证高质量中间品与高技能劳动力相结合，这变相增加了对高技能劳动力的需求，从而拉大了工资差距。费勒等（Fieler et al，2014）指出，高质量最终品通常预示着企业存在规模报酬递增，反过来也要求企业投入更多高技能劳动力和高质量中间品投入。除上述两种机制外，进口自由化除通过产品质量影响企业性别工资差距以外，还可通过进口竞争直接对企业性别工资差距产生影响。布斯托斯（Bustos，2011）发现阿根廷区域自由贸易协定引致的竞争加剧提高了高生产率出口企业的高技能劳动力占比。福伦达（Voigtländer，2014）利用美国的数据也发现技术密集型中间品投入会提高企业“白领”员工的占比。由此可见，进口产品质量无论通过资本-技能互补机制还是产品质量升级机制，都增加了对高技能劳动力的需求，由于发展中国家高技能劳动力以男性为主，因而进口产品质量提升通过改变劳动力市场技能需求结构将进一步扩大企业性别工资差距。基于此，我们提出待检验的假设 1。

假设 1：当控制其他影响因素时，进口产品质量提升会扩大企业性别工资差距。

贸易自由化强化了市场竞争，竞争强化促使企业不断进行技术创新（Grossman & Helpman，1990）。阿基翁等（Aghion et al，1997，2013）对竞争与创新的关系进行了系统研究，发现普遍存在“逃离竞争效应”，即对于技术领先且竞争力水平接近的企业而言，竞争降低了创新的预期利润。为了成为行业“领跑者”，这些企业会进行新一轮创新竞争，如研究和开发新产品、调整现有产品技术结构、放弃非核心的产品而专注于核心产品或者将优势资源集中在高质量产品的生产上。伊顿和科图姆（Eaton & Kortum，2001）证实，国外中间品和资本品的进口有助于本国企业生产率增长。布鲁姆等（Bloom et al，2008）指出，来自低收入国家的竞争降低了国内企业生存概率和就业水平，但提高了生存企业的技术创新能力。雷思（Raith，2002）强调，企业为追求更高的市场份额会利用创新来应对竞争。莉莉娃和特雷夫莱（Lileeva & Trefler，2010）证明，加入北美自由贸易区以后加拿大制造企业确实利用市场规模扩张效应提高了技术研发水平。由于技术创新多属于高技能密集型，因此进口竞争引致的技能偏向型技术进步将增加对高技能劳动力的需求，减少对低技能劳动力的需求，最终扩大技能工资差距。伯纳德、詹森和斯科特（Bernard，Jensen & Schott，2004）指出，来自中国的竞争推动了美国高工资和高技能密集型行业进一步繁荣，但阻碍了低工资和低技能密集型行业的增长。雷文加（Revenga，1992）证实，进口竞争对美国制造业就业和技能溢价有显著影响。芬斯特拉和汉森（Feenstra & Hanson，1996，1999）证实，基于贸易自由化下外包及日常工作的计算机化可以解释日益扩大的技能工资差距。另一方面，进口竞争对企业性别工资差距的影响与产品质量结构有关，对于多数发展中国家而言，进口产品质量往往高于国内企业所生产的产品，因而当考虑产品质量时，一个合理的预期是高质量进口产品将主要同国内企业生产的高质量产品竞争，因而会降低对生产高质量产品的高技能劳动力的需求；高质量进口产品与国内低质量产品替代弹性较小，因而与国内低质量产品更多的是互补关系而非竞争关系，互补机制能在一定程度上减小对低技能劳动力的不利影响，由于发展中国家低技能劳动力以女性为主，因而进口产品质量通过进口竞争引致的劳动力市场技能需求结构改变而缩小了企业性别工资差距。基于此，我们提出待检验的假设2。

假设2：进口竞争整体上拉大了企业性别工资差距，但由于产品的质量差异，进口竞争对不同群体的工资水平产生差异性影响，导致进口产品质量通过进口竞争反而缩小了企业性别工资差距。

成本加成下降会产生“促进竞争效应”，进而对以产品种类和企业生产率等为主要内容的贸易福利产生影响。不同理论模型对需求函数、生产率分布或企业进入退出及竞争状态的假设存在差异，导致现有研究对成本加成影响贸易福利的机制、方向、大小等都没有形成一致的结论（钱学锋和范冬梅，2015）。赫尔普曼和克鲁格曼（Helpman & Krugman，1985）指出市场竞争降低企业成本加成，但通过扩大生产规模提高了社会福利。芬斯特拉（Feenstra，2010）证实贸易开放除通过“促进竞争效应”增加消费者福利外，还存在另一种相反的效应，即市场竞争可能导致部分国内企业退出市场，使产品种类降低，这反过来会降低社会福利。阿科拉基斯等（Arkolakis et al，2015）也认为贸易成本下降对贸易福利同时存在两种相反的效应：一是得益于贸易成本下降的生产率提升提高了企业成本加成，进而减少了消费者福利；二是生产率提升会吸引潜在的低生产率企业进入市场，从而降低在位企业成本加成，提高了消费者福利。德·洛克等（De Loecker et al，2012）证实贸易改革使印度企业边际成本下降25%，成本加成却提高11%，因而产品价格在改革前后并没有太大变化。作为居民福利的具体体现，工资收入与成本加成的关系被诸多文献所证实，并得到两种相反的结果：第一，在边际成本相同的情况下，较高的成本加成代表企业拥有较强的自主加价权，能够制定较高的产品价格，当收入水平没有明显提升时，物价水平上升变相降低了员工的实际收入；第二，在其他条件相同的情况下，成本加成较高的企业通常拥有更大的市场份额、生产规模和更高的生产率水平，而较高的利润水平也给员工支付高工资提供了可能。这两种相反的效应表明，成本加成对企业性别工资差距的影响是不确定的。除此之外，高质量产品因为包含较多的知识、技能要素，通过技术外溢能提高本土企业的生产率水平，而生产率较高的企业通常拥有更高的成本加成溢价（Bernard et al，2003；Melitz & Ottaviano，2008）。与该结论不同，通过数据我们发现中国企业存在一种特别的现象，即高生产率的技术型企业通常拥有更低的成本加成，反而是那些技术水平较低的企业拥有更高的成本加成。我们认为，这一现象主要与行业集中度有关：竞争程度低的行业，企业多数拥有垄断地位，主要依靠降低垄断价格获取垄断地位而获利，进口竞争会对产品价格及成本加成形成向下的压力；竞争程度高的行业，企业多是市场价格接收者，进口竞争促使企业通过技术革新来降低生产成本，这反而有助于企业提高成本加成（钱学锋、范冬梅和黄汉民，2016）。在我国，高技术行业由于技术、资金投入大，对企业人力资本、配套设施等要求较高，导致行业进入门槛较高，市场竞争相对较弱，因而进口竞争在一定程度上降低了在位企业的成本加成。与之相反，进口竞争会进一步加剧集中程度较低的低技术行业的市场竞争，促使企业不断加大技术研发和科技创新投入，生产率提升有利于这些企业形成较高的成本加成。基于这种对应关系，我们发现高质量进口产品主要集中在竞争较弱的高技术（低成本加成）行业中，高质量进口产品会对本土生产高技术产品的高技能劳动力产生“挤出”效应，以男性为主的高技能劳动力需求降低最终会缩小企业性别工资差距；低质量进口产品主要集中在竞争性较强的低技术（成本加成较高）行业中，竞争强化促使企业加大技术研发和科技创新投入，并增加对高技能劳动力的需求，最终扩大企业性别工资差距。基于此，我们提出待检验的假设3。

假设3：成本加成对企业性别工资差距的影响不确定；但成本加成一定程度上降低了进口产品质量对企业性别工资差距的影响，即成本加成越小，进口产品质量对企业性别工资差距影响越大，成本加成越大，进口产品质量对企业性别工资差距影响越小。

4.3 计量模型与数据描述

4.3.1 模型设定及变量说明

本书主要考察企业进口产品质量如何影响企业性别工资差距，因而建立如下计量方程：

$$wag\_gap_{it} = \alpha + \beta quality_{it} + X_{it} + \lambda + \delta + \sigma + \varepsilon_{it} \quad (4.1)$$

其中，i 表示企业；t 表示年份；wag_gap 表示企业性别工资差距；$quality$ 是本书的核心解释变量，代表企业进口产品质量；X 为其他控制变量；λ 表示时间固定效应，度量企业不随时间变化的特征要素；δ 和 σ 为行业和地区固定效应；ε 为残差项。

式（4.1）中的控制变量主要包括企业微观变量和城市宏观变量，具体包括：①企业的劳动生产率（*lnltfp*），用企业的工业增加值与年末从业人员之比来表示，反映了企业的生产技术水平。劳动生产率的提高意味着企业单位劳动投入创造出更多的经济产出，这也使为劳动者提供更高的报酬成为可能。②企业年龄（*age*），用企业所处年份减去企业成立年份来表示，反映了企业成立时间的长短。要素市场摩擦不仅影响资源配置的效率，还会影响企业的进入退出决策，从而间接影响全要素生产率。本书用企业年龄从侧面反映企业进入退出状态，判断其对企业性别工资差距的影响。③企业出口密集度（*exra*），用企业出口交货值与工业销售总额的之比来表示，反映了企业的出口规模或对国际市场的依赖程度。出口企业有机会接触到国际先进的技术、信息、管理经验，通过出口学习效应，企业能实现生产率提升。④企业资本劳动比（*K/L*），用企业资产总额与年末从业人数的比值来表示，反映了企业给单个劳动力配置的资本量。生产企业最优资产配置结构会随着资源禀赋的变化和要素价格的波动而发生变化，国际贸易下要素流动和要素替代更加频繁，最终改变要素的边际产出。⑤企业资产负债率（*debt*），反映了企业的资产结构。大量研究已证实企业资产结构会对企业成长机会、产品市场竞争策略、员工需求等产生显著影响，也会影响员工的工资水平。⑥企业所有制（*ownership*），0 代表其他企业，

1 代表国有企业，2 代表集体企业①，3 代表个私企业，4 代表外资企业。⑦城市经济发展水平（*gdp_city*），用城市人均 GDP 来衡量。经济发展程度更高的城市能更充分地汇集优势资源，给当地居民提供大量就业机会和更高的报酬。⑧城市人力资本水平（*edu*），用城市人均受教育年限来衡量。城市人力资本水平越高，外商直接投资的规模越大，生产技术水平往往也越高，从而更有可能支付给员工高工资。⑨城市基础设施建设水平（*lnroad*），用城市市辖区人均铺装道路面积来衡量。完善的城市基础设施有助于吸引企业和高质量劳动者集聚，通过知识外溢和市场竞争对劳动者收入产生影响。

4.3.2 数据来源及变量描述

4.3.2.1 数据来源

本书主要使用三套数据来考察进口产品质量对企业性别工资差距的影响，包括企业层面的生产数据、产品层面的海关数据和城市层面的相关宏观数据。通过海关数据可以直接估算出每一种进口产品的质量，但由于我们关心的是企业性别工资差距，因而需要把产品层面的质量加总到企业层面，最后将加总的企业进口产品质量和城市变量匹配到企业数据中。城市层面的数据主要来自历年各省（自治区、直辖市）统计年鉴、城市统计公报、中国城市统计年鉴和中国区域统计年鉴，对于个别城市缺失的数据则用临近年份的数据折算或当年城市所在省份中经济水平接近的其他城市数据代替。

（1）企业层面的生产数据

本书使用的企业数据来自国家统计局“中国规模以上制造业企业年度调查”，包括 31 个两位数制造业行业②、31 个省（自治区）所有国有企业及总产值超过 500 万的非国有企业。根据研究需要，我们仿照蔡等（Cai et al，2009）和芬斯特拉等（Feenstra et al，2011）的做法，对数据进行了相应处理③。

（2）产品层面的海关数据

中国海关总署报告了 2000—2006 年产品层面交易的月度数据。每年

① 为了研究需要，本书某些地方将国有企业和集体企业合在一起，视为公有制企业。

② 制造业行业代码分为两位数、三位数和四位数，本书使用的是两位数。

③ 对中国工业企业数据的处理请参见 3.2.2。

报告的产品进出口信息由 2000 年的 1 000 万条增加到 2006 年的 1 600 万条。对于每一种产品，数据分别报告了三类信息：一是企业的基本信息，如企业名称、海关编码、所在城市、邮编、电话、企业所有制等；二是关于贸易数量的相关信息，如贸易额、贸易状态（出口/进口）、产品数量、交易单位等；三是贸易模式的相关信息，如出口目的国或进口来源国、贸易类型（加工贸易/一般贸易）、运输方式（海运/卡车/航空/邮政）、是否途径第三国等。

为了测算产品质量，我们需要从海关数据中提取产品出口价值量、出口数量指标，计算产品的出口价格，然后对相应的计量方程进行回归。由于海关数据中也存在样本缺失、指标异常、测量误差等问题，我们需要预先进行处理，处理的步骤主要参照施炳展（2015）的做法。

（3）数据匹配

尽管两套数据包括了丰富的信息，但将它们匹配到一起仍然是一项繁琐的工作。在处理过程中也会遇到很多细节问题，如：虽然两套数据中都包括企业编码，但所采用的却不是相同的编码制度，企业数据中是 9 位，但海关数据中却是 10 位；虽然两套数据中都包括企业的电话号码，但企业数据中的电话号码包括区号以及连接区号和电话号码的小短线，这些在海关数据中却没有。同时，海关数据中某些城市在原有的 7 位电话号码基础上增加了新的位数，因而简单使用电话号码进行匹配会造成大量样本遗失。

具体到企业数据和海关数据匹配的方法选择，我们主要借鉴田巍和余淼杰（2013）的做法。首先，根据企业的名称和年份匹配，如果同一年中两个数据中两家企业名字相同，我们认为这两家企业实际上为同一家企业。其次，按照企业的邮政编码和电话号码后 7 位进行匹配，作为上述方法的补充。虽然这种方法很直观，但在实际操作上有很多困难。因此，我们利用电话号码的后 7 位作为企业认证的近似。为保证匹配得到更多的企业样本，我们同时利用两种方法进行匹配，只要企业通过任何一种方法匹配成功，我们就将其纳入合并数据中。最终，我们得到 2004—2007 年成功匹配的企业样本 57 063 个，数量占全部进口企业的 30%，进口额占进口总额的 27%。

4.3.2.2　变量描述统计

表 4.1 报告了主要变量的描述性统计。2004—2007 年，我们从海关数据与企业数据的合并数据中得到 57 063 家企业。这些企业的平均性别工资

差距约为14 880元，平均进口产品质量为0.46。为了区分性别工资差距和进口产品质量在不同类型企业中的差异，我们按企业面临的进口竞争强度（进口渗透率×内销占比）和成本加成①对全体样本进行分组。结果显示，企业性别工资差距和进口产品质量存在明显的异质性差异：进口竞争越强，企业性别工资差距越大，进口产品质量相对越高。但就不同成本加成的企业而言，我们却发现一个奇怪的现象：虽然成本加成大的企业的性别工资差距比成本加成小的企业要低6%，但其平均进口产品质量也比成本加成小的企业要低6.8%。这也进一步验证了前文的结论，我国高成本加成的企业以低技术企业为主，其进口产品质量相对较低。

表4.1　主要变量的描述性统计

变量名称	全体样本（N=57 063）		进口竞争弱（N=28 397）		进口竞争强（N=28 391）		成本加成小（N=28 532）		成本加成大（N=28 531）	
	均值	标准差	均值	标准差	均值	标准差	均值	标准差	均值	标准差
企业性别工资差距	14.9	2.62	14.7	2.58	15.1	2.65	15.3	2.67	14.4	2.5
进口产品质量	0.46	0.21	0.44	0.21	0.47	0.21	0.48	0.21	0.44	0.21
企业劳动生产率（对数）	4.44	1.1	4.24	1.07	4.65	1.09	4.75	1.07	4.14	1.05
企业年龄	10	7.73	9.64	6.8	10.4	8.54	11.56	9.19	8.44	5.49
企业出口密集度	0.37	0.38	0.56	0.4	0.19	0.26	0.36	0.37	0.38	0.39
企业资本劳动比（对数）	4.23	1.36	3.97	1.36	4.49	1.31	4.5	1.37	3.96	1.3
企业资产负债率	0.53	0.26	0.53	0.27	0.54	0.25	0.53	0.24	0.54	0.28
企业所有制	3.47	0.78	3.54	0.74	3.4	0.81	3.43	0.85	3.5	0.71
城市经济发展水平（对数）	10.6	0.53	10.6	0.52	10.6	0.55	10.6	0.55	10.6	0.51
城市人力资本水平	8.66	1	8.64	0.98	8.68	1.02	8.66	0.99	8.66	1.01
城市基础设施建设水平（对数）	8.55	0.94	8.53	0.94	8.57	0.94	8.53	0.96	8.57	0.92

① 关于企业成本加成的计算，请参见附录1。

4.3.3 内生性问题及其处理

内生性是导致模型估计有偏和不一致的重要原因，本书计量模型的内生性主要来自两个方面：第一，进口产品质量与工资互为因果。一方面，进口的高质量商品中包含的先进技术、信息等通过技术溢出被国内企业模仿、吸收，从而提升国内企业生产率，这为提高员工的工资水平提供了可能。同时，进口的垂直差异化产品会对劳动力市场产生有偏的选择效应，如高质量进口品可能需要高技能劳动力与之匹配，这种劳动力市场的偏向选择将会导致收入水平在不同的劳动群体中产生分化。另一方面，工资上涨会增加国内消费者对高质量产品的需求，而高质量产品的生产往往需要企业进口高质量投入品。另外，高工资会激励企业进行技术创新，采用先进技术提升企业劳动生产率，这也会促使企业进口高质量的产品。第二，进口产品质量对工资的影响还可能存在遗漏变量的问题，如企业进口产品质量和员工工资均与当地经济发展水平有密切联系，城市的经济发展水平越高，其进口产品质量和居民收入也相对较高，这会导致进口产品质量对收入的影响被高估。虽然我们控制了城市人均 GDP 等城市信息，但理论上依然可能存在未被观测到的遗漏变量，如长三角地区的收入水平远高于珠三角地区，且存在明显差异，两个地区收入状况的差异与企业结构等制度性因素有关，但这种制度性因素很难用实际数据有效度量，因而可能产生遗漏变量的问题。

处理内生性问题一个基本的办法是寻找合适的工具变量，对工具变量的要求是与进口产品质量密切相关但独立于企业性别工资差距，通过且仅通过内生变量（进口产品质量）对被解释变量（企业性别工资差距）产生影响。经典的林德（Linder）假说（1961）认为，一国企业将主要生产满足其国内主体偏好的商品，并将这些商品出口到与该国消费偏好接近的国家。许多学者证实，国家收入水平与本国出口产品质量存在显著的正相关关系：在垂直专业化的国际分工模式下，当发达国家和发展中国家同时出口同一类产品时，发达国家出口产品的单位价值通常更高（Schott，2004；Hummels & Klenow，2005；Hallak & Schott，2008）；一个国家同时从不同的国家进口产品时，高质量的产品通常从高收入国家进口（Hallak，2006），因为高收入国家的居民消费水平相对较高，从而更偏好高质量的商品（Bils & Klenow，2001；Broda & Romalis，2009）。另一方面，就现有的情况来看，似乎很难找到进口来源国收入水平与我国企业性别工资差距直接相关的证据。

具体而言，本书选择进口来源国的人均 GDP 作为进口产品质量的工具变量。由于实证模型中进口产品质量和性别工资差距都是企业层面的，因而要求作为工具变量的进口来源国人均 GDP 也需要是企业层面的。本书计算企业层面进口来源国人均 GDP 的方法如下：

$$per\_gdp_{it} = \sum_{j \in \Theta} \frac{value_{ijt}}{value_{it}} \times GDP_{jt} \tag{4.2}$$

式（4.2）中，i 表示企业，j 表示国家，t 表示年份，Θ 表示企业当年所有进口来源国的集合，per_gdp 表示企业层面的人均 GDP 水平，GDP 表示进口来源国的 GDP 水平，$value$ 表示企业的进口金额，因而 $\frac{value_{ijt}}{value_{it}}$ 表示企业 i 第 t 年从 j 国进口金额占其当年所有进口额的权重。

除了寻找工具变量，我们还尝试在技术上进行努力，以减轻内生性的影响。首先，为保证工具变量的稳健性和有效性，我们使用多种方法对识别不足和弱工具等问题进行检验。其次，无论是进口产品质量还是企业员工工资水平，都会受到一些自然条件、历史条件以及外生政策的影响。为了克服这些因素可能导致的模型偏误，我们在传统 OLS 估计的基础上，采用固定效用模型对计量方程进行估计。最后，我们采用倾向匹配得分（PSM）和广义倾向匹配得分（GPS）的方法对进口产品质量影响企业性别工资差距进行估计。使用倾向匹配得分方法一个直观的逻辑是，如果基准回归证实进口产品质量对企业性别工资差距有显著的影响（正向或负向），即不同的进口产品质量对应不同的企业性别工资差距时，我们就可以对进口产品质量进行分组（高/低）①，考虑如果进口高质量产品的企业变成进口低质量的产品，其性别工资差距会怎样变化②。最后，再将“反事实”的估计结果与基准回归进行比较，如果一致，就说明原始回归是有效的，进口产品质量确实对企业性别工资差距存在稳健的影响。

① 这两类企业的其他特征接近，如劳动生产率、出口密集度、所有制等。

② 对于 PSM 的具体思路及相应的处理组、对照组选择等问题的详细讨论，请见后文。

4.4 估计结果及分析

4.4.1 基准回归

图4.1和图4.2分别描绘了进口产品质量与企业性别工资差距的散点图和相关关系图。如图4.1所示，2004—2007年，随着进口产品质量上升，企业性别工资差距也逐渐拉大，这意味着进口产品质量与企业性别工资差距是正相关的（见图4.2）。当然这可能是由其他因素所导致的，如企业的生产率水平、出口密集度、企业所在城市的人均收入水平、人力资本水平等。因而，更有意义的结论有待后文严谨的实证研究得出。另外，根据本书的测算，进口产品质量在不同年份、不同行业和不同地区间表现出明显差异，这既与不可观测的企业特性有关，也与时间、行业、地区等因素有关。为减少这些因素的干扰，我们在估计过程中控制了企业的时间、行业和地区固定效应，以吸收不随企业变化的宏观经济因素及不随时间变化的不可观测的企业因素影响。基准回归的结果汇总在表4.2中。

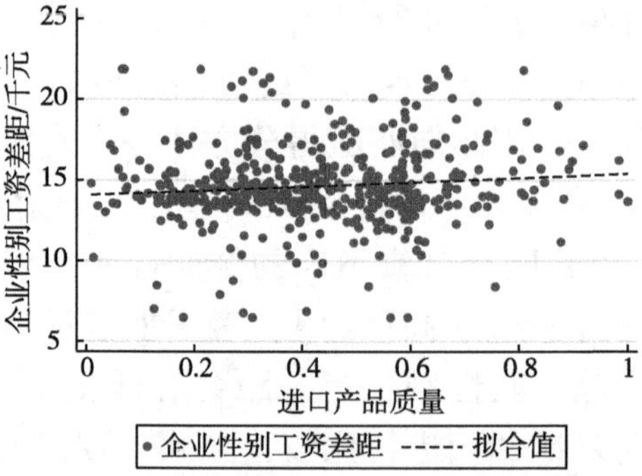

图4.1 进口产品质量与企业性别工资差距散点图

我们分别使用普通最小二乘法和固定效应模型对回归方程（4.1）进行估计。第（1）列和第（3）列中，当我们不考虑企业层面和城市层面控制变量，只考虑进口产品质量和时间、行业、地区固定效应时，我们发现，进口产品质量显著拉大了企业性别工资差距；在第（2）列和（4）列

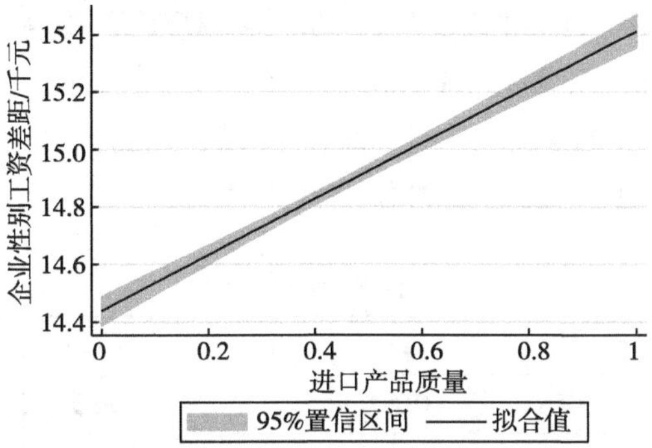

图 4.2　进口产品质量与企业性别工资差距相关关系图

中，我们分别加入企业层面控制变量和城市层面控制变量，发现进口产品质量依然显著拉大了企业性别工资差距，但系数变小，说明企业层面和城市层面控制变量吸收了部分对企业性别工资差距的影响，导致进口产品质量对企业性别工资差距的边际效应相对减小；企业资本劳动比、资产负债率、所有制因素与企业性别工资差距呈显著负相关关系；企业劳动生产率与企业性别工资差距显著正相关，企业年龄与企业性别工资差距的关系不显著。表 4.2 中一个有趣的结论是城市层面变量对企业性别工资差距的影响在不同模型中表现不一致。我们认为这可能与城市影响工资收入的机制有关。其一，城市的人力资本积累和基础设施完善为城市经济发展提供了坚实的智力支持和物质基础，从而有利于城市经济持续健康发展，城市经济发展也为居民的高工资提供了可能；其二，城市便利的公共服务体系和完善的基础设施能极大提高居民生活的舒适度和幸福感，因而本身就应当被视为个人"收入"的一部分，这反过来会降低城市居民的真实收入，因为低收入可以看作个人为享受城市的各种便利条件所必须付出的代价（陆铭，2015）。因此，城市层面变量对收入水平的影响取决于上述两种机制相互抵消后的净效果，导致城市因素对企业性别工资差距的影响在各模型中表现不尽一致。

第（5）列和第（6）列分别报告了普通最小二乘法和固定效应模型中使用工具变量的 2SLS 回归结果。我们发现，使用工具变量后，进口产品质量依然对企业性别工资差距产生显著的正向影响，且这一结果在考虑企业特性和城市特性的情况下依然成立。就其他变量而言，无论是系数大小还是显著性水平，在使用工具变量后均没有发生根本性改变，这些都进一步说明了本书回归结果的稳健性。为了提高工具变量的可信度，我们还用一系列统计指标对工具变量的质量进行了判定：Kleibergen-Paap rk LM 统计量拒绝了模型可能存在识别不足的假设；Cragg-Donald Wald F 值高度显著，则有力地拒绝了原模型的弱识别假设。

表 4.2 基准回归

变量	(1)	(2)	(3)	(4)	(5)	(6)
	OLS	OLS	FE	FE	OLS+IV	FE+IV
quality	0.869 ***	0.315 ***	0.266 ***	0.204 ***	1.091 ***	0.711 **
	(17.54)	(6.98)	(3.65)	(2.96)	(4.7)	(2.05)
lnltfp		0.999 ***		0.927 ***	0.981 ***	0.924 ***
		(80.24)		(38.44)	(73.51)	(52.63)
age		−0.001		0.005	−0.001	0.005
		(−0.92)		(1.03)	(−1.22)	(0.85)
exra		−0.213 ***		−0.026	−0.187 ***	−0.024
		(−7.79)		(−0.34)	(−6.57)	(−0.39)
K/L		−0.367 ***		−0.410 ***	−0.375 ***	−0.409 ***
		(−37.39)		(−13.90)	(−37.03)	(−18.30)
debt		−2.576 ***		−1.721 ***	−2.573 ***	−1.732 ***
		(−38.30)		(−12.81)	(−38.34)	(−22.26)
ownership		−0.082 ***		−0.050 *	−0.100 ***	−0.051 *
		(−6.29)		(−1.73)	(−7.13)	(−1.88)
gdp_city		−0.109 ***		0.131	−0.123 ***	0.14
		(−4.79)		(1.11)	(−5.33)	(1.31)
edu		−0.127 ***		0.241 ***	−0.137 ***	0.238 ***
		(−11.58)		(2.67)	(−12.09)	(2.77)
lnroad		−0.016		0.064 ***	−0.016	0.064 ***
		(−1.45)		(3.92)	(−1.46)	(4.4)

续表

变量	(1)	(2)	(3)	(4)	(5)	(6)
	OLS	OLS	FE	FE	OLS+IV	FE+IV
时间控制变量	是	是	是	是	是	是
行业控制变量	是	是	是	是	是	是
地区控制变量	是	是	是	是	是	是
常数项	15.830***	15.893	16.390***	4.703***	16.239***	
	(6.95)	(0.01)	(21.15)	(2.96)	(14.77)	
Kleibergen-Paap rk LM					1 903.609	1 047.162
Cragg-Donald Wald F					2 314.861	1 087.942
N	57 063	57 063	57 058	57 058	57 063	41 961
调整的 R^2	0.033	0.235	0.007	0.123	0.231	-0.381
F	51.903	49.074	72.942	65.729	242.621	79.775

注：Kleibergen-Paap rk LM 统计量和 Cragg-Donald Wald F 统计量分别为工具变量的识别不足检验和弱工具检验，都通过了 1%显著性水平的稳健性检验；***、**、*分别表示在 1%、5%、10%的水平上显著

4.4.2 倾向匹配得分估计

4.4.2.1 估计方法

前文关于工具变量的讨论一定程度上可以减小内生性导致的模型偏误，但众所周知，寻找工具变量是一项颇具挑战性的工作，好的工具变量往往可遇不可求。因而，本节考虑采用其他的计量方法对进口产品质量影响企业性别工资差距进行估计。

我们主要采用"对被处理单位的平均处理效用"（ATT）来估计进口产品质量对企业性别工资差距的影响。在第 t 年中，进口企业 i 在选择进口产品时有两种备选方法，进口高质量的产品（记为 $D_i=1$）与进口低质量的产品（记为 $D_i=0$），则进口产品质量对企业性别工资差距的影响可表达为：

$$E(w_{it}^1 - w_{it}^0 \mid D_{it} = 1) = E(w_{it}^1 \mid D_{it} = 1) - E(w_{it}^0 \mid D_{it} = 1) \tag{4.3}$$

式（4.3）中，w_{it}^1 表示企业进口高质量产品时的性别工资差距，w_{it}^0 表示企

业进口低质量产品时的性别工资差距。但遗憾的是，$E(w_{it}^0 \mid D_{it}=1)$ 是观察不到的。为了对 ATT 进行无偏估计，我们需要从样本中构造相应的对照组与处理组，保证落入两组之中的企业其他条件基本相同，只存在进口产品质量的差异。具体来说，我们选择进口低质量产品的企业为对照组，进口高质量产品但其他条件基本与之相同的企业为处理组，这样就能将对照组企业真实的性别工资差距视为实验组企业进口低质量产品时近似的性别工资情况。参照德·洛克（De Loecker，2007）、戴觅（2011）的做法，我们进行倾向匹配得分估计来构造对照组。具体而言，我们采用企业当年的特征向量来估计倾向匹配得分：

$$P(D_{it}=1)=\Phi[h(X_{it})] \tag{4.4}$$

式（4.4）中，X_{it}包含企业 i 可能影响其进口产品质量的一系列因素，包括劳动生产率、出口密集度、企业年龄、资本劳动比、资产负债率、企业所有制等，还包括企业所在城市的经济发展水平、人力资本水平和基础设施建设水平等，以及一系列的年份、行业、地区等虚拟变量。对式（4.4）的估计采用 probit 模型，估计出倾向匹配得分后，我们按照“最邻近匹配”的方法进行倾向得分匹配，以构造合适的对照组。由于宏观经济因素对不同行业、不同地区、不同年份企业的影响存在明显差异，难以进行跨行业、跨地区和跨年份的比较，我们借鉴戴觅（2011）的做法，区分行业、年份、地区、所有制差异对企业进行匹配，再将匹配之后的结果集中到一起，计算处理组与对照组结果变量的平均差异。最终的计算公式如下：

$$ATT_s=\frac{1}{N_s}\sum_i[w_{is}^l-\sum_{j\in C(i)}w_{ij}w_{js}^c],\ s=0,\ 1,\ 2,\ 3,\ \cdots \tag{4.5}$$

式（4.5）中，w^1与 w^c分别表示处理组和与之匹配的对照组企业的性别工资差距，$C(i)$ 表示与企业 i 匹配的企业集合，w_{ij}表示给每个与企业 i 匹配的企业 j 赋的权重，N_s表示匹配的总对数。

因为匹配过程以及匹配结果是否稳定将会对最终的估计结果造成很大影响，因而在报告 PSM 估计结果之前，我们首先要对倾向匹配得分的质量进行判定。倾向匹配得分对匹配结果的要求是保持企业在匹配后的处理组与控制组之间分布比较均匀，因而我们报告了主要变量匹配的平衡性检验结果。根据已有文献的经验，变量标准偏差的值越小，模型匹配效果越好。一般认为只要标准偏差的绝对值小于 20 就不会引起匹配的失效。通过表 4.3，我们发现各匹配变量的标准偏差均显著小于 20，因而可认为变量匹配方法选取和匹配结果都是可行的，而 t 检验的结果也都表明在 10%的水平下不能拒绝匹配后处理组与对照组无显著差别的原假设。因此，匹配结果满足平衡性的要求。

表 4.3　主要变量匹配的平衡性检验结果

匹配变量	处理组均值	对照组均值	标准偏误	标准偏误减少	t 检验值
lnltfp	4.60	4.59	1.1	96.3	0.21
age	9.97	9.97	0.0	98.5	0.99
exra	0.33	0.33	0.5	97.6	0.58
K/L	4.38	4.39	-0.4	98.4	0.67
debt	0.53	0.53	0.2	97.0	0.81
ownership	3.53	3.51	2.5	83.4	0.00
gdp_city	10.62	10.62	0.7	94.6	0.36
edu	8.74	8.74	0.1	99.5	0.92
lnroad	8.53	8.52	0.7	81.7	0.43

4.4.2.2　估计结果

由于本书的核心解释变量——进口产品质量是连续变量，因而在利用 probit 方法估计倾向得分时，需要将其转化为离散变量。我们首先根据 50%分位点将全体样本划分为高质量组和低质量组，选择高质量组为处理组，低质量组为对照组（第一种分类方法）。但由于目前学术界没有关于进口产品质量高低划分的权威方法，因而这样的分类有一定的主观性和偶然性。另一方面，本书使用的质量都经过标准化处理，导致质量本身变动很小，因而可能造成处在分位点（45%～49%）内的企业与处在 51%～55%内的企业实际进口产品质量差距很小，即如果稍微改变分类方法和分类标准，可能就会使原本属于低质量组的企业被划分到高质量组中，这些因素可能使读者质疑本书的估计结果。为了应对这种质疑，我们进一步改变企业的分类方法，依据企业进口产品质量的 1/3、2/3 分位点将企业划分为高质量、中间质量、低质量三组，选择高质量为对处理组，低质量为对照组（第二种分类方法）。

表4.4报告了倾向匹配得分估计的结果。从中可以看出，无论采用何种分类方法，与进口低质量产品的企业相比，进口高质量产品确实在平均水平上拉大了企业性别工资差距。而不同分类方法下的估计结果也印证了我们的担心，即当只粗略地将企业划分为高、低两组时，确实可能因为进口产品质量相似的企业被划分为不同的组而导致最终结果被低估。因而，通过改变分组方法剔除这部分企业时，进口产品质量对企业性别工资差距的影响被重新修正。但总体而言，分组方法并没有从根本上改变进口产品质量对企业性别工资差距的正向影响，进一步说明基准回归的结果是稳健的。

表4.4 不同分类方法下倾向匹配得分的估计结果

方法	处理效应	处理组	对照组	差距	标准误	t检验值
第一种分类方法	匹配前	15.05	14.72	0.34***	0.02	15.8
	ATT	15.05	14.94	0.11***	0.02	4.37
第二种分类方法	匹配前	15.16	14.70	0.46***	0.03	17.67
	ATT	15.16	14.99	0.17***	0.03	5.25

注：***、**、*分别表示在1%、5%、10%的水平上显著

为了进一步分析进口产品质量对企业性别工资差距的影响在不同年份、不同地区以及不同所有制企业之间是否存在差异，本书在对全体样本进行估计的基础上利用倾向匹配得分的方法对不同年份、不同地区、不同所有制的企业进行了估计，具体的估计结果报告在表4.5中。

通过表4.5我们可以得到以下结论：①所有年份进口产品质量都显著拉大了企业性别工资差距；②东部地区企业进口产品质量会拉大企业性别工资差距，但中、西部地区该效果并不显著；③国有企业、集体企业进口产品质量对企业性别工资差距没有显著影响，但对个私企业和外资企业而言，进口产品质量却会显著扩大企业性别工资差距。

对于进口产品质量对企业性别工资差距影响的地区差异，我们可以从地区人力资本、技术发展水平和市场竞争等角度进行解释。东部地区经济发展基础雄厚，无论是在基础设施建设、企业竞争力、产业集中度、人力资本结构还是技术发展水平上都比中西部地区更有优势。因而，进口高质量产品中包含的先进知识、技能等要素在东部地区能迅速外溢，从而导致

企业内部收入分配结构发生变化。同时，东部地区市场竞争更加激烈，进口扩张所引发的进口竞争会加速企业调整劳动要素投入比例，从而对劳动力供求和工资差距产生影响。

对于进口产品质量影响企业性别工资差距的所有制差异，我们主要从企业内部工资决定机制去理解。相对于个私企业和外资企业，公有制经济（国有企业和集体企业）市场化因素更弱，中央计划的潜在影响依然存在。尤其在生产决策和雇佣决策上，公有制经济受国家政策影响较大，表现在工资支付上一个突出的特点就是工资决策的自主权较小，不能根据劳动力市场变动灵活进行工资调整。因而，当进口产品对要素市场产生冲击时，个私企业和外资企业能根据市场波动迅速进行要素重新配置，导致员工工资产生变化；公有制经济除考虑经济因素外，还必须承担一定的“社会责任”，因而不能灵活配置资源，对要素市场波动反应相对迟缓。

表 4.5　分年份、地区、所有制 PSM 的估计结果

类别	处理效应	处理组	对照组	差距	标准误	t 检验值
2004	*ATT*	14.63	14.53	0.96*	0.06	1.65
2005	*ATT*	15.12	14.95	0.17***	0.05	3.32
2006	*ATT*	15.15	15.04	0.10**	0.05	2.2
2007	*ATT*	15.15	15.04	0.11**	0.05	2.44
东部地区	*ATT*	15.03	14.93	0.10***	0.03	3.93
中部地区	*ATT*	15.19	15.03	0.16	0.13	1.27
西部地区	*ATT*	15.2	15.32	-0.11	0.13	-0.89
国有企业	*ATT*	14.64	14.69	-0.05	0.15	-0.35
集体企业	*ATT*	15.06	14.87	0.19	0.17	1.13
个私企业	*ATT*	15.02	14.95	0.07*	0.03	1.89
外资企业	*ATT*	15.07	14.93	0.14***	0.04	3.84

注：***、**、*分别表示在1%、5%、10%的水平上显著

4.4.3　广义倾向匹配得分估计

PSM虽然不会造成样本选择性偏误，但它只能用于处理0—1离散变量，而且最终得到的结果只是处理变量的平均效应。而本书的核心解释变

量——进口产品质量是连续变量，在进行离散化处理的过程中会遗失部分样本信息。借鉴希拉诺和伊姆本斯（Hirano & Imbens，2004）的做法，我们放松变量离散的假设，用处理连续型变量的广义倾向匹配得分（GPS）的方法重估进口产品质量对企业性别工资差距的影响。采用 GPS 有两个好处：一是可以避免离散化处理过程中的信息遗失问题，二是可以详细阐释每一具体位置处理变量（进口产品质量）影响结果变量（企业性别工资差距）的边际效用。

4.4.3.1 估计方法

借鉴希拉诺和伊姆本斯（Hirano & Imbens，2004）的做法，本书的 GPS 估计主要分以下三个步骤。

第一步，控制匹配变量 X 中所有要素后，利用极大似然估计的方法计算连续型处置变量的条件分布，即：

$$E(G_i \mid X_i) = \alpha_0 + \alpha_1 X_1 \tag{4.6}$$

利用式（4.6）的估算结果，我们可以得到广义倾向匹配得分 M_i。

第二步，建立结果变量 Y 与连续型处理变量 G、广义倾向得分 M_i 之间关系的函数，并利用 OLS 进行估计，即：

$$E(Y_i \mid G_i, M_i) = \beta_0 + \beta_1 G_i + \beta_2 G_i^2 + \beta_3 M_i + \beta_4 M_i^2 + \beta_5 G_i M_i \tag{4.7}$$

第三步，利用式（4.7）的估计结果，就可计算连续型处置变量对结果变量的影响效应：

$$E[Y(g)] = \frac{1}{N}\sum_i [\hat{\beta}_0 + \hat{\beta}_1 g + \hat{\beta}_2 g^2 + \hat{\beta}_3 \hat{M}(g, X_i) + \hat{\beta}_4 \hat{M}(g, X_i)^2 + \hat{\beta}_5 g \hat{M}(g, X_i)] \tag{4.8}$$

式（4.8）中，i 表示企业，N 表示样本数。与 PSM 相似，匹配变量 X 中包含企业层面、城市层面控制变量及一系列的年份、行业、地区固定效应；结果变量 Y 表示企业性别工资差距，连续型处理变量 G 表示企业的进口产品质量（毛德凤，2013）。

4.4.3.2 估计结果

为了清楚描述 GPS 的步骤，我们分别报告了三阶段的估计结果。表 4.6 报告了 GPS 第一阶段和第二阶段的回归结果。

由第一阶段的估计结果来看，在控制了时间、行业和地区固定效应后，匹配变量（资产负债率和城市基础设施建设水平除外）均在 1%的水平上通过了显著性检验，表明匹配方法及匹配变量的选取是合理的。其中，企业劳动生产率、企业年龄、资本劳动比以及企业所在城市的经济发展水平和人力资本水平都与进口产品质量呈显著的正相关关系；外资企业、个私企业的性别工资差距高于国有企业和集体企业；企业出口密集度则显著降低了进口产品质量。

第二阶段回归将企业性别工资差距的变化作为被解释变量，以进口产品质量作为核心解释变量，并将第一阶段回归得到的倾向匹配得分作为关键控制变量。从回归结果来看，无论是进口产品质量、倾向匹配得分还是它们之间的交互项，都通过了显著性检验。

表 4.6 GPS 的第一阶段和第二阶段估计结果

一阶段回归			二阶段回归		
变量	系数	标准误	变量	系数	标准误
lnltfp	0.025 1***	0.001 0	G	-4.810***	0.448
age	0.000 5***	0.000 1	G^2	4.531***	0.458
exra	-0.035 8***	0.002 7	M	0.128*	0.045
K/L	0.011 0***	0.000 9	M^2	-0.359***	0.053
debt	-0.005 2	0.003 7	$G \times M$	2.108***	0.105
ownership	0.026 3***	0.001 3	常数项	15.223***	0.066
gdp_city	0.021 2***	0.002 4			
edu	0.013 8***	0.001 1			
lnroad	0.000 3	0.001 0			
常数项	-1.154 7***	0.114 3			

注：***、*分别表示在1%和10%的水平上显著

为了进一步区分进口产品质量对企业性别工资差距影响的异质性差异，在第二阶段回归的基础上，我们将进口产品质量［0，1］十等分，确定关键等分点上进口产品质量对企业性别工资差距的影响。为了更形象地表达影响效果的差异，我们分别画出了各等分点上处理效应函数图和“剂量反应”函数图（见图 4.3）。处理效应函数图进一步印证了 PSM 估计的结果：从整体上看，进口产品质量越大，企业性别工资差距越大。“剂量反应”函数图则为我们提供了更加丰富的信息。图形在不同位置存在众多拐点，说明进口产品质量对企业性别工资差距的影响效果在不同的质量区间上有所差异；也进一步说明进口产品质量对企业性别工资差距的影响存

在阈值效应：在临界值以内，边际效用的变动趋势保持一致，一旦超过临界值，该趋势就会发生反转。具体来说，当进口产品质量处于区间［0，0.3）和［0.7，0.9）时，进口产品质量对企业性别工资差距的边际效用呈下降趋势（依然为正），当进口产品质量处于［0.3，0.7）和［0.9，1］时，其边际影响则呈上升趋势。

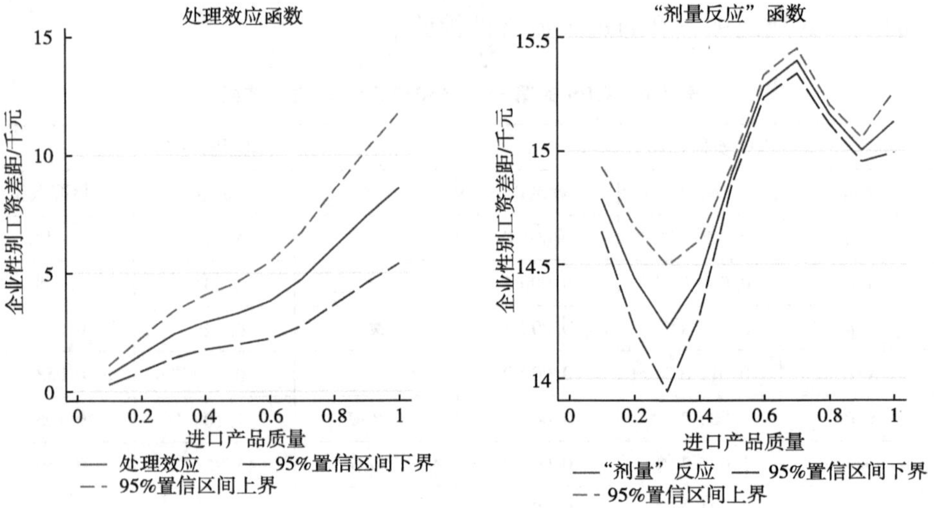

图 4.3　进口产品质量与企业性别工资差距的处理效应及"剂量"反应函数图

4.4.4　影响机制分析

4.4.4.1　进口竞争

生产质量差异化产品的外国企业与本土企业展开竞争，可能对本土企业员工工资产生多种影响：一是在不完全竞争的市场环境下，本土企业拥有较大的市场份额，规模经济效应决定企业能获取较高的市场利润。贸易自由化降低了国外产品的进入成本，进口竞争在一定程度上减小本土企业的市场份额，生产率抑制和企业利润下降都会对员工工资造成不利影响。二是进口竞争的激励效应促使企业通过加大研发投入来提升自身技术创新能力，这种有偏的技术进步会增加对高技能劳动力的需求，降低对低技能劳动力的需求，从而扩大技能工资差距。三是进口竞争的资源配置效应。进口产品或潜在的进口威胁导致市场份额跨企业重新配置，低生产率企业市场份额和生产规模下降甚至退出市场，释放出来的闲置资源逐渐向高生产率企业集中，使高生产率企业市场份额和生产规模增加。这种生产资源再配置会对异质性劳动力产生有偏需求，进而造成工资收入在异质性劳动群体内部出现分化。

为了识别进口产品质量通过进口竞争对企业性别工资差距的影响，我们借鉴奴齐和波佐洛（Nucci & Pozzolo, 2010）、戴觅（2013）的做法，在回归方程中加入进口产品质量与进口竞争的交互项，其中，进口竞争强度=进口渗透率×企业内销占比，进口渗透率是行业层面的，反映行业所受的进口竞争程度，企业内销占比则说明国内市场的重要性。因而，进口竞争强度越大，企业面临的进口竞争压力越大。

表 4.7 报告了进口产品质量通过进口竞争机制对企业性别工资差距的影响。所有回归结果都表明，当考虑进口竞争时，进口产品质量依然显著扩大了企业性别工资差距；进口竞争系数为正，说明企业面临的进口竞争强度显著拉大了企业性别工资差距；交互项系数显著为负，说明企业的进口竞争强度显著降低了进口产品质量对企业性别工资差距的提升效果。这种看似相互矛盾的结论并不奇怪，因为目前学界关于进口竞争对女性就业和工资的影响争议很大，学者们使用不同国家的数据得出迥异的结论，如：伍德（Wood, 1991）证明北美自由贸易区成立所引致的贸易扩张增加了美国制造业女性就业并缩小了企业性别工资差距，卡茨和墨菲（Katz & Murphy, 1991）证实美国的贸易扩张增加了贸易部门女性的就业占比；但博尔哈斯和雷米（Borjas & Ramey, 1995）得到了相反的结论，他们认为贸易自由化拉大了美国技能劳动力和非技能劳动力之间的工资差距，而美国女性主要是非技能劳动力，因而贸易模式改变将导致女性更大规模的失业和工资降低，最终扩大了企业性别工资差距。

表 4.7　进口竞争效应

变量	(1)	(2)	(3)	(4)	(5)	(6)
	OLS	2SLS	OLS	2SLS	OLS	2SLS
quality	1.204***	9.330***	0.576***	4.468***	0.500***	3.516***
	(11.6)	(6.94)	(6.26)	(3.51)	(5.45)	(2.66)
competition	0.173***	2.657***	0.112***	1.137**	0.087***	0.969*
	(5.47)	(5.23)	(4)	(2.36)	(3.15)	(1.96)

续表

变量	(1)	(2)	(3)	(4)	(5)	(6)
	OLS	2SLS	OLS	2SLS	OLS	2SLS
quality×competition	-0. 131 ***	-2. 632 ***	-0. 091 ***	-1. 120 **	-0. 067 **	-0. 954 **
	(-4. 18)	(-5. 15)	(-3. 28)	(-2. 32)	(-2. 44)	(-1. 93)
lnltfp			1. 007 ***	0. 975 ***	1. 002 ***	1. 018 ***
			(80. 41)	(69. 55)	(77. 91)	(69. 24)
age			-0. 001	-0. 001	-0. 001	-0. 001
			(-0. 52)	(-1. 05)	(-0. 75)	(-1. 16)
exra			-0. 100 ***	-0. 036	-0. 085 **	-0. 085 **
			(-3. 06)	(-0. 96)	(-2. 53)	(-2. 22)
K/L			-0. 386 ***	-0. 392 ***	-0. 378 ***	-0. 382 ***
			(-39. 39)	(-38. 79)	(-36. 57)	(-34. 09)
debt			-2. 741 ***	-2. 749 ***	-2. 689 ***	-2. 616 ***
			(-36. 27)	(-35. 67)	(-35. 84)	(-34. 56)
ownership			-0. 076 ***	-0. 090 ***	-0. 076 ***	-0. 095 ***
			(-5. 70)	(-5. 42)	(-5. 62)	(-5. 82)
gdp_city			-0. 058 ***	-0. 067 ***	-0. 110 ***	-0. 110 ***
			(-2. 84)	(-3. 03)	(-4. 61)	(-4. 37)
edu			-0. 118 ***	-0. 125 ***	-0. 129 ***	-0. 140 ***
			(-10. 43)	(-10. 02)	(-11. 40)	(-11. 14)
lnroad			-0. 002	-0. 001	-0. 018	-0. 019
			(-0. 22)	(-0. 12)	(-1. 62)	(-1. 64)
常数项	13. 882	9. 075 ***	15. 029 ***	12. 639 ***	15. 762	14. 620 ***
	0. 08	-6. 57	-57. 61	-10. 91	0. 05	-9. 38
时间控制变量	是	是	否	否	是	是
行业控制变量	是	是	否	否	是	是
地区控制变量	是	是	否	否	是	是
Kleibergen-Paap rk LM		128. 84		119. 556		108. 064
Cragg-Donald Wald F		101. 293		92. 491		85. 314
N	52 004	51 905	52 004	51 905	52 004	51 905

续表

变量	(1)	(2)	(3)	(4)	(5)	(6)
	OLS	2SLS	OLS	2SLS	OLS	2SLS
调整的 R^2	0. 033	−0. 092	0. 229	0. 202	0. 238	0. 2466
F	843. 02	34. 359	764. 913	744. 75	439. 37	94. 73

注：同表 4. 2

对于进口竞争企业对性别工资差距的正向影响，我们主要从进口竞争引致的技能偏向型技术进步的角度去理解。在竞争压力下，本土企业会主动提升自主研发能力，这种有偏的技术进步将增加对高技能劳动力的需求，减少对低技能劳动力的需求。而根据康加（Kongar，2006）的结论，无论在发展中国家还是在发达国家，低技能劳动力以女性为主，因而进口竞争导致的技术进步将减小对女性劳动力的需求，拉大企业性别工资差距。而就进口产品质量与进口竞争的交互效用，我们则可以从我国所处国际分工的特殊地位去理解。长期以来，我国依靠廉价劳动力、丰富的能源资源所形成的成本优势迅速融入了全球价值链，且在国际竞争中充分发挥了自身的比较优势。但我们看到，因为企业创新能力不足、产品缺乏核心竞争力、附加值低等原因，我国仍然处于价值链低端。这种分工形式决定了我国特殊的竞争模式：进口高质量产品对本土生产高质量产品的企业产生挤出效应，导致对生产高质量产品的高技能劳动力需求降低；进口高质量产品与本土大量从事低质量产品的企业产生生产环节上的互补效应，从而进一步增加对低技能劳动力的需求。因而，通过进口竞争，进口产品质量在一定程度上降低了企业性别工资差距。我们的结论也符合贝克尔（Becker，1957）的竞争抑制歧视的理论：当市场处于不完全竞争时，因为有持续正的超额利润，企业可以凭借利润维持雇主的歧视行为，导致在劳动生产率相同的条件下，企业支付给男性员工的工资更高；当市场竞争加强时，企业超额利润逐渐消失，坚持歧视女性的企业最终会被淘汰出市场。

4. 4. 4. 2 成本加成

成本加成被定义为产品价格对边际成本的偏离，其大小度量了企业的市场势力和贸易利得。以克鲁格曼（Krugman）模型为代表的新贸易理论和梅利特斯（Melitez）模型为代表的新新贸易理论为我们理解企业内生成本加成、贸易自由化对一国贸易利得的影响提供了新视角。虽然伯特（Tybout，2003）、巴丁格（Badinger，2007）都证实贸易自由化所引致的竞争将降低企业成本加成，但成本加成降低到底能在多大程度上促进企业间的竞争，以及是否能真正提升国内居民福利等问题在学界尚有很大争议。阿特克森和伯斯坦（Atkeson & Burstein，2008）、芬斯特拉（Feenstra，2010）证明存在成本加成下降所导致的“促进竞争效应”，但伯纳德等（Bernard et al，2003）、霍尔姆斯等（Holmes et al，2014）发现当假定市场竞争为伯特兰（Bertrand）竞争时，由于参与竞争主体不受限制，企业自由进入与退出不会导致成本加成的总体分布发生明显变化，因而促进竞争效应可能为零。埃德蒙等（Edmond et al，2015）则指出，贸易的促进竞争效用取决于国内因成本加成导致的资源误配程度，当国内存在大量因成本加成导致的资源误配时，贸易的促进竞争效用能显著提升福利水平；如果企业间生产率差距较大，则贸易福利主要体现为广延边际的扩张。贝伦斯和穆拉塔（Behrens & Murata，2012）研究了贸易自由化对个体福利的影响，发现贸易会同时降低贸易双方的成本加成，但因为双方经济地位差异，对以产品种类为重要内容的贸易福利的影响是不确定的。

本书在已有研究的基础上更进一步，不仅关注成本加成对企业性别工资差距的影响，还通过在回归方程中添加成本加成与进口产品质量的交互项来判断进口产品质量能否通过成本加成对企业性别工资差距产生影响。表4.8报告了进口产品质量通过成本加成机制影响企业性别工资差距的回归结果。从中可以看出，OLS回归结果都表明企业成本加成显著降低了企业性别工资差距，但2SLS的回归结果却发生了明显的变化。由于前文已经证明计量模型的内生性问题，因而我们的结论以2SLS为准，即企业成本加成对性别工资差距没有显著影响。但OLS和2SLS回归结果都表明，当控制成本加成时，进口产品质量均显著扩大了企业性别工资差距，但交互项系数则表明进口产品质量通过成本加成在一定程度上降低了企业性别工资差距。如前文假设3所述，企业成本加成对社会福利的影响不确定：首先，进口竞争降低企业成本加成所产生的“促进竞争效应”一定程度上能够降低产品价格，增加消费者福利；其次，成本加成下降引致的竞争导致部分本土企业退出市场，产品种类减少，这又反过来降低了消费者福利；最后，竞争导致部分低生产率企业退出市场，在位企业市场份额和成本加成增加，这又为企业提高产品价格创造了条件，收入水平不变的情况下产品价格的提高变相降低了居民的实际收入。因此，成本加成对社会总福利的影响取决于这几种效果抵消后的净效用。作为社会福利的重要内容，现有文献对成本加成影响员工工资水平的讨论主要集中在企业层面，对企业内工资差距关注较少，如伯纳德等（Bernard et al，2000）、梅里兹（Melitz）和奥塔维亚诺（Ottaviano，2008）证实成本加成较高的企业能凭借生产率优势克服沉没成本而进入出口市场，高额的出口利润有利于提高员工的工资水平。但是，这种条件下企业高成本加成对应员工的高工资主要针对企业总体，对企业内部不同群体的差异性影响由于牵涉很多其他因素而难以厘清，导致成本加成对企业性别工资差距的影响不显著。交互项系数显著为负，可以从我国特定经济发展阶段下企业竞争状态、成本加成与进口产品质量结构的关系去理解。安东尼亚代斯（Antoniades，2015）指出，激烈的市场竞争促使高生产率企业提高产品价格，提升产品质量和成本加成，低生产率的企业则退出市场或进行反方向的调整。钱学锋等（2016）发现，进口竞争对企业成本加成的影响与行业竞争强度有关，竞争性较弱的部门中，具有垄断地位的企业主要通过降低垄断价格来获利，因而进口竞争对产品价格及成本加成具有向下的压力。与之相反，高竞争性行业中企业作为市场价格的接收者，主要依靠市场效率改进来应对进口竞争，因而竞争反而提高了成本加成。中国进入门槛较高的高技术行业由于竞争性较弱，企业成本加成较低，而政府出台的《鼓励进口技术和产品目录》鼓励“先进技术、关键装备及零部件、紧缺资源性产品进口”，为高技术企业扩大高质量产品进口规模提供了政策便利。由于该行业缺乏竞争性，高质量进口产品会直接冲击国内的高技术企业，进而对高技能劳动力就业产生负面影响；低技术行业由于进入门槛较低，虽然其进口产品质量较低，但竞争压力和退出市场的潜在风险促使企业不断进行技术创新，由于低技术行业的技术进步也以低技术密集型为主，因而会增加对国内低技能劳动力的需求。综上所述，竞争性较弱的高技术企业（低成本加成）与高质量进口产品的互动关系会弱化对高技能劳动力的市场需求，而竞争性较强的低技术企业（高成本加成）与低质量进口产品的互动关系会增加对国内低技能劳动力的需求，因而进口产品质量通过成本加成最终缩小了企业性别工资差距。

表 4.8 成本加成效应

变量	(1)	(2)	(3)	(4)	(5)	(6)
	OLS	2SLS	OLS	2SLS	OLS	2SLS
quality	0.892***	4.305***	0.370***	2.462***	0.365***	1.631***
	(15.64)	(14.77)	(7.12)	(8.9)	(6.98)	(6.27)
quality×markup	−2.202***	−7.764*	−1.186**	−12.593***	−1.185**	−11.590***
	(−3.51)	(−1.95)	(−2.10)	(−3.56)	(−2.10)	(−3.34)
markup	−3.740***	−0.847	−0.883***	4.280***	−0.791***	3.905**
	(−11.85)	(−0.47)	(−3.08)	−2.68	(−2.77)	(2.5)
lnltfp			0.974***	0.934***	0.967***	0.943***
			(91.7)	(77.36)	(88.88)	(77.82)
age			−0.003**	−0.004***	−0.003**	−0.003**
			(−2.22)	(−2.85)	(−2.24)	(−2.52)
exra			−0.249***	−0.208***	−0.235***	−0.225***
			(−9.45)	(−7.10)	(−8.61)	(−7.67)
K/L			−0.369***	−0.383***	−0.364***	−0.375***
			(−45.43)	(−45.37)	(−42.53)	(−42.07)
debt			−2.615***	−2.607***	−2.565***	−2.564***
			(−71.58)	(−70.32)	(−70.33)	(−69.90)
ownership			−0.082***	−0.118***	−0.081***	−0.100***
			(−6.41)	(−8.34)	(−6.36)	(−7.17)
gdp_city			−0.058***	−0.087***	−0.112***	−0.128***
			(−2.86)	(−4.10)	(−4.79)	(−5.34)
edu			−0.111***	−0.130***	−0.122***	−0.133***
			(−10.55)	(−11.83)	(−11.55)	(−12.12)
lnroad			0.003	0.003	−0.013	−0.013
			(0.3)	(0.27)	(−1.21)	(−1.24)
常数项	15.877***	14.296***	15.360***	15.221***	16.049	16.271***
	(12.84)	(12.44)	(63.29)	(60.54)	(0.01)	(15.68)
时间控制变量	是	是	否	否	是	是

续表

变量	(1)	(2)	(3)	(4)	(5)	(6)
	OLS	2SLS	OLS	2SLS	OLS	2SLS
行业控制变量	是	是	否	否	是	是
地区控制变量	是	是	否	否	是	是
Kleibergen-Paap rk LM		1 486. 466		1 423. 723		1 454. 389
Cragg-Donald Wald F		762. 497		729. 912		745. 496
N	57 063	57 063	57 063	57 063	57 063	57 063
调整的 R^2	0. 052	-0. 016	0. 228	0. 206	0. 236	0. 228
F	71. 171	66. 665	1 401. 558	1 365. 01	321. 865	323. 948

注：同表 4. 2

4. 4. 5　稳健性检验

4. 4. 5. 1　区分企业要素密集度

由前文的分析可以得出，我国企业性别工资差距存在明显的要素密集度差异。长期以来，我国依靠丰裕而廉价的劳动力优势积极融入全球市场，在劳动力密集型行业中逐渐形成较大的市场竞争力，支撑了我国近三十年外贸的快速发展。但随着“老龄化”加速、劳动成本逐年上升，我国劳动力优势逐渐削弱。在这种情况下，经济发展逐渐转向主要依靠科技创新和人力资本积累。近年来国家提出的“科教兴贸”战略对提升企业技术创新能力产生了积极作用，也推动一大批资本技术密集型企业不断涌现。本节关心的问题是，要素密集度不同的企业，进口产品质量对企业性别工资差距的影响有什么差异？以资本劳动比 1/3、2/3 分位点为界，本书将所有行业分成劳动密集型行业、中间行业和资本密集型行业，对每类行业中包含的所有企业进行分类回归，具体的回归结果报告在表 4. 9 中。表 4. 9的结果显示，无论是劳动密集型企业、中间企业还是资本密集型企业，进口产品质量都显著扩大了企业性别工资差距，即使在控制企业层面、城市层面变量及时间、地区、行业固定效应的基础上，该结论依然成立。其他变量对企业性别工资差距的影响在三类企业间也基本一致：企业劳动生产率与企业性别工资差距有显著的正相关关系；出口密集度、资产负债比、所有制及城市人力资本水平均与企业性别工资差距呈负相关的关系；城市基础设施建设水平与企业性别工资差距不相关。有趣的是，企业年龄和企业所在城市经济发展水平这两个变量对企业性别工资差距的影响，在三类企业中存在明显差异。对劳动密集型企业和中间企业而言，企业成立时间越长，其性别工资差距越小；资本技术密集型企业正好相反，成立时间越长，其性别工资差距越大。就企业所在城市的经济发展水平而言，所在城市经济越发达，劳动密集型和资本密集型企业性别工资差距越小，但这种效用在中间行业中并不存在。

表 4.9　分要素密集度的估计结果

变量	劳动密集型行业		中间行业		资本密集型行业	
	(1)	(2)	(3)	(4)	(5)	(6)
	OLS	2SLS	OLS	2SLS	OLS	2SLS
quality	0.353***	1.199***	0.297***	1.744***	0.253***	0.897*
	(4.84)	(3.56)	(4.04)	(4.27)	(2.9)	(1.86)
lnltfp	0.747***	0.727***	0.985***	0.950***	1.101***	1.086***
	(37.75)	(34.91)	(45.85)	(40.73)	(53.52)	(46.96)
age	−0.010***	−0.011***	−0.005***	−0.006***	0.008***	0.008***
	(−4.68)	(−4.76)	(−3.04)	(−3.50)	(3.73)	(3.59)
exra	−0.218***	−0.186***	−0.267***	−0.222***	−0.261***	−0.240***
	(−5.39)	(−4.39)	(−5.80)	(−4.64)	(−4.31)	(−3.83)
debt	−2.203***	−2.204***	−2.479***	−2.474***	−3.045***	−3.042***
	(−26.62)	(−26.67)	(−18.04)	(−18.00)	(−21.05)	(−21.13)
ownership	−0.121***	−0.140***	−0.067***	−0.106***	−0.079***	−0.093***
	(−5.46)	(−6.02)	(−3.00)	(−4.26)	(−3.48)	(−3.71)
gdp_city	−0.106***	−0.116***	−0.009	−0.032	−0.204***	−0.220***
	(−2.92)	(−3.18)	(−0.24)	(−0.84)	(−4.60)	(−4.81)
edu	−0.124***	−0.134***	−0.113***	−0.132***	−0.110***	−0.117***
	(−7.06)	(−7.51)	(−5.96)	(−6.68)	(−5.35)	(−5.53)
lnroad	0.007	0.008	−0.019	−0.016	−0.03	−0.032
	(0.38)	(0.47)	(−1.03)	(−0.88)	(−1.51)	(−1.59)
常数项	18.107***	18.164***	11.024***	11.768***	18.318***	14.908***
	(43.39)	(39.58)	(25.35)	(24.99)	(36.68)	(10.25)

续表

变量	劳动密集型行业		中间行业		资本密集型行业	
	(1)	(2)	(3)	(4)	(5)	(6)
	OLS	2SLS	OLS	2SLS	OLS	2SLS
时间控制变量	是	是	是	是	是	是
行业控制变量	是	是	是	是	是	是
地区控制变量	是	是	是	是	是	是
Kleibergen-Paap rk LM		819.713		578.204		506.336
Cragg-Donald Wald F		963.748		700.26		678.61
N	19 020	19 020	19 019	19 019	19 019	19 019
调整的 R^2	0.205	0.199	0.23	0.215	0.254	0.252
F	1.07E+09	3.60E+09	0.98E+12	3.40E+12	112.74	452.349

注：同表 4.2

4.4.5.2 区分企业出口密集度

不同出口密集度的企业，其性别工资差距也表现出很大的差异。根据H-O理论及贝克尔（Becker，1957）的竞争抑制歧视理论，国际贸易有助于降低企业性别工资差距。但诸多学者对现实的研究却得到了相反的结论，他们认为贸易开放导致的有偏学习效应和技术进步扩大了企业性别工资差距。发展中国家企业在贸易开放过程中接触和学习到的更多是与高技能劳动力相匹配的知识技术，这种有偏的学习效应将会增加对高技能劳动力的需求，降低对低技能劳动力的需求。由于发展中国家的低技能劳动力以女性为主，因而贸易开放整体上扩大了企业性别工资差距（Paul-Majumder & Begun，2000；Nicita & Razza，2003）。本节按出口密集度均值将所有企业分为高出口密集度和低出口密集度两类，然后通过分类回归来判断进口产品质量对企业性别工资差距的影响在不同出口密集度的企业内是否存在差异。具体的回归结果报告在表 4.10 中。表 4.10 的结果显示，无论是低出口密集度企业还是高出口密集度企业，进口产品质量都显著扩大了企业性别工资差距，这进一步验证了本书的基本结论。使用工具变量的 2SLS 估计结果表明，主要变量无论是影响系数还是显著性水平在使用工具后都没有发生根本性变化，且关于工具变量的各项统计指标都通过了 1%显著性水平上的假设检验，因而增强了回归结果的可信度。进一步分析我们发现，各变量对企业性别工资差距的影响在低出口密集度和高出口密集度上表现出高度的一致：劳动生产率与企业性别工资差距呈显著的正相关关系；资本劳动比、资产负债率、企业所有制、城市经济发展水平、城市人力资本水平与企业性别工资差距呈负相关关系；企业年龄与城市基础设施建设水平则对企业性别工资差距没有显著影响。

表 4. 10　分出口密集度的回归结果

变量	低出口密集度		高出口密集度	
	(1)	(2)	(3)	(4)
	OLS	2SLS	OLS	2SLS
quality	0. 309***	1. 206***	0. 333***	1. 159***
	(5. 49)	(3. 67)	(4. 44)	(3. 61)
lnltfp	0. 984***	0. 959***	1. 028***	1. 016***
	(64. 5)	(54. 59)	(47. 57)	(46. 58)
age	−0. 001	−0. 001	0. 001	0. 001
	(−0. 68)	(−0. 88)	(0. 44)	(0. 13)
K/L	−0. 360***	−0. 367***	−0. 371***	−0. 384***
	(−28. 88)	(−28. 77)	(23. 17)	(−22. 79)
debt	−2. 846***	−2. 843***	−2. 163***	−2. 163***
	(−26. 91)	(−26. 97)	(−29. 42)	(−29. 44)
ownership	−0. 038**	−0. 058***	−0. 203***	−0. 220***
	(−2. 40)	(−3. 34)	(−8. 78)	(−9. 21)
gdp_city	−0. 130***	−0. 149***	−0. 072*	−0. 081**
	(−4. 52)	(−5. 04)	(−1. 93)	(−2. 18)
edu	−0. 138***	−0. 152***	−0. 086***	−0. 093***
	(−10. 16)	(−10. 49)	(−4. 61)	(−4. 94)
lnroad	−0. 023*	−0. 022	0. 005	0. 003
	(−1. 65)	(−1. 57)	(0. 31)	(0. 16)
常数项	17. 063***	16. 843***	13. 575***	13. 782***
	(7. 73)	(14. 65)	(32. 54)	(31. 34)

续表

变量	低出口密集度		高出口密集度	
	(1)	(2)	(3)	(4)
	OLS	2SLS	OLS	2SLS
时间控制变量	是	是	是	是
行业控制变量	是	是	是	是
地区控制变量	是	是	是	是
Kleibergen-Paap rk LM		943.075		428.315
Cragg-Donald Wald F		1 190.486		1 279.041
N	36 190	36 190	20 873	20 873
调整的 R^2	0.233	0.228	0.216	0.212
F	716.623	145.114	8 837.629	5 076.885

注：同表 4.2

4.4.5.3 区分企业所有制

关于不同所有制部门教育回报率的研究表明，不同所有制企业的工资决定机制存在很大差异。考虑到中国劳动力市场的转型特征，我们需要把不同所有制部门的工资决定机制放在不同时期进行考察。20 世纪 90 年代初，经济体制改革逐渐展开，人力资本价值在原有的计划经济体制下没有在工资中得到充分体现，工资主要受一些非市场因素的作用（Meng，1996）。邢春冰（2006）的研究表明，这一时期教育回报率为 0~2%，但除城市中的国有部门外其他基本都不显著。随着经济体制改革的深入，现代企业制度逐渐确立，民营企业地位也不断提升，人力资本价值在工资中得到越来越充分的体现。但教育回报率在不同的所有制企业中依然存在很大差距。教育回报率在民营部门和其他部门之间的非同步增长说明不同所有制企业的工资决定机制确实存在很大差异，这种差异可能导致企业在面对外部冲击时进行不同模式的工资调整，最终导致企业性别工资差距在不同所有制企业之间产生差异性变化。为了证实我们的猜测，我们按资本构成将所有企业分为公有制企业、个私企业和外资企业三类，再分别进行回归。回归结果跟我们的预期一致，进口产品质量对企业性别工资差距的影响在公有制企业和非公有制企业之间存在巨大差异。如表 4.11 所示，对公有制企业而言，虽然 OLS 的结果显示进口产品质量的系数为正，但并不显著。2SLS 的回归结果则显示进口产品质量的系数为负，虽然在 10%的水平上通过了显著性检验，但由于系数符号发生了根本性变化，因而这一结论并不可靠。因此我们认为，在公有制企业中进口产品质量对企业性别工资差距没有显著影响；在个私企业和外资企业中，OLS 和 2SLS 的结果都说明进口产品质量显著扩大了企业性别工资差距。这与孟（Meng，1996）的结论基本一致，转型国家中的非公有制部门工资多由市场决定，而非市场因素在公有制部门中的作用更大。当面对进口产品质量的外部冲击时，非公有制企业能迅速调整工资结构和就业结构，从而对员工的工资收入产生直接的影响。公有制企业的渐进式改革虽然引入了部分市场化因素，但政府的行政命令和中央计划依然对企业的招聘决策及工资决策有很大影响，尤其是部分公有制企业要承担额外的"社会化责任"，也在一定程度上制约了公有制企业的工资调整力度。另一方面，与非公有制经济相比，公有制经济仍具有完备的劳动保障组织制度架构，如工会、职工代表大会等，这些制度确保公有制企业员工能得到可靠的企业内部制度支持，因而更有可能在组织上获得或维持与企业方进行集体谈判的地位（詹宇波等，2012）。这些因素导致公有制企业对外部冲击反应较为迟缓，当进口产品质量的外部冲击导致利润下降时，企业不能迅速调整雇佣结构，而集体议价机制的存在也使降低员工工资困难重重。

表 4.11　分不同所有制的回归结果

变量	公有制企业		私有企业		外资企业	
	(1)	(2)	(3)	(4)	(5)	(6)
	OLS	2SLS	OLS	2SLS	OLS	2SLS
quality	0.09	-2.226*	0.190***	0.867*	0.475***	0.492*
	(0.46)	(-1.78)	(2.99)	(1.76)	(7.08)	(1.95)
lnltfp	0.981***	1.022***	0.738***	0.727***	1.126***	1.126***
	(16.2)	(15.73)	(37.4)	(34.99)	(67.67)	(63.93)
age	-0.005*	-0.007**	-0.004***	-0.004***	0.004	0.004
	(-1.88)	(-2.28)	(-2.78)	(-3.07)	(1.42)	(1.4)
K/L	-0.391***	-0.370***	-0.202***	-0.207***	-0.452***	-0.452***
	(-8.28)	(-7.65)	(-13.47)	(-13.28)	(-33.63)	(-33.27)

续表

变量	公有制企业		私有企业		外资企业	
	(1)	(2)	(3)	(4)	(5)	(6)
	OLS	2SLS	OLS	2SLS	OLS	2SLS
exra	-0.1	-0.154	-0.065	-0.047	-0.255***	-0.254***
	(-0.64)	(-0.98)	(-1.58)	(-1.10)	(-6.75)	(-6.41)
debt	-1.880***	-1.891***	-2.565***	-2.568***	-2.729***	-2.729***
	(-3.89)	(-3.98)	(-28.61)	(-28.80)	(-30.42)	(-30.48)
gdp_city	-0.211**	-0.199**	-0.034	-0.044	-0.098***	-0.098***
	(-2.24)	(-2.06)	(-1.11)	(-1.39)	(-2.78)	(-2.78)
edu	-0.079	-0.05	-0.198***	-0.210***	-0.086***	-0.086***
	(-1.45)	(-0.87)	(-10.94)	(-10.72)	(-5.90)	(-5.88)
lnroad	-0.114**	-0.143***	0.005	0.006	-0.007	-0.007
	(-2.19)	(-2.65)	(0.28)	(0.33)	(-0.49)	(-0.50)
常数项	13.410***	16.280***	20.796***	15.057***	14.558	14.213***
	(8.77)	(11.03)	(58.14)	(9.81)	(0.008)	(13.29)
时间控制变量	是	是	是	是	是	是
行业控制变量	是	是	是	是	是	是
地区控制变量	是	是	是	是	是	是
Kleibergen-Paap rk LM		62.313		355.691		1 692.358
Cragg-Donald Wald F		69.734		350.694		2467.978
N	2 568	2 568	20 567	20 567	33 176	33 176
调整的 R^2	0.215	0.175	0.2	0.196	0.259	0.259
F	11.233	10.92	5 726.847	5 676.893	1 775.937	1 660.255

注：同表4.2

4.5 本章小结

加入WTO以来，我国进口产品质量波动变化与企业性别工资差距不断扩大同步发生。本章利用2004—2007年中国工业企业数据和海关数据，使用工具变量和倾向匹配得分的反事实估计法验证了进口产品质量企业性别工资差距的影响。结果表明，2004 年以后，进口产品质量提升显著扩大了我国企业性别工资差距，这一结论在控制企业层面、城市层面变量及时间、行业、地区固定效应以后依然成立；倾向匹配得分（PSM）和广义倾向匹配得分（GPS）的估计结果也与基准回归基本一致，相对于进口低质量产品的企业，进口高质量产品的企业拥有更大的性别工资差距，GPS 的回归结果进一步说明进口产品质量对企业性别工资差距的影响存在阈值效应；分所有制的考察表明进口产品质量显著扩大了个私企业和外资企业的性别工资差距，但对国有企业和集体企业的影响并不显著。

对于进口产品质量影响企业性别工资差距的机制，本书主要从进口竞争和成本加成两个方面进行考察。实证结果发现，进口竞争通过有偏的技术进步显著扩大了企业性别工资差距，但进口产品质量通过进口竞争却降低了企业性别工资差距；成本加成对企业性别工资差距没有显著影响，但通过与进口产品质量的交互效应在一定程度上降低了企业性别工资差距。使用工具变量后的回归结果保证了上述结果的稳健性。

5

进口产品质量、进口动态与企业性别工资差距

5.1 引 言

近年来发展起来的异质性企业贸易模型（Bernard et al，2003；Melitz，2003）为从微观角度考察贸易的动态演化提供了可能。作为异质性企业贸易模型的重要分支，梅里兹（Melitz，2003）模型认为，生产率作为企业异质性最核心的要素，对企业出口状态及出口绩效有重要影响，高生产率企业能克服出口沉没成本而进入出口市场，低生产率企业只能在国内销售，生产率最低的企业则退出市场。贸易成本下降后，已经实现出口的企业会进一步扩大出口规模，原来只能供应国内市场的企业则能进入出口市场。这些都说明生产率及贸易成本的变动会对企业贸易路径的动态演化产生重要影响。大量事实表明，企业贸易行为的多样性路径动态演化是现行国际经济关系的基本特征，如：伯纳德（Bernard，2007）发现美国每年有14%的企业进入出口市场，但也有10%的企业退出出口市场；贝塞德什和普吕萨（Besedeš & Prusa，2006）发现美国进口贸易关系的持续时间较短，只有2~4年，企业频繁地进入、退出导致30%的贸易关系有多个存续时期；伊顿等（Eaton et al，2007）发现哥伦比亚近半数出口企业都是新进入者，且多数企业会在下一期退出出口市场；陈勇兵（2012）、叶宁华（2015）针对中国的研究则发现，中国企业在出口市场上的存续时间较短，只有少量企业能进入出口市场并将贸易关系维持下去。

贸易路径的动态演化为我们理解贸易的经济效应提供了丰富的信息，现有大量文献考察了贸易动态对贸易增长的作用。切尼（Chaney，2008）将企业异质性引入引力模型中，用贸易扩展边际和集约边际解释贸易增长，发现产品间较高的替代弹性使贸易扩展边际对贸易成本更敏感，集约边际对贸易成本相对没那么敏感。他进一步利用平均出口量代替集约边际，利用企业数量替代扩展边际，基于Tobit的回归结果发现，经济规模提升了企业出口增长的集约边际，而对扩展边际有抑制作用。赫梅尔斯和克雷诺（Hummels & Klenow，2005）进一步证实不同出口增长模式对贸易结构的影响存在很大差异，如果一国贸易增长主要沿集约边际，即主要依靠现有少数出口企业及出口产品在单一方向上量的扩张，该国贸易增长往往容易受到外部冲击的影响；如果出口增长主要依靠新企业或新产品进入，说明该国对外贸易具有较强的国际竞争力，贸易在外部冲击下波动较小。劳利斯（Lawless，2009）发现爱尔兰出口企业在出口市场上具有很大变动，企业频繁地进入、退出对解释爱尔兰出口增长有重要作用。伊顿等（Eaton et al，2007）将哥伦比亚出口企业分为进入、退出和持续三类，发现持续出口企业对该国出口增长的贡献最大。

另一方面，贸易增长不仅包括因企业进入、退出所导致的贸易额增加，也包括由贸易产品种类变化引起的贸易额增加。经典的克鲁格曼（Krugman，1979）模型发现，在垄断竞争和消费者多样性偏好的假设下，即使贸易产品价格不变，消费者可行消费集扩大依然能增加贸易福利，即进口产品种类增加是贸易福利的重要来源，这也为从贸易动态角度考察贸易福利变化奠定了基础。在克鲁格曼（Krugman，1979）的研究基础上，芬斯特拉（Feenstra，1994）在常替代弹性效用函数（CES）的框架下，通过引入新产品进入和旧产品退出构建了进口产品种类价格指数，进而给出了基于进口产品种类变化的贸易福利计算方法。布罗道和温斯坦（Broda & Weinstein，2006）将芬斯特拉（Feenstra，1994）的总价格指数扩展为多产品价格指数，并估算出美国1972—2001年因进口产品种类增加导致的国民福利增加相当于美国GDP的2.6%。此后，大量学者基于布罗道和温斯坦（Broda & Weinstein，2006）的方法，利用不同国家的数据验证了进口产品种类增加对贸易福利的影响，如美国（Blongigen & Soderbery，2010）、葡萄牙（Cabral & Manteu，2010）、英国（Giuseppe，2010）、欧盟（Mohler & Seitz，2012）、西班牙（Minondo & Requena，2010）等。关于中国进口产品种类变化对贸易福利的影响研究直到近年才出现，主要以陈勇兵等（2011，2014）、魏浩和付天（2016）为代表。陈勇兵等（2011）、魏浩和付天（2016）都认为进口产品种类增加提升了贸易福利，只是在影响幅度上略有差异，前者认为进口产品种类增加使消费者福利增加了相当于中国GDP的0.84%，后者则认为消费者福利增加了相当于GDP的0.4%。上述研究在计算多产品价格指数时忽略了产品质量因素，导致进口产品种类的福利效应可能被高估。厂商在进行扩大种类和提高质量的创新决策时，多样性和质量提升之间存在替代效用（钟春平和徐长生，2011），使得进口产品种类增多往往以牺牲产品质量为代价，这在一定程度上会减少消费者福利。陈勇兵等（2014）利用1995—2011年CEPII数据库的中国进口HS6位码产品数据研究了考虑质量因素时如何精确计算进口价格指数，发现忽略产品质量导致进口价格指数累积向上偏误

19.9%，质量提升导致的国民福利增加相当于 GDP 的 3.68%。

按照陈勇兵（2014）的逻辑，进口产品质量会通过进口产品种类变化对国民福利产生影响。如果将国内居民工资收入视为福利的一种具体体现，那么进口产品质量如何通过进口产品种类影响居民工资收入进而影响企业性别工资差距？尤其是，产品种类变化是贸易动态演化的具体内容，如果我们将产品种类变化的范畴扩大到进口动态，产品质量是否依然能通过进口动态影响国民福利？基于数据我们也发现，我国企业进口路径选择存在多样性，有的企业一开始就进入进口市场，有些则是新进入的；进入进口市场的企业也存在明显差异，有的企业进入进口市场后会一直停留在进口市场上，有的企业则在进口市场上短暂停留后又选择退出，甚至一段时间后又再次进入。例如，2004—2007 年，我国持续进口企业约占进口企业总数的 23%，平均每年有 15%的企业会退出、进入市场，10%的企业则属于间断型进口企业。除企业的进入、退出以外，因新产品进入、旧产品退出导致的进口产品种类变化也是进口动态的重要内容。基于海关的产品数据我们也发现，2004—2007 年，我国企业进口产品种类绝对量和相对变化情况也存在巨大差异，如 30.1%的企业只进口单一产品、45.2%进口产品种类在 10 种以下（1 种以上），24.7%的企业进口产品种类则超过 10 种；2005—2007 年连续进口的 3 372 家企业进口产品种类平均变化值为 5.95，方差为 9.99；所有企业进口产品种类年增长率均值为 32.43%，方差为 1.65。进口企业及每一企业进口产品在种类、数量、持续时间上的巨大差异使我们不能不好奇这样的问题：如果进口产品质量对企业性别工资差距有显著影响（第 4 章主要结论），那么在考虑企业和产品层面进口动态时，该结论是否依然成立？如果结论存在差异，可能的原因是什么？为了回答这些问题，本章利用第 4 章的计量模型①，研究当存在进口动态时，进口产品质量对企业性别工资差距的影响。

① 本章的计量模型、变量描述与数据来源与第 4 章基本相同，详情参见第 4 章 4.3 “计量模型与数据描述”。本章与第 4 章最大的区别是，第 4 章从整体上考察进口产品质量对企业性别工资差距的影响，并利用倾向匹配得分的技术手段对实证结果进行验证。本章则从企业和产品进口动态的角度对进口产品质量与企业性别工资差距的关系进行进一步研究，因而本章可视为对第 4 章的丰富和拓展。

5.2 理论分析与假说

“干中学”效应对解释经济内生增长具有重要作用。当经济体由自给自足转向自由贸易时，即使交易的产品有限，跨产品的技术溢出也会对经济增长、技术进步和社会总福利等产生积极影响。由于在实证过程中没有控制企业持续的投资、研发、产品设计改变等因素，现有研究多将学习曲线近似于对数线性变动过程，因而认为贸易导致的干中学效应是不受限的。但杨（Young，1991）认为，干中学是新型生产技术不断探索和最终实现的结果，新产品、新技术的出现或者现有产品质量的提升都是推动学习效应不断出现的重要原因。对于任何一项新技术或新产品而言，一段时间过后，生产潜力逐渐耗尽，干中学效应逐渐减弱并最终停止。因而，如果没有新技术及时出现，干中学效应将很难持续。按照这种逻辑，企业进口高质量产品，无论是通过进口竞争机制还是资本-技能互补机制，其对劳动力市场的影响都是短期影响，因为高质量产品中所包含的技术、信息等要素会被发展中国家在短期内模仿、吸收和再创新，而长期内由于产品技术潜力已被完全吸收，该效应将逐渐减弱并最终消失。大量学者关于国际贸易的经济效用分析证实了我们的猜测，如：金祥荣等（2012）基于中国企业数据发现，出口企业通过出口学习短期内会迅速提升企业生产率，而后这种效应逐渐减弱。他通过对比新进入出口市场的企业和持续出口企业发现，持续出口企业效率增长指标要低于新进入出口市场的企业。张杰等（2009）基于1999—2003年中国制造业企业数据，发现企业生产率提升主要来自生产工艺流程、组织管理方式或外部制度环境的改进，而并非自主研发能力的提高。实证结果也证实，出口对企业生产率的提升主要在进入出口市场3年以内发挥作用，从第4年开始这种效果不再显著。叶宁华等（2015）利用序贯决策模型发现，生产率优势对企业进入出口市场的选择在第1年和第2年有显著的正向影响，且生产率对企业出口延续的影响存在递减趋势，从第3年开始，生产率对企业出口持续的影响不再显著。另一方面，价格黏性、工资刚性等在我国不完全劳动力市场中广泛存在，导致当外部冲击发生时劳动力市场不能在短期内迅速调整以实现市场出清。因而，外部冲击对劳动力市场的影响也是短期影响。王君斌和王文甫（2010）利用SVAR模型发现，劳动就业对技术冲击表现为负效应，而对非技术冲击表现为正效应，且只存在短期效应而没有长期效应。基于此，我们提出本节待检验的假设1。

假设1：进口产品质量对企业性别工资差距的影响是短期影响，长期来看效果并不显著。

关于产品种类与社会福利的关系研究可追溯到希克斯（Hicks，1940），他认为市场产生对新产品的需求会导致该产品的保留价格与实际价格出现偏差，该偏差度量了由新产品引入所导致的消费者福利增加或企业生产率水平提升。克鲁格曼（Krugman，1979，1980）在新贸易理论中也明确指出，贸易自由化导致产品种类增加是贸易利得的重要来源。随后，众多实证研究对产品种类与社会福利的关系进行了检验，如：罗默（Romer，1994）认为，即使关税变化的幅度很小，一国也可能因为产品种类变化而获取巨大的贸易利益；克雷诺和罗德里格斯·克莱尔（Klenow & Rodriguez Clare，1997）对哥斯达黎加的研究发现，当考虑进口产品种类时，贸易自由化对福利水平的影响将提高50%；布罗道和温斯坦（Broda & Weinstein，2006）发现，当考虑产品种类后，美国社会福利的增加值占2001年美国GDP的2.6%。由于工资收入是社会福利的重要内容，因而我们认为，进口产品种类也会对企业性别工资差距产生影响。但由于影响机制存在差异，进口种类对企业性别工资差距的影响方向难以确定。一方面，进口新产品中包含的新知识、新技能会增加对高技能劳动力的需求，减少对低技能劳动力的需求，从而扩大企业性别工资差距；另一方面，企业进口的新产品越多，越有可能对国内企业所生产的类似产品产生挤出效应，从而在一定程度上降低企业性别工资差距。因此，进口产品种类对企业性别工资差距的影响取决于上述两种效果相互抵消后的净效应，导致进口产品种类对企业性别工资差距的影响是不确定的。针对中国企业数据的检验发现，进口产品质量与企业进口种类之间存在显著的正相关关系，即进口产品质量越高的企业，越趋向于进口更多种类的产品。罗默（Romer，1994）的内生增长模型发现，新产品通过技术溢出和成本节约可以显著提升企业生产率水平；卡巴莱罗和赖恩士（Caballero & Lyons，1992）发现，投入品种类增加有利于提升下游企业生产率；科埃等（Coe et al，1997）发现，一国中间投入品行业开放程度越高，国外技术研发的溢出效果越明显，因而对本土企业的生产率提升效果越明显；芬斯特拉等（Feenstra et al，1999）证实，中国台湾和韩国出口产品种类增加对企业生产率有显著的正向促进作用，投入品种类增加同样也提升了企业生产率。得益于生产率水平提升，企业会相应增加对高技能劳动力的需求，减少对低技能劳动力的需求，从而扩大企业性别工资差距。从这个层面上讲，进口产品质量与产品种类会对企业性别工资差距产生正向的交互影响，即进口种类会强化进口产品质量对企业性别工资差距的提升效果。基于以上分析，我们提出本节待检验的假设 2。

假设 2：进口产品种类对企业性别工资差距的影响是不确定的，但进口产品种类和进口产品质量会对企业性别工资差距产生正向的交互影响，即企业进口产品种类越多，进口产品质量对企业性别工资差距的影响越大；进口产品种类越少，进口产品质量对企业性别工资差距的影响越小。

5.3 进口产品质量、企业进口动态与企业性别工资差距

5.3.1 基于企业进口模式的分析

与出口二元边际类似，企业进口增长同样主要沿两个方向变动：一是由企业进入退出引发的进口变动，即扩展边际；二是由存续企业改变进口规模引发的进口变动，即集约边际。由于我们的研究使用的是海关数据和企业数据的合并数据，因而无法观察到退出对外贸易转向纯内销的企业，也无法观察到企业由于成立或倒闭而进入或退出市场的情形（戴觅，2013）。为了应对这个问题，我们需要对企业的进口模式进行严格界定。本书将进口企业分为五类：①持续进口企业，即 2004—2007 年都进口的企业；②新进入企业，即 2004 年不进口、某年开始进口一直持续到 2007 年依然进口的企业；③退出企业，即某年进口、退出后一直到 2007 年都不再进口的企业；④间断型进口企业，即退出进口市场后隔几年又进口的企业；⑤其他企业，将没有归为上述四种类型的企业定义为其他企业。

不同进口模式下进口产品质量对企业性别工资差距的回归结果汇总在表 5.1 中，由于前文已经反复论证计量方程的内生性及工具变量的有效性[①]，本节直接报告了 2SLS 的回归结果。由表 5.1 可以看出，进口产品质

① 关于计量模型内生性问题及处理，详情请参见 4.3.3。

量对企业性别工资差距的影响在不同的进口模式下存在显著差异：对于持续型和间断型进口企业而言，虽然进口产品质量对企业性别工资差距的影响为正，但不显著；新进入和退出企业中，进口产品质量显著扩大了企业性别工资差距，这与基准回归结果一致，且相对于新进入企业，进口产品质量对退出企业的性别工资差距影响更大。因为分类的缘故，本书的新进入和退出企业多指进口一年或连续两年都进口的企业，持续进口企业则是连续四年都进口的企业。因而，新进入和退出企业主要反映进口产品质量影响企业性别工资差距的短期效应，持续进口企业则主要反映中长期效应。对于不同时期下进口产品质量对企业性别工资差距的影响差异，我们认为可以从企业面对外部冲击的调整能力进行解释。短期来说，进口质量差异化产品会强化与国内企业之间的竞争，竞争压力促使企业采取不同的方式进行应对：高生产率企业通常会通过提升价格、质量和成本加成的办法来应对，低生产率的企业由于自身调整能力所限，很多会直接退出市场。同时，竞争改变了企业进入市场的生产率及边际成本阈值，会导致一批新企业进入市场，企业频繁进入、退出会对劳动力市场直接产生影响：短期内劳动力市场不能进行充分调整以平复外部冲击造成的就业波动，因而能够影响企业性别工资差距；但就长期来看，企业因竞争引发的优胜劣汰趋于平稳，在位企业能充分调整自身的组织结构及生产能力，因而劳动力市场整体呈竞争性均衡，因进口质量外部冲击造成的企业性别工资差距变动也趋于稳定。

表 5.1 区分企业进口模式的 2SLS 回归结果

变量	持续进口企业	新进入企业	退出企业	间断型进口企业	其他企业
	(1)	(2)	(3)	(4)	(5)
quality	0.488	1.432***	1.568**	0.824	1.479**
	(1.14)	(3.61)	(2.39)	(1.21)	(2.18)
lnltfp	0.903***	1.061***	0.924***	1.001***	0.970***
	(33.49)	(46.14)	(28.8)	(25.84)	(28.48)
age	0.002	0.005**	−0.002	−0.011***	0.002
	(0.94)	(2.29)	(−0.76)	(−3.19)	(0.64)
exra	−0.300***	−0.164***	−0.304***	−0.384***	−0.161**
	(−4.90)	(−3.51)	(−3.52)	(−4.28)	(−2.55)

续表

变量	持续进口企业	新进入企业	退出企业	间断型进口企业	其他企业
	(1)	(2)	(3)	(4)	(5)
K/L	-0.395***	-0.383***	-0.382***	-0.399***	-0.307***
	(-20.96)	(-22.30)	(-13.9)	(-12.8)	(-11.9)
debt	-2.894***	-2.634***	-2.422***	-2.586***	-2.157***
	(-33.78)	(-24.26)	(-19.07)	(-18.20)	(-11.22)
ownership	-0.01	-0.133***	-0.155***	-0.199***	-0.076**
	(-0.43)	(-4.99)	(-4.90)	(-4.08)	(-2.03)
gdp_city	-0.057	-0.058	-0.217***	-0.228***	-0.079
	(-1.36)	(-1.35)	(-3.87)	(-3.07)	(-1.41)
edu	-0.095***	-0.146***	-0.168***	-0.112***	-0.184***
	(-5.15)	(-6.85)	(-5.68)	(-3.18)	(-5.69)
lnroad	-0.01	-0.007	-0.048	-0.005	0.007
	(-0.53)	(-0.35)	(-1.41)	(-0.15)	-0.22
常数项	14.191***	14.140***	18.234***	17.005***	14.997***
	(26.74)	(21.39)	(26.86)	(17.89)	(10.03)
时间控制变量	是	是	是	是	是
行业控制变量	是	是	是	是	是
地区控制变量	是	是	是	是	是
Kleibergen-Paap rk LM	398.522	766.633	237.835	229.141	247.25
Cragg-Donald Wald F	607.372	904.154	289.719	255.095	257.392
N	13 415	20 254	8 587	5 739	9 063
调整的 R^2	0.244	0.232	0.217	0.242	0.209
F	74.002	85.346	45.788	100.379	33.612

注：同表 4.2

5.3.2 基于企业进口存续时间的分析

前文证实进口产品质量影响企业性别工资差距的短期效应及长期效应在不同进口模式下具有显著差异。本节沿着该思路继续深入，以市场上拥有不同进口存续时间的企业为考察对象，分析其进口产品质量对企业性别工资差距的影响。与出口市场类似，企业进入进口市场同样需要支付一定的沉没成本，这一成本既包括运输成本、通关成本等常规成本，也包括挑选合适的进口产品、合适的贸易对象所支付的信息收集成本，因而新进入进口市场的企业通常需要支付较高的初始进入成本。但当企业成功进入进口市场以后，其前期积累的市场信息、经验及营销网络等能方便地继承下来，使得企业维持进口的成本低于初次进入的成本。在这种情况下，两家企业即使进口产品的质量相同，因为存续时间不同，可能最终支付给员工的工资也不同。

为了体现不同存续时间下进口产品质量对企业性别工资差距的影响，本书依据企业在进口市场上的存续时间对企业进行两种划分：一是按存续时间长短将企业分为四类（T=1/2/3/4），二是考虑企业存续时间的时序问题（第一年/第二年/第三年/第四年）①。具体的回归结果报告在表 5.2 中，第（1）~（4）列是不同进口存续时间的 2SLS 回归结果，第（5）~（8）列是企业在存续时间上不同时序的回归结果。从中可以看出，进口产品质量对企业性别工资差距的正向影响依然存在，但在不同存续时间上的表现不尽一致：对于存续时间较短的企业而言，进口产品质量确实扩大了企业性别工资差距，但对于存续时间较长的企业，该效用并不显著。第（5）~（8）列的结果更加明显，不仅进口产品质量的系数在减小，其显著性也不断减弱，进一步说明随着存续时间推移，进口产品质量对企业性别工资差距的影响在减弱。该结果与前文的结果基本一致，说明进口产品质量对企业性别工资差距的影响主要是短期影响，长期并不明显。

表 5.2 考虑企业进口存续时间差异的 2SLS 回归结果

变量	T=1	T=2	T=3	T=4	第一年	第二年	第三年	第四年
	(1)	(2)	(3)	(4)	(5)	(6)	(7)	(8)
quality	0.920*	1.366**	0.903	-0.104	1.424***	0.982**	0.947*	0.766
	(1.71)	(1.97)	(1.53)	(-0.20)	(4.24)	(2.23)	(1.65)	(0.89)

① 如有两个企业，企业 1 在 2004—2007 年都进口，企业 2 只有 2004 年和 2006 年进口。我们将企业 1 和企业 2 的 2004 年作为第一类样本，视为第一年；将企业 1 的 2005 年和企业 2 的 2006 年作为第二类样本，视为第二年，以此类推。但就存续时间而言，两个企业在不同的分类中，企业 1 为 4 年，企业 2 为 2 年。

续表

变量	T=1	T=2	T=3	T=4	第一年	第二年	第三年	第四年
	(1)	(2)	(3)	(4)	(5)	(6)	(7)	(8)
lnltfp	0.986***	0.926***	0.974***	0.869***	0.993***	0.969***	0.976***	0.929***
	(38.43)	(26.62)	(32.12)	(32.02)	(54.57)	(38.06)	(28.86)	(16.8)
age	0.0001	－0.009	0.020*	0.007	0.005***	－0.005**	－0.008***	－0.004
	(0.2)	(－0.77)	(1.7)	(0.85)	(3.25)	(－2.40)	(－2.69)	(－1.07)
exra	－0.243***	0.043	－0.015	－0.112	－0.253***	－0.192***	－0.227***	－0.304**
	(－4.67)	(0.37)	(－0.15)	(－1.07)	(－6.46)	(－3.53)	(－2.98)	(－2.55)
K/L	－0.370***	－0.330***	－0.408***	－0.471***	－0.395***	－0.346***	－0.305***	－0.353***
	(－18.44)	(－7.61)	(－10.52)	(－13.28)	(－27.91)	(－18.15)	(－12.53)	(－8.93)
debt	－2.114***	－1.156***	－1.743***	－2.403***	－2.440***	－2.506***	－3.125***	－2.833***
	(－17.45)	(－8.26)	(－13.27)	(－17.55)	(－26.75)	(－18.51)	(－27.93)	(－16.64)
ownership	－0.121***	－0.134**	－0.034	－0.001	－0.140***	－0.054**	－0.102***	0.025
	(－4.03)	(－2.32)	(－0.71)	(－0.02)	(－7.07)	(－2.04)	(－3.02)	－0.53
gdp_city	－0.233***	0.169	0.357*	－0.009	－0.155***	－0.022	－0.133**	－0.180*
	(－5.32)	(0.67)	(1.8)	(－0.07)	(－4.96)	(－0.48)	(－2.06)	(－1.87)
edu	－0.169***	0.188	0.334**	0.162	－0.124***	－0.167***	－0.130***	－0.146***
	(－6.32)	(1.03)	(2.22)	(1.29)	(－7.30)	(－7.91)	(－4.71)	(－3.54)
lnroad	－0.070***	0.071*	0.091***	0.048**	－0.003	－0.001	－0.053**	－0.022
	(－2.84)	(1.76)	(3.63)	(2.44)	(－0.15)	(－0.05)	(－2.18)	(－0.65)
常数项	17.639***	14.238***	15.549***	18.359***	16.139***	14.341***	15.327***	14.135***
	(12.52)	(16.36)	(20.48)	(18.63)	(14.56)	(22.06)	(20.62)	(12.61)
时间控制变量	是	是	是	是	是	是	是	是
行业控制变量	是	是	是	是	是	是	是	是
地区控制变量	是	是	是	是	是	是	是	是
Kleibergen-Paap rk LM	413.968	254.132	378.85	428.315	1 006.368	527.647	261.548	96.405
Cragg-Donald Wald F	420.597	261.987	392.714	445.448	1 133.749	672.78	353.167	136.462
N	15 096	14 171	14 376	13 415	30 326	15 232	8 146	3 354
调整的 R^2	0.213	-0.792	-0.319	-0.151	0.22	0.229	0.267	0.245
F	53.225	21.725	33.146	38.172	828.589	754.482	83.03	31.49

注：T表示企业进口存续时间，其余与表4.2相同

5.3.3 滞后效应检验

表 5.1 的结果有助于我们更好地理解不同进口模式下进口产品质量与企业性别工资差距的关系，但遗憾的是，我们依然不清楚其中的作用机制。对持续进口企业而言，其先前的经验可能通过两种路径对企业当期进口决策产生影响：一是进口行为本身，如企业是否进口、进口存续时间长短等，这些因素可以通过降低企业进口固定成本而影响企业利润，进而影响员工工资水平。二是与本书主题密切相关的进口产品质量。首先，技术复杂性决定了产品的生产过程可能难以在当期全部完成，如当期进口的中间品可能在后一期才能加工组装成最终品，或者某些复杂的进口机器、设备等需要经过长时间的安装、调试以及对操作人员的培训才能投入到最终品的生产中，这些都说明企业当期的进口产品质量可能对以后的企业绩效产生影响。其次，企业当期可能因为进口高质量产品而获益，这可能使企业形成对高质量进口产品的路径依赖，导致以后各期企业的进口决策也都集中在高质量产品上。针对上述两种情形，本节分别进行了两种滞后效应的检验：一是将进口产品质量的滞后项加入回归模型，确认其是否对当期企业性别工资差距产生影响（第一种滞后效应）；二是考察企业前期进口行为是否对当期性别工资差距有影响，分别从是否进口及进口存续时间两个维度来展开，具体方法是在回归模型中加上进口产品质量与它们各自的交互项（第二种滞后效应）。

表 5.3 报告了第一种滞后效应检验的回归结果。当不加入滞后期时，进口产品质量与企业性别工资差距呈显著的正相关关系，这与基准回归结果一致。第（2）列加入进口产品质量的滞后一期，进口产品质量本身依然与企业性别工资差距有显著的正相关关系，但滞后期的系数为负，说明前一期进口产品质量显著降低了企业性别工资差距；第（3）列和第（4）列分别加入更高阶的滞后项，发现进口产品质量本身和所有滞后项的系数都不显著，进一步说明进口产品质量对企业性别工资差距影响的滞后效应只在短期内存在，在长期内并不存在，且前一期进口产品质量有助于减少当期企业性别工资差距。

表 5.3　第一种滞后效应的 2SLS 回归结果

变量	(1)	(2)	(3)	(4)
quality	1.091***	1.379***	1.314	0.828
	(4.7)	(2.68)	(1.59)	(0.55)
L. quality		-0.657**	-0.47	0.165
		(-2.27)	(-1.26)	(0.27)
L2. quality			-0.192	-0.016
			(-0.82)	(-0.04)
L3. quality				-0.317
				(-0.98)
lnltfp	0.981***	0.959***	0.971***	0.932***
	(73.51)	(48.95)	(34.18)	(18.36)
age	-0.001	-0.006***	-0.007***	-0.004
	(-1.22)	(-3.97)	(-3.01)	(-1.06)
exra	-0.187***	-0.164***	-0.202***	-0.306***
	(-6.57)	(-3.76)	(-3.04)	(-2.61)
K/L	-0.375***	-0.336***	-0.332***	-0.352***
	(-37.03)	(-22.76)	(-15.38)	(-8.81)
debt	-2.573***	-2.725***	-3.077***	-2.846***
	(-38.34)	(-25.73)	(-31.85)	(-15.63)
ownership	-0.100***	-0.049**	-0.063**	0.027
	(-7.13)	(-2.52)	(-2.33)	(0.61)
gdp_city	-0.123***	-0.054	-0.109**	-0.180*
	(-5.33)	(-1.53)	(-1.99)	(-1.84)
edu	-0.137***	-0.152***	-0.140***	-0.143***
	(-12.09)	(-9.56)	(-5.94)	(-3.57)
lnroad	-0.016	-0.019	-0.038*	-0.022
	(-1.46)	(-1.31)	(-1.85)	(-0.63)
常数项	16.239***	14.342***	14.504***	14.176***
	(14.77)	(24.77)	(19.51)	(12.23)

续表

变量	(1)	(2)	(3)	(4)
Kleibergen-Paap rk LM	1 903. 609	482. 238	170. 258	53. 475
Cragg-Donald Wald F	2 314. 861	673. 505	252. 335	74. 42
N	57 058	24 289	11 647	3 354
调整的 R^2	0. 231	0. 234	0. 257	0. 245
F	242. 621	466. 78	66. 829	29. 476

注：同表4. 2

表5. 4报告了第二种滞后效应检验的回归结果，其中，第（1）列和第（3）列在OLS基础上使用了工具变量，第（2）列和第（4）列在固定效应模型中引入了工具变量，对比不同估计方法的计量结果，可以进一步印证我们的判断。如前文所述，本节重点考察的是前期进口经验能否通过进口产品质量影响企业当期的性别工资差距。由于维持进口的成本低于新进入进口市场的成本，因而相比新进入企业，持续进口企业能减少进入沉没成本，将更多的资金用于技术研发、设备更新等方面，最终有利于提高企业经济效益。如果这种逻辑成立，进口持续时间越长的企业通过进口积累的经验越多，也就越有利于以后的进口行为。为了验证这两种机制，我们分别在回归模型中加入进口产品质量与前期是否进口以及与进口存续时间的交互项。第（1）列和第（2）列考察的是企业以前是否有过进口行为（有为1，没有为0），能否通过进口产品质量影响企业性别工资差距。结果显示，是否进口（*import*）的系数为正，但最小二乘的估计结果［第（1）列］不显著，说明有过进口行为的企业相对于从未进口的企业而言性别工资差距并没有明显的差异；交互项的系数为负且显著，说明就同一进口产品质量而言，有过进口行为的企业确实比没有进口行为的企业性别工资差距更低，即进口产品质量通过前一期的进口行为显著降低了企业性别工资差距。第（3）列和第（4）列在进口行为的基础上更进一步，考虑企业以前进口存续时间的影响。无论是OLS还是固定效应，存续时间及存续时间和进口产品质量交互项的系数都不显著，说明进口产品质量不会通过企业进口存续时间对企业性别工资差距产生显著影响。总结上述结果，我们可以得到这样的结论：对于将要进入进口市场的企业而言，其性别工资差距更多地取决于当期进口产品质量以及之前是否参与过进口，而不是以

前参与进口的期数。

表 5.4 第二种滞后效应的 2SLS 回归结果

变量	是否进口		存续时间	
	(1)	(2)	(3)	(4)
quality	1.514 ***	1.224 ***	1.345 ***	0.938 **
	(4.44)	(2.8)	(4.44)	(2.29)
quality × import	−0.857 *	−0.953 **		
	(−1.92)	(−2.39)		
import	0.282	0.376 **		
	(1.4)	(2.07)		
*quality * duration*			−0.32	−0.296
			(−1.45)	(−1.40)
duration			0.086	0.093
			(0.81)	(0.73)
lnltfp	0.985 ***	0.925 ***	0.986 ***	0.924 ***
	(74.32)	(40.15)	(74.5)	(40.16)
age	0.001	0.005	0.001	0.005
	(−0.36)	(1.09)	(−0.12)	(1)
exra	−0.195 ***	−0.026	−0.195 ***	−0.025
	(−6.86)	(−0.36)	(−6.87)	(−0.34)
K/L	−0.374 ***	−0.411 ***	−0.373 ***	−0.413 ***
	(−36.83)	(−14.43)	(−36.79)	(−14.46)
debt	−2.576 ***	−1.732 ***	−2.578 ***	−1.733 ***
	(−38.39)	(−13.83)	(−38.42)	(−13.88)
ownership	−0.097 ***	−0.055 *	−0.096 ***	−0.052 *
	(−6.96)	(−1.95)	(−6.90)	(−1.87)
gdp_city	−0.124 ***	0.089	−0.123 ***	0.096
	(−5.33)	(0.74)	(−5.31)	(0.78)
edu	−0.134 ***	0.262 ***	−0.133 ***	0.248 ***
	(−11.87)	(2.9)	(−11.83)	(2.75)

续表

变量	是否进口		存续时间	
	(1)	(2)	(3)	(4)
lnroad	- 0.019*	0.059***	- 0.021*	0.058***
	(- 1.75)	(3.8)	(- 1.89)	(3.7)
常数项	16.095***		16.167***	
	-14.55		-14.63	
时间控制变量	是	是	是	是
行业控制变量	是	是	是	是
地区控制变量	是	是	是	是
Kleibergen-Paap rk LM	1 056.01	616.963	1 420.558	568.965
Cragg-Donald Wald F	1 010.119	527.979	1 091.441	531.171
N	56 788	41 703	56 788	41 703
调整的 R^2	0.23	-0.387	0.23	-0.384
F	245.144	89.055	242.543	28.374

注：同表 4.2

5.3.4 基于企业进口决策的分析

前文分析中假设存在一种情形，即企业以前进口产品的质量选择会对以后是否继续参与进口以及进口产品质量产生影响。一个自然的逻辑是，如果企业因为进口高质量的产品而获益，它就没有理由退出进口市场，也没有理由改变其进口产品的质量结构。本节继续围绕企业进入与退出展开讨论，但关注的重点不是企业当期进口产品质量与以后进口产品质量的关系，而是企业当期进口产品质量是否会影响以后的进口决策（是否会继续进口）。为方便分析，本书选择 2004 年进口且如果 2005—2007 年有进口则必须满足连续进口的要求的企业[①]。对样本中的每一家企业而言，每一期期末（下一期期初）都会面临一个选择，即继续进口还是退出进口市场。对于继续进口的企业来说，因为其在样本期内保持了连续进口的态势，因

① 本节序贯 logit 的研究对象主要包括四类企业：一是只有 2004 年进口的企业；二是 2004 年和 2005 年进口的企业；三是 2004—2006 年进口的企业；四是 2004—2007 年进口的企业。

而它当期的进口决策不仅要满足前一期进口，还要保证以前所有时期都进口。本节所探讨的核心问题就是如果企业当期继续保持进口，其前一期的进口产品质量在其中发挥了怎样的作用。

与出口类似，我们发现，企业进口行为也具有序贯特征，即企业在不同时期的进口行为存在依据时间先后的排序。比如，对样本期内（2004—2007 年）连续进口的企业，如果我们要了解其在 2007 年的进口决策，就无法忽略其在 2007 年以前在进口市场上的表现。换言之，这家企业之所以能到 2007 年还在进口，不仅要求其 2006 年没有退出进口市场，同时也要求其在 2004—2005 年没有退出进口市场，即以 2004—2006 年连续进口为前提。企业进口市场的序贯特征用传统的多元选择模型和 ordered logit 模型无法很好地解决，但序贯 logit 模型为解决这种问题提供了很好的分析工具（Buis，2013；叶宁华等，2015）。

对连续进口 g 年（$g=1,2,3,4$）的企业来说，其必须先连续进口（$g-1$）年。在第 g 年，企业基于利润最大化的原则，会在继续进口还是退出进口市场之间进行选择，如果企业继续进口的利润大于退出进口市场的利润，就会选择继续进口。假设企业的利润函数为：

$$I_g = X_g + \varepsilon_g \tag{5.1}$$

向量 X 包括企业初始特征变量 x_0 及其他外生变量 z，ε 为随机扰动项。假设随机误差项服从 Gumbel 分布，令 P_g^i 和 P_g^n 分别代表企业第 g 年进口以及不进口的利润，那么（$P_g^i - P_g^n$）服从逻辑分布，因而企业在第 g 年选择退出进口市场的概率可以表示为常规的二元 logit 模型：

$$P(g)_{n/i} = \frac{e^{V_g^n}}{e^{V_g^n} + e^{V_g^i}},\ g=1,2,3,4 \tag{5.2}$$

式（5.2）报告了每期企业退出进口市场的概率，假设（$P_g^i - P_g^n$）在各期之间是独立的，那么企业连续出口了（$g-1$）期后在第 g 期退出进口市场的概率是：

$$P(k) = P(k)_{n/i}\prod_{j=1}^{g-1}[1 - P(j)_{n/i}] \tag{5.3}$$

表 5.5 报告了序贯决策的估计结果。第（1）列以 2004 年进口、2005 年及以后都不进口的企业为参照组，判断 2004 年进口产品质量对 2005 年进口决策的影响。因为此时企业进口期限为 1 年，因而不仅包括了进口 1

年期的企业，还包括进口期限高于1年的企业[①]。第（1）列的结果显示，进口产品质量的系数为正，说明与只在2004年进口的企业相比，2004年的进口产品质量有助于企业在2005年及以后继续停留在进口市场上。其他变量的估计结果说明企业劳动生产率、企业年龄、出口密集度、企业所在城市的经济发展水平、人力资本水平和基础设施建设水平都会增加企业2005年继续进口的概率；企业资产负债率则显著降低了企业继续进口的概率；企业所有制的系数为正，说明相对于国有企业和集体企业而言，个私企业和外资企业留在进口市场上的概率更大。第（2）列则以2004年、2005年进口但以后不进口的企业作为对照组，分析企业2005年的进口产品质量对2006年进口决策的影响。估计结果显示，进口产品质量的系数为正但并不显著，说明2005年进口产品质量对企业2006年进口决策没有影响；所有制的系数也不显著，说明公有制经济与非公有制经济2006年的进口决策不存在系统性差异。第（3）列以2004—2006年都进口、2007年退出进口市场的企业作为参照组，以2004—2007年都进口的企业作为实验组，分析了2006年的进口产品质量对企业2007年进口决策的影响，结果与第（1）列接近，说明2006年进口产品质量确实增加了企业2007年继续进口的概率。

表5.5的估计结果说明企业进口产品质量对其下一期的进口决策没有一致性影响，企业上一期的进口产品质量可能增加其下一期继续进口的概率，也可能对其进口决策没有影响；进一步论证了企业进口决策是一个多因素作用的综合结果，企业前一期的进口产品质量是其中的一个影响因素，但企业是否进口还取决于其他很多因素，如企业的生产率、企业的盈利能力、企业所在城市的经济发展程度、人力资本水平等。当然，外部政策冲击也是其中很重要的影响因素，如2001年中国加入WTO，贸易成本降低，有助于企业通过进口或出口进入国际市场；2008年金融危机后，发达国家国内需求减弱，也减少了对中国产品的进口。遗憾的是，虽然本书通过控制时间、行业、地区变量一定程度上减小了外部冲击的影响，但由于样本、数据的限制，依然不能完全排除外部冲击的干扰。

① 此时，实验组包括：2004年、2005年进口但2005年以后不进口的企业；2004—2006年进口、2007年不进口的企业；2004—2007年都进口的企业。

表 5.5 企业进口产品质量与进口动态决策

变量	(1)	(2)	(3)
	_1_2_3v0	_2_3v1	_3v2
quality	0.403***	0.051	0.491***
	(5.52)	(0.55)	(4.06)
lnltfp	0.338***	0.215***	0.084***
	(20.19)	(10.15)	(3.06)
age	0.012***	0.006**	0.002
	(6.69)	(2.41)	(0.8)
exra	0.562***	0.354***	0.175**
	(11.04)	(5.68)	(2.19)
K/L	−0.009	−0.028	−0.001
	(−0.64)	(−1.57)	(−0.06)
debt	−0.365***	−0.212***	−0.054
	(−5.95)	(−2.70)	(−0.53)
ownership	0.072***	−0.01	0.052*
	(3.93)	(−0.43)	(1.71)
gdp_city	0.872***	0.930***	0.669***
	(24.59)	(19.52)	(9.91)
edu	0.067***	0.147***	0.092***
	(4.21)	(7.51)	(3.52)
lnroad	0.105***	−0.113***	0.195***
	(6.15)	(−5.75)	(8.47)
常数项	−12.204***	−10.057***	−9.754***
	(−17.30)	(−9.28)	(−6.06)
行业控制变量	是	是	是
地区控制变量	是	是	是
N	22 002	22 002	22 002
Prob>chi2	0	0	0

注：第一行中的 0 表示企业 2004 年进口，2005 年及以后不进口；1 代表企业 2004 年和 2005 年进口，以后不进口；2 代表 2004—2006 年进口，2007 年不进口；3 代表 2004—2007 年都进口的企业。其余同表 4.2

5.4 进口产品质量、产品进口动态与企业性别工资差距

除企业进入、退出的动态变化以外，新产品进入、旧产品退出等产品层面的进口变动也对一国进口增长有重要影响。一家企业在进行进口决策时可以在产品数量和种类之间进行选择，是增加同一种进口产品的数量（产品集约边际）还是增加进口产品的种类（产品扩展边际）。梅里兹（Melitz，2003）模型设定企业生产单一品种产品不仅与现实不符，也低估了拓展边际的贸易规模（Bernard et al，2009）。同时，单一产品的假设导致竞争引起的优胜劣汰主要体现在企业之间，即低生产率企业退出和高生产率企业扩张，而忽视了企业内部新产品出现和旧产品退出。伯纳德等（Bernard et al，2009）发现 1987—1997 年企业内扩展边际（进出口产品变动）对美国制造业产出增长的贡献远大于企业间的扩展边际（进出口企业变动）；戈德伯格等（Goldberg et al，2008）发现企业内扩展边际贡献了印度 15 年制造业产出增长的 25%。

克鲁格曼（Krugman，1979）在新贸易理论模型的开创性文献指出，产品种类增加也是一国贸易福利的重要来源。对于消费者而言，其最终效用或福利来自特定差异化产品所包含的“特征”因素，每一个最终产品都是相应“特征”按一定比例组合而成的，差异化产品不过是将“特征”通过生产转嫁到最终产品上，并通过消费者的消费实现。因而，产品只是消费者效用的中介而不是效用的主要来源（Lancaster，1975）。市场上的新产品往往包含更多能满足消费者偏好的“特征”，这些产品既可能是从未出现过的新实物产品，如 20 世纪 50 年代的数字计算机，也可能是现有实物产品的质量提升，比如不断更新换代的个人计算机。伯纳德等（Bernard et al，2006）、芬斯特拉和基（Feenstra & Kee，2008）认为贸易的扩展边际在解释生产率进步中发挥了重要作用，这也为从企业异质性角度理解贸易福利提供了新思路。新的进口产品由于包含更先进的技术，在一定程度上能降低企业生产成本；同时，新产品中蕴含的先进知识、技能等通过技术外溢转移给国内企业，提高了国内企业的生产率水平。阮和帕森斯（Nguyen & Parsons，2009）利用日本 1980—2000 年的数据证实进口产品种类增加显著提升了全要素生产率，而且行业自身进口种类增加所产

生的生产率提升效应要大于其上游行业。宋和朱（Song & Zhu，2009）分析了贸易自由化进程中多产品企业在资源配置和收入分配方面发挥的作用，他们认为贸易自由化将引起劣势产业更频繁的资源再配置，而多产品企业的存在将缓解稀缺要素在贸易自由化后的价格损失。

本节主要从三个方面分析进口产品种类在进口产品质量影响企业性别工资差距中的作用：一是按企业进口产品种类数量将企业分成单一产品进口企业和多种产品进口企业，并结合进口产品类型（中间品、资本品、消费品）分别考察各自进口产品质量对企业性别工资差距的影响；二是度量企业每年进口产品种类的绝对变化，考察产品种类绝对变化在进口产品质量影响企业性别工资差距中的作用；三是根据企业相邻两年进口产品种类的相对变化情况将企业分成进口产品种类增加、减少、不变三种类型，再进行分类回归，同时考察是否存在进口产品质量与种类变化的交互效应影响企业性别工资差距变动的情形。

5.4.1 进口产品种类：单一产品与多种产品

由于进口产品种类对贸易福利有重要影响，本节从企业进口产品种类变动的角度考察进口产品质量对企业性别工资差距的影响。数据给我们直观的感觉是，我国企业进口产品种类在数量上存在明显差异：2004—2007 年，进口 1 种产品的企业有 16 825 家，占全部样本的 30.1%；进口产品数量在 10 种以下的（大于 1 小于 10）有 25 350 家，占全部样本的 45.2%；进口产品种类在 10 种以上的有 13 858 家，占全部样本的 24.7%。进口产品种类的巨大差异不能不引发我们这样的思考：进口产品质量对企业性别工资差异的影响在进口产品种类不同的企业之间是否存在差异？企业进口的产品既包括中间品又包括消费品和资本品，由于不同产品性质、作用不尽相同，其对经济施加影响的方式也存在一定差异，如：中间品更多用于最终品生产，因而多通过质量提升或互补机制对经济产生影响；消费品和资本品多用于消费和生产环节，更多通过与国内产品竞争而对宏观经济产生影响。为了区分不同产品的差异，我们在考虑进口产品种类的基础上，进一步按生产阶段将所有进口产品分为中间品、资本品和消费品三类，以明晰当考虑产品生产阶段时进口产品质量在不同进口种类企业中对性别工资差距的影响，具体的估计结果汇总在表 5.6 中。

表5.6的结果显示，无论是进口单一产品的企业还是进口多种产品的企业，进口产品质量都显著扩大了企业性别工资差距［第（1）列和第（2）列］，且相对于进口多种产品企业，进口单一产品企业的进口产品质量对性别工资差距的扩大效果更加明显。对于这个结果，我们给出以下可能的解释：对进口单一产品的企业而言，无论通过进口产品的质量提升效应、互补效应还是进口竞争效应，进口产品对企业性别工资差距的影响是单一维度的；对进口多种产品的企业而言，进口产品质量通过上述三种渠道对企业性别工资差距产生多维度的影响，而且不同种类的产品可能对劳动力市场产生此消彼长的影响，因而互相抵消后进口多种产品企业的进口产品质量对性别工资差距的影响反而可能较小。第（3）~（8）列区分生产阶段的回归结果则说明，对不同产品，进口产品质量对企业性别工资差距的影响也存在差异：中间品和消费品的质量对企业性别工资差距没有显著的影响；资本品的质量却显著扩大了企业性别工资差距，这一结果无论对于进口单一产品还是进口多种产品的企业都适用。由于资本品主要是企业用于生产的机器设备，因而进口高质量资本品更容易利用资本-技能互补和质量提升机制扩大企业性别工资差距。一方面，库格勒和韦尔霍根（Kugler & Verhoogen，2009）、戈德伯格等（Goldberg et al，2010）发现进口资本品通常比国内企业所生产的产品具有更高的质量，因而扩大资本品进口往往能够提高企业最终品的质量。当企业进行质量升级时更容易进行内部资源重置，从而对贸易福利造成影响。另一方面，艾斯拉瓦等（Eslava et al，2012）证明质量更高、技术更复杂的进口资本品通常要求与高技能劳动力、更精密的设备仪器相结合，从而间接增加对高技能劳动力的需求，扩大了企业性别工资差距。

表5.6 单一产品与多种产品（2SLS）

变量	所有产品		中间品		资本品		消费品	
	单一	多种	单一	多种	单一	多种	单一	多种
	(1)	(2)	(3)	(4)	(5)	(6)	(7)	(8)
quality	1.494***	0.891***	0.455	0.264	2.917***	4.303***	1.143	0.651
	(3.09)	(2.99)	(0.9)	(0.74)	(3.54)	(3.82)	(1.24)	(0.66)
lnltfp	0.819***	1.049***	0.858***	1.114***	0.906***	0.886***	0.862***	0.916***
	(37.1)	(63.77)	(33.02)	(53.59)	(23.53)	(20.56)	(13.82)	(11.96)

续表

变量	所有产品		中间品		资本品		消费品	
	单一	多种	单一	多种	单一	多种	单一	多种
	(1)	(2)	(3)	(4)	(5)	(6)	(7)	(8)
age	-0. 008***	0. 002	-0. 007***	0. 002	-0. 005*	-0. 001	-0. 012*	0. 008
	(-4. 51)	(1. 17)	(-2. 99)	(1. 29)	(-1. 80)	(-0. 25)	(-1. 87)	(0. 79)
exra	-0. 253***	-0. 156***	-0. 310***	-0. 193***	-0. 140*	-0. 068	-0. 147	-0. 272
	(-5. 49)	(-4. 23)	(-5. 42)	(-4. 08)	(-1. 84)	(-0. 75)	(-1. 14)	(-1. 52)
K/L	-0. 292***	-0. 408***	-0. 334***	-0. 446***	-0. 294***	-0. 404***	-0. 254***	-0. 316***
	(-17. 32)	(-32. 96)	(-16. 68)	(-28. 70)	(-9. 72)	(-12. 31)	(-5. 77)	(-5. 73)
debt	-2. 222***	-2. 727***	-2. 162***	-2. 907***	-2. 127***	-2. 942***	-2. 097***	-2. 285***
	(-26. 91)	(-29. 50)	(-15. 41)	(-34. 16)	(-9. 39)	(-11. 21)	(-8. 24)	(-8. 51)
ownership	-0. 117***	-0. 085***	-0. 105***	-0. 072***	-0. 147***	-0. 139***	-0. 134**	-0. 168*
	(-4. 74)	(-5. 15)	(-3. 65)	(-3. 58)	(-3. 26)	(-3. 16)	(-2. 22)	(-1. 93)
gdp_city	-0. 120***	-0. 126***	-0. 164***	-0. 069*	-0. 139**	-0. 230***	-0. 117	-0. 329*
	(-3. 25)	(-4. 29)	(-3. 68)	(-1. 85)	(-2. 30)	(-3. 12)	(-1. 13)	(-1. 95)
edu	-0. 109***	-0. 142***	-0. 109***	-0. 118***	-0. 160***	-0. 196***	-0. 128**	-0. 245***
	(-4. 91)	(-10. 89)	(-4. 24)	(-7. 46)	(-4. 07)	(-5. 69)	(-2. 48)	(-3. 73)
lnroad	0. 002	-0. 018	-0. 008	0. 012	-0. 02	-0. 150***	0. 055	-0. 106*
	-0. 1	(-1. 42)	(-0. 34)	(0. 8)	(-0. 58)	(-4. 49)	-1. 07	(-1. 76)
常数项	16. 741***	15. 818***	19. 957***	13. 934***	14. 473***	20. 861***	12. 729***	16. 941***
	(9. 12)	(12. 61)	(32. 52)	(9. 69)	(17. 87)	(22. 78)	(9. 22)	(8. 34)
年份控制变量	是	是	是	是	是	是	是	是
行业控制变量	是	是	是	是	是	是	是	是
地区控制变量	是	是	是	是	是	是	是	是
Kleibergen-Paap rk LM	423. 879	1 420. 375	432. 051	1 038. 228	139. 015	108. 072	112. 413	98. 557
Cragg-Donald Wald F	398. 472	1 753. 691	455. 035	1 385. 701	124. 587	113. 243	122. 692	123. 738
N	16 825	40 233	12 248	25 705	6 784	7 415	2 268	1 265
调整的 R^2	0. 186	0. 244	0. 198	0. 261	0. 138	0. 143	0. 213	0. 254

续表

变量	所有产品		中间品		资本品		消费品	
	单一	多种	单一	多种	单一	多种	单一	多种
	(1)	(2)	(3)	(4)	(5)	(6)	(7)	(8)
F	1 226.688	900.197	3.40E+10	1 500.442	523.324	52.06	59.621	115.745

注：同表 4.2

5.4.2 进口产品种类：绝对变化

内生增长理论将产品种类增加视为生产率进步的重要条件（Romer，1990；Grossman & Helpman，1990）。科埃和赫尔普曼（Coe & Helpman，1995）证实国际贸易中的技术溢出机制确实存在产品数量效应。芬斯特拉（Feenstra，1994）开发了利用微观数据精确测算产品种类变化的方法，并验证了 1975—1999 年韩国和中国台湾出口产品种类变化与生产率的关系。产品种类除通过影响企业生产率从而间接影响产品质量外，大量研究还表明产品种类也可直接影响产品质量，如格罗斯曼和赫尔普曼（Grossman & Helpman，1991）认为现实生活中某些新产品本身就代表了更高的质量，如新的运输工具提高了消费者旅行途中的舒适度，新一代的电视机能给观众提供更清晰的画面和更丰富的颜色，集成电路的发明和使用不仅有助于增加最终品的数量和种类，一定程度上也能提高最终品的质量。钟春平和徐长生（2011）发现产品多样性和质量提升之间存在替代关系，当代表性厂商在做最优研发决策时，通常需要在开发新产品和改进既有产品或流程之间做出选择。他们进一步指出，导致这种差异的原因在于创新的着力点不同，中间品创新主要通过提升质量来带动经济增长，而最终品创新主要通过“干中学”增加产品多样性。

为了检验进口产品种类变化对企业性别工资差距的影响，本节将企业进口产品种类绝对变化放入基准回归模型中①。同时，考虑到受资源约束

① 这里的进口产品种类绝对变化主要为方便与后文相对变化区分开。举例来说，一家企业如果 2004 年进口了一种产品，2005 年进口了两种产品，我们就将其 2005 年进口产品种类绝对变化赋值为 1。但种类相对变化还与该产品进口商品金额有关，因而该企业 2005 年的进口产品种类相对变化很可能不为 1，进口产品种类相对变化公式后文会具体给出。

的企业可能在产品种类和产品质量之间进行取舍，即产品种类增加可能与产品质量提升存在替代关系，文中继续加入进口产品质量与进口产品种类变化的交互项。表 5.7 的回归结果显示，当控制企业进口产品种类绝对变化、进口产品种类绝对变化与进口产品质量的交互项以后，进口产品质量依然显著扩大了企业性别工资差距，这与基准回归的结果一致。而使用工具变量后的 2SLS 估计结果显示，无论是系数本身还是显著性水平都与 OLS 基本一致，进一步提高了回归结果的可信度。进口产品种类绝对变化的系数为负，说明企业进口产品种类变化越大，越有利于降低企业性别工资差距，这说明产品种类变化对本土企业的挤出效应大于技术溢出效应和成本节约效应。交互项的系数为正，说明企业进口产品种类变化越大，进口产品质量对企业性别工资差距的提升效果越明显，这与本书的理论假说一致。数据显示，中国企业进口产品质量与进口产品种类变化存在显著的正相关关系，即进口产品质量较高的企业，其进口产品种类绝对变化也更大，说明：一方面，高质量产品进口企业根据自身生产能力在不断尝试挑选合适的中间投入品，进而降低生产成本和释放企业生产潜力，从而提高企业生产率水平；另一方面，新产品中包含的新知识、新技能通过技术溢出效应能不断被本土企业模仿、学习和再创新，这也有利于提升企业生产率水平。企业生产率水平提升，会逐渐增加对高技能劳动力的需求，降低对低技能劳动力的需求，从而进一步扩大企业性别工资差距。

表 5.7　考虑企业进口产品种类绝对变化

变量	(1)	(2)	(3)	(4)
	OLS	2SLS	OLS	2SLS
quality	0. 273 ***	1. 786 ***	0. 281 ***	1. 058 ***
	(5. 72)	(6. 56)	(5. 85)	(4. 09)
variety	-0. 006 ***	-0. 033 ***	-0. 006 ***	-0. 024 **
	(-2. 72)	(-3. 22)	(-2. 75)	(-2. 44)
quality×variety	0. 010 ***	0. 044 ***	0. 009 ***	0. 033 **
	(3. 00)	(2. 71)	(2. 73)	(2. 11)
lnltfp	1. 006 ***	0. 974 ***	0. 998 ***	0. 981 ***
	(82. 42)	(74. 63)	(79. 87)	(74. 19)

续表

变量	(1)	(2)	(3)	(4)
	OLS	2SLS	OLS	2SLS
age	-0. 001	-0. 002	-0. 001	-0. 001
	(-0. 86)	(-1. 36)	(-0. 90)	(-1. 14)
exra	-0. 220 ***	-0. 137 ***	-0. 210 ***	-0. 166 ***
	(-8. 37)	(-4. 71)	(-7. 62)	(-5. 62)
K/L	-0. 373 ***	-0. 374 ***	-0. 366 ***	-0. 368 ***
	(-39. 86)	(-38. 87)	(-36. 99)	(-36. 42)
debt	-2. 627 ***	-2. 625 ***	-2. 577 ***	-2. 579 ***
	(-38. 81)	(-38. 71)	(-38. 29)	(-38. 35)
ownership	-0. 082 ***	-0. 103 ***	-0. 080 ***	-0. 090 ***
	(-6. 25)	(-7. 24)	(-6. 08)	(-6. 39)
gdp_city	-0. 055 ***	-0. 077 ***	-0. 108 ***	-0. 120 ***
	(-2. 75)	(-3. 77)	(-4. 76)	(-5. 21)
edu	-0. 116 ***	-0. 130 ***	-0. 127 ***	-0. 135 ***
	(-10. 63)	(-11. 56)	(-11. 53)	(-11. 99)
lnroad	0. 000	0. 002	-0. 016	-0. 015
	(0. 02)	(0. 18)	(-1. 45)	(-1. 39)
常数项	15. 235 ***	15. 135 ***	16. 151	16. 181 ***
	(62. 67)	(60. 76)	(0. 00)	(14. 67)
年份控制变量	否	否	是	是
行业控制变量	否	否	是	是
地区控制变量	否	否	是	是
Kleibergen-Paap rk LM		1 673. 523		1 631. 202
Cragg-Donald Wald F		943. 934		1 060. 032
N	57 058	57 058	57 058	57 058
调整的 R^2	0. 226	0. 208	0. 235	0. 230
F	836. 977	823. 990	253. 585	231. 082

注：同表 4. 2

5.4.3 进口产品种类：相对变化

除了进口产品种类绝对变化存在差异外，同一企业相邻年份进口产品种类变化（相对变化）也存在明显差异。以 2005—2007 年连续进口的 3 372家企业为例，相邻两年企业进口产品种类最多增加了 287 种，最多减少了 276 种，每家企业进口产品种类平均变化值为 5.95，方差为 9.99；就企业进口产品种类年均变化率而言，所有企业进口产品种类年增长率均值为 32.43%，方差为 1.65。这说明，无论是进口产品种类绝对水平还是平均变化率，企业间均存在巨大差异。

上述对企业进口产品种类的考察主要基于绝对数量的变化，而没有考虑每种进口产品的进口价值。现实中可能存在这样的情形：即使两家企业进口产品种类变化（绝对变化）相同，但每种产品的进口金额在企业进口总额中占比不同，导致该产品的进口变化对企业具有完全不同的意义。举例来说，企业 A 和企业 B 都减少了一种进口产品，但这种产品的进口金额占企业 A 进口总额的 90%，却只占企业 B 的 1%。这时，如果我们还将两家企业进口产品种类变化视为相等就会造成偏差，因为该产品进口变化对企业 A 的意义明显大于企业 B。为更合理地考察进口产品种类变化下进口产品质量对企业性别工资差距的影响，本节首先借鉴芬斯特拉（Feenstra，1994）提供的方法，利用海关数据计算 2004—2007 年考虑进口价值下企业进口产品的种类变化。按照芬斯特拉（Feenstra，1994）的做法，企业进口产品种类变化可表示为：

$$VAR = \ln\left[\frac{\sum_{i\in I} p_{it}x_{it} / \sum_{i\in I_t} p_{it}x_{it}}{\sum_{i\in I} p_{it-1}x_{it-1} / \sum_{i\in I_{t-1}} p_{it-1}x_{it-1}}\right] \tag{5.4}$$

其中，I_t表示企业在第 t 期进口产品的集合，I_{t-1}表示（$t-1$）期该企业进口产品的集合，I 表示企业在 t 期和（$t-1$）期都进口的产品集合；p_{it}表示产品 i 在 t 期的价格，x_{it}表示产品 i 在 t 期的进口数量。因而，式（5.4）中分子代表企业在 t 期进口的两期相同的产品种类的总额与当期该企业进口总金额的比值，分母表示该企业在（$t-1$）期进口的两期相同种类产品金额在当期进口总金额中的占比。假定两期总进口量相同，产品价格不变，当两期进口产品种类完全相同时，VAR 的值为零；$VAR<0$ 则说明新增加的种类数大于减少的种类数，进口产品种类整体呈增加的趋势；

VAR>0 则说明进口产品种类整体上呈减少的趋势。因此，*VAR* 是种类变化的反向指标，其绝对值代表进口产品种类变化的幅度。

计算出企业进口产品种类变化的指标后，我们按该指标将全体企业分为三类，即进口产品种类增加、种类减少和种类不变的企业，并就进口产品质量对企业性别工资差异的影响进行分类回归。同时，基于前文对进口产品质量与种类变化的关系描述，我们考虑进口产品质量是否通过种类变化对企业性别工资差距产生影响，具体的做法是在原始回归方程中加上进口产品质量与种类变化的交互项。

表 5.8 报告了分类回归的结果。从中可以看出，对于进口产品种类发生变化（种类增加或种类减少）的企业而言，进口产品质量显著扩大了企业性别工资差距，且 OLS 和 2SLS 的回归结果基本一致，说明该结论是稳健的。对于进口产品种类没有发生变化的企业而言，虽然 OLS 的系数为正，也在 10%的显著性水平通过了假设检验，但 2SLS 的回归结果却不显著，说明进口产品质量对这类企业性别工资差距没有显著影响。上述结论符合前文我们对进口产品种类及种类变化福利分析的主要结论，即无论进口产品种类通过直接的质量提升和互补机制还是间接的进口竞争和技术溢出机制，都会对社会福利产生重大影响；对于进口产品种类没有发生变化的企业而言，因为不断有新产品被进口，原先进口的某些产品又退出进口市场，导致其对社会福利产生各种此消彼长的影响，因而总体上进口产品质量对企业性别工资差距的影响不显著。

表 5.8　按进口产品种类变换分类回归的结果

变量	种类减少		种类增加		种类不变	
	(1)	(2)	(3)	(4)	(5)	(6)
	OLS	2SLS	OLS	2SLS	OLS	2SLS
quality	0.455***	1.179*	0.543***	2.179**	0.376*	0.799
	(3.55)	(1.93)	(3.21)	(2.09)	(1.89)	(0.48)
lnltfp	1.091***	1.072***	1.025***	0.985***	0.906***	0.901***
	(33.61)	(29.92)	(26.51)	(21.76)	(15.24)	(14.54)
age	-0.002	-0.002	-0.006	-0.006	-0.015***	-0.016***
	(-0.56)	(-0.66)	(-1.53)	(-1.56)	(-3.29)	(-3.23)

续表

变量	种类减少		种类增加		种类不变	
	(1)	(2)	(3)	(4)	(5)	(6)
	OLS	2SLS	OLS	2SLS	OLS	2SLS
exra	-0.016	0.015	-0.182**	-0.089	-0.279**	-0.262*
	(-0.22)	(0.18)	(-2.00)	(-0.83)	(-2.06)	(-1.73)
K/L	-0.426***	-0.431***	-0.348***	-0.366***	-0.329***	-0.329***
	(-16.21)	(-16.31)	(-11.20)	(-10.91)	(-6.79)	(-6.86)
debt	-2.615***	-2.609***	-2.959***	-2.964***	-2.485***	-2.453***
	(-12.28)	(-12.33)	(-13.95)	(-14.06)	(-12.53)	(-10.75)
ownership	0.005	-0.007	-0.071*	-0.100**	-0.101	-0.104
	(0.14)	(-0.20)	(-1.95)	(-2.45)	(-1.47)	(-1.52)
gdp_city	-0.105*	-0.114*	-0.097	-0.128	0.046	0.048
	(-1.72)	(-1.86)	(-1.23)	(-1.58)	(0.45)	(0.47)
edu	-0.126***	-0.132***	-0.061*	-0.073**	-0.059	-0.063
	(-4.71)	(-4.91)	(-1.92)	(-2.23)	(-0.97)	(-1.02)
lnroad	0.013	0.011	0.004	0.002	-0.024	-0.022
	(0.5)	(0.42)	(0.13)	(0.05)	(-0.42)	(-0.40)
常数项	11.950***	12.093***	17.227***	16.409***	16.147***	13.131***
	(16.07)	(16.21)	(5.44)	(13.79)	(14.5)	(10.8)
年份控制变量	是	是	是	是	是	是
行业控制变量	是	是	是	是	是	是
地区控制变量	是	是	是	是	是	是
Kleibergen-Paap rk LM		282.689		120.926		29.889
Cragg-Donald Wald F		380.599		148.048		33.69
N	8 846	8 846	5 899	5 899	2 135	2 135
调整的 R^2	0.255	0.252	0.259	0.247	0.244	0.243
F	3.93E+09	3.70E+09	213.58	195.315	723.62	600.899

注：同表 4.2

表 5.9 报告了对进口产品质量与种类变化交互效应检验的回归结果。

从中可以看出，无论是最小二乘法、固定效应估计还是使用工具变量的2SLS估计，种类变化及其与进口产品质量交互项的估计系数都不显著，这说明进口产品种类变化不仅自身对企业性别工资差距没有直接影响，也不会通过进口产品质量对企业性别工资差距产生间接影响。这样的结果说明前文所论述的种类变化影响贸易福利的某些机制对中国企业的性别工资差距而言并不成立。首先，进口产品种类变化可以通过提升企业生产率间接影响贸易利得，但就本书的回归结果而言，我们认为这种影响可能更多是整体性的，对企业内部不同群体可能并不存差异性影响。其次，前文关于企业产品种类与产品质量关系的论述对我国进口产品而言可能并不成立。一方面，企业进口的新产品并不意味着该产品的质量一定就更高，即某些新产品可能确实具有更高的质量，但有些新产品的质量可能反而更低；另一方面，产品种类和产品质量的替代关系并不明显，也就是说，企业进口新产品不代表一定会降低其他进口产品的质量。受资源约束的企业更有可能在进口产品数量（集约边际）和进口产品质量之间做出选择，而非在进口产品种类（扩展边际）和进口产品质量之间进行取舍。

表 5.9　进口产品质量与种类变化的交互效应

变量	(1)	(2)	(3)	(4)
	OLS	OLS+IV	FE	FE+IV
quality	0.459***	1.293**	0.187	−1.492
	(5)	(2.55)	(0.96)	(−1.21)
VAR	0.014	−0.123	−0.008	−0.083
	(1.21)	(−1.25)	(−0.69)	(−1.15)
quality×*VAR*	−0.001	0.303	0.016	0.176
	(−0.05)	(1.39)	(0.66)	(1.12)
lnltfp	1.048***	1.028***	0.930***	0.937***
	(45.54)	(39.35)	(18.44)	(19.24)
age	−0.005**	−0.005**	0.023	0.023*
	(−2.33)	(−2.33)	(1.59)	(1.65)
exra	−0.110**	−0.063	−0.026	−0.046
	(−2.10)	(−1.10)	(−0.17)	(−0.30)

续表

变量	(1)	(2)	(3)	(4)
	OLS	OLS+IV	FE	FE+IV
K/L	-0. 379 ***	-0. 389 ***	-0. 409 ***	-0. 418 ***
	(-20. 58)	(-20. 42)	(-6. 98)	(-7. 24)
debt	-2. 713 ***	-2. 706 ***	-1. 949 ***	-1. 888 ***
	(-19. 61)	(-19. 57)	(-6. 48)	(-6. 58)
ownership	-0. 033	-0. 054 **	0. 01	0. 005
	(-1. 47)	(-2. 21)	(0. 17)	(0. 09)
gdp_city	-0. 067	-0. 080 *	0. 231	0. 213
	(-1. 54)	(-1. 80)	(1. 1)	(0. 98)
edu	-0. 096 ***	-0. 108 ***	-0. 053	-0. 043
	(-4. 98)	(-5. 41)	(-0. 29)	(-0. 23)
lnroad	0. 004	0. 0001	0. 100 ***	0. 099 ***
	(0. 2)	(0. 01)	(3. 38)	(3. 4)
常数项	11. 375 ***	11. 912 ***	8. 980 ***	
	(21. 42)	(21. 89)	(3. 13)	
时间控制变量	是	是	是	是
行业控制变量	是	是	是	是
地区控制变量	是	是	是	是
Kleibergen-Paap rk LM		4. 291		3. 039
Cragg-Donald Wald F		82. 933		30. 097
N	16 880	16 880	16 880	10 100
调整的 R^2	0. 255	0. 24	0. 131	-0. 502
F	5. 210E+08	4. 10E+08	130. 629	105. 673

注：同表 4. 2

5. 5 本章小结

本章从进口动态角度分析进口产品质量对企业性别工资差距的影响。理论机制分析和实证检验的结果显示：进口产品质量对企业性别工资差距的正向影响在新进入和退出进口市场的企业中存在，在持续进口和间断型进口企业中并不存在；对于持续型进口企业而言，进口产品质量对性别工资差距的拉动作用只存在于短期，长期该效用并不明显；企业进口产品质量在不同年份对企业的进口决策有不同的影响，2004 年、2006 年企业进口产品质量有利于该企业下一年继续停留在进口市场上，但 2005 年的进口产品质量对企业 2006 年的进口决策则没有显著影响。另一方面，由于进口产品种类也是贸易福利的重要来源，本书还从进口产品种类及种类变化的角度考察了进口产品质量对企业性别工资差距的影响，结果发现，无论是进口多种产品的企业还是进口单一产品的企业，进口产品质量都显著扩大了企业性别工资差距，且该效应在进口的单一产品企业中更加明显；进口产品质量对企业性别工资差距的正向影响主要体现在以资本品进口为主的企业中，在以中间品和消费品为主要进口产品的企业中并不明显；进口产品种类绝对量变化得越大，企业性别工资差距反而越小，但进口产品质量通过进口产品种类的绝对变化显著扩大了企业性别工资差距；对于进口产品种类发生相对变化（增加或者减少）的企业而言，进口产品质量显著扩大了企业性别工资差距，但对进口产品种类不变的企业而言，该效用并不存在；进口产品质量通过与进口产品种类变化的交互效应影响企业性别工资差距的机制并不存在。

6

进口产品质量、来源国特征与企业性别工资差距

6.1 引　　言

随着我国劳动力成本持续攀升、资源约束日益加重，传统比较优势逼近临界点，源于20世纪80年代的"大进大出"的外贸发展模式已难以为继，积极促成以"优进优出"战略为代表的开放型经济新格局成为"十三五"时期外贸发展的必然选择。在此进程中，尽管我国进口贸易发展迅速，进口规模从2002年至2014年增长了近6.64倍，但进口产品质量的提升并不尽人意（甚至略有下降）。海关数据测算显示，我国企业进口产品质量从2000年的0.482略降至2007年的0.472①。当然，进口规模和产品质量的变动不仅影响对外贸易的发展，也会深刻影响劳动力市场的收入分配改革（Amiti & Davis，2012）。尤其是伴随着中国进口贸易的繁荣，我国企业性别工资差距持续扩大，其中女性工资相对于男性的比例从1995年的84%下降到2007年的74%（Li et al，2011；李宏兵等，2014）。那么如何理解进口产品质量变动与企业性别工资差距扩大的现象？对此，现有文献并没有给出有力的回答，为数不多的研究集中在探讨进口贸易的收入分配效应，并多从工资溢出和技术溢出两方面展开。其中，前者主要强调进口自由化及企业的进口行为对其员工收入水平的影响，即与出口类似，企业增加进口同样会提升其员工收入（Martins & Opromolla，2010）；后者基于技术溢出的视角，认为进口产品中包含的技术、知识、技艺等会被模仿能力强的国内企业迅速消化、吸收并再创新，因而进口产品通过技术溢出提升了国内企业的技术水平，并实现其产业规模和工资水平的整体提升（Ferrett & Zikos，2013）。

上述解释尽管为我们理解进口贸易与企业性别工资差距的关系提供了有益借鉴，但在考察工资差距变动过程中，多数文献忽略了产品质量的因素。特别是针对转型国家，如果不考虑进口产品质量，将无法全面揭示进口贸易影响企业性别工资差距的真正动因。进口产品质量差异越来越成为影响企业性别工资差距的关键因素。来自商务部的统计数据显示，我国对欧美日三大传统市场进口占同期我国进口总额的比重由2010年的32%下降到2014年的29%；与此同时，对东盟、俄罗斯、印度、

① 根据下文方法，利用2000—2007年中国海关进出口数据测算所得。

非洲、拉丁美洲等新兴市场进口比重持续增加，由2010年的24.91%提升到2014年的25.93%。进口市场多元化尽管为分散国际市场风险、保持我国外贸平稳发展提供了有利条件，但不同进口来源国在社会、文化、心理等方面存在巨大差异，导致进口产品质量参差不齐且品类间技术密集度差异明显，进而会对企业性别工资差距产生差异化影响。显然，将进口来源国特征纳入进口产品质量影响企业性别工资差距的分析框架，对于理解进口开放条件下的企业性别工资差距扩大的事实具有重要意义。因此，承接上述问题，若进口产品质量确实是影响企业性别工资差距的关键因素，那么考虑来源国特征后，这种作用机制是否依然成立？如果成立，影响路径和效应如何？对上述问题的回答，显然在构建“优进优出”的开放型经济新格局和完善收入分配制度改革的背景下具有重要的理论价值及战略意义。

基于此，本书将进口来源国特征纳入产品质量影响企业性别工资差距的分析框架中，利用2004—2007年工业企业数据和海关数据，深入考察进口产品质量对企业性别工资差距的影响，试图从进口产品质量的角度为近年来我国企业性别工资差距的动态变动提供一个新的解释。本书重点关注来源国特征三个方面的内容：一是进口来源国的经济发展水平及政治风险程度。斯科特（Scott，2004）等对一国经济发展水平与该国产品质量的关系做了系统阐述，认为高收入国家更倾向于生产并消费高质量的产品；而政治风险对贸易、投资的阻碍作用也被很多学者所证实（Milner & Kubota，2005；Aidt & Gassebner，2007）。二是进口来源国与我国的双边经贸关系。特别地，本书主要从贸易成本的角度阐述经贸关系对双边贸易的影响，因为现实中多边或双边经贸安排的很多内容都是关于关税减让或投资便利化，这无疑是贸易成本降低的直接体现。而贸易自由化导致的贸易成本下降对参与国劳动力市场的影响已经被大量研究所证实（Wood，1995；Thoenig & Verdier，2003）。三是进口来源国与我国的政治关系。政治冲突会减小双方的贸易规模，且敌对国家贸易政策的不确定性会对双边贸易产生阻碍作用（Dixon & Moon，1993）。

与已有研究相比，本书的贡献主要包括如下方面：首先，本书在格尔瓦斯（Gervais，2009）的研究基础上，使用单位运输成本作为产品价格的工具变量，重新测算了进口产品质量，在一定程度上解决了以往研究由于内生性而导致的测算偏误问题。其次，本书基于进口产品质量视角系统解释进口产品质量变动对企业性别工资差距的影响，并考虑进口来源国特征的巨大差异。如 2004—2007 年，在与我国有贸易往来的 145 个国家中，高收入国家有 59 个（占 40.7%）；属于 OECD 的国家有 32 个（占 22.07%）；既包括中俄全面战略协作伙伴、中巴全天候战略合作伙伴等关系密切的外交关系，也存在与一些国家诸如战略互惠、新型大国关系等较疏远的外交关系表述。因而，本书将多种进口来源国特征纳入分析框架中，以确定进口产品质量是否通过这些因素进一步影响企业性别工资差距。最后，在研究方法上，本书不仅考察了进口产品质量影响企业性别工资差距的统计显著性，还采用了多种稳健性检验方法，而工具变量的使用也提高了实证结果的可信度。

6.2 理论分析与假说

高质量进口投入品通常含有更多的资本、技术要素，通过资本-技能互补能提高高技能劳动力的边际产出，降低低技能劳动力的边际产出，导致企业对高技能劳动力的需求增加，进一步扩大技能工资差距。克鲁塞尔等（Krusell et al，1997）和泰尔斯等（Tyers et al，2000）针对美国、奇洛格等（Csillag et al，2011）针对匈牙利的研究都支持这一结论。另一方面，高质量进口投入品有助于提升企业最终品的质量（Kugler & Verhoogen，2012；Fan & Li，2013；Hallak & Sivadasan，2009），高质量最终品通常意味着企业存在规模报酬递增，反过来会增加对高技能劳动力的需求（Fieler et al，2014），导致技能工资差距增加。伯斯坦等（Burstein et al，2011）证实技术密集型资本品进口会扩大企业技能溢价；福伦达（Voigtländer，2014）也发现技术密集型中间品进口提高了企业“白领”员工的占比。由此可见，无论是通过资本-技能互补机制还是产品质量升级机制，进口高质量产品都将增加对高技能劳动力的需求，减少对低技能劳动力的需求。而大量研究表明，在发展中国家，大部分女性的技能水平要低于男性，因而进口产品质量的工资差距效应将对女性产生不利的影响，从而扩大企业性别工资差距。基于此，我们提出本节待检验的假设 1。

假设 1：当控制包括来源国特征在内的其他影响因素时，高质量进口产品将增加对男性劳动力的需求，降低对女性劳动力的需求，从而导致企业性别工资差距逐渐扩大。

传统的S-S定理和贝克尔（Becker，1957）的竞争抑制歧视理论都认为，贸易成本降低将降低发展中国家企业性别工资差距。但大量的实证研究却得出了相反的结论，伍德（Wood，1995）、托尼希和维迪尔（Thoenig & Verdier，2003）、阿基翁等（Aghion et al，2003）都认为企业将通过加大研发投入、提升技术创新能力等手段应对因贸易成本下降导致的日趋激烈的国际竞争，而无论是研发投入还是机器设备的更新，多需要高技能劳动力来完成，因而会增加对具有更高技能水平的男性劳动力的需求，最终扩大企业性别工资差距。阿西莫格鲁（Acemoglu，2003）直接证明贸易成本下降导致发展中国家进口更多的机器设备、办公器材及其他资本品，由于这些产品多属于资本技术密集型，因而会要求企业更多地招聘高技能员工。上述结论表明，贸易开放导致的规模扩张对企业性别工资差距的影响是不确定的。由于本书选择的经贸关系变量直接反映的是我国与进口来源国的贸易协定的性质，因而会直接作用于贸易成本，最终对双边贸易规模产生影响，即经贸关系越紧密，贸易规模越大，反之亦然。由于贸易规模对企业性别工资差距的影响不确定，因而我们认为，经贸关系对企业性别工资差距的影响也是不确定的。另一方面，当不存在垂直差异时，来自不同国家的产品可以相互替代。在这种情况下，企业的高质量进口产品更倾向于从与我国经贸关系良好的国家进口。通过资本-技能互补机制和质量升级机制，高质量进口产品会增加对高技能劳动力的需求。由于发展中国家高技能劳动力主要集中于男性，因而最终会扩大企业性别工资差距。梅里兹（Melitz，2003）、戈德伯格和帕夫尼克（Goldberg & Pavcnik，2004）的研究表明，贸易成本下降导致生产要素向“高质量”企业集中，而“高质量”企业反过来会雇佣更多的高技能劳动力，从而扩大技能工资差距。基于此，我们提出本节待检验的假设2。

假设2：进口来源国与我国的经贸关系对企业性别工资差距的影响是不确定的。但国家间的经贸关系可以在一定程度上强化进口产品质量对企业性别工资差距的扩大作用，即经贸关系越紧密，进口产品质量对企业性别工资差距的影响越大；经贸关系越疏远，进口产品质量对企业性别工资差距的影响越小。

政治关系恶化会增加一国贸易政策的不确定性，增加双边贸易成本，并降低企业预期利润，这些因素都将对双边贸易产生阻碍作用。卡斯特纳

(Kastner, 2007)、戴维斯和麦尼埃（Davis & Meunier, 2011）认为贸易限制可以作为国家间政治争端的成本信号，一国可以通过贸易限制来表达其对某一政治争端或冲突的坚决立场；李和萨科（Li & Sacko, 2002）认为政治冲突可能导致政府对贸易限制增强，从而使双边贸易低于和平时期。与假设2类似，政治关系恶化导致的贸易规模下跌对企业性别工资差距的影响是多方面的，最终的结果取决于相互抵消后的净效用。因而我们认为，中国与进口来源国的政治关系对企业性别工资差距的影响是不确定的。同样假设产品不存在垂直差异，此时来自不同国家的进口产品可以相互替代，当企业需要进口高质量产品时，自然更倾向于从与我国政治关系良好的国家进口。高质量产品往往包含复杂的技术要求、繁杂的安装调试过程，如果进口来源国与我国政治关系不稳定，会增加整个商业周期的风险。同时，高质量产品由于包含更多的资本、技术要素，多与企业生产运营、国家经济安全有密切联系，因而国家的政策导向多倾向于鼓励企业从与我国政治关系良好的国家进口这些产品。进口的高质量投入品通过资本-技能互补机制和产品质量升级机制促使企业更多地招聘高技能劳动力，并替代或淘汰部分低质量生产部门或生产环节，从而进一步降低对低技能劳动力的需求。因而当企业从与我国政治关系良好的国家进口产品时，产品质量对企业性别工资差距的扩大效果会被进一步强化，反之亦然。基于此，我们提出待检验的假设3。

假设3：进口来源国与我国的政治关系对企业性别工资差距的影响不确定。但国家间的政治关系可以在一定程度上强化进口产品质量对企业性别工资差距的扩大作用，即进口来源国与我国的政治关系越良好，企业从该国进口的产品质量对企业性别工资差距的影响越大；政治关系越疏远，进口产品质量对企业性别工资差距的影响越小。

6.3 计量模型与数据描述

6.3.1 计量模型及变量说明

参照经典的明塞尔（Mincer, 1974）工资方程，并借鉴赫林和蓬切特（Hering & Poncet, 2010）的方法，本书构建了影响企业性别工资差距的计量模型[①]：

$$gen\_wag_{it} = \alpha + \beta quality_{it} + X_{it} + \lambda + \delta + \sigma + \varphi + \varepsilon_{it} \tag{6.1}$$

式（6.1）中，i 表示企业；t 表示年份；*gen_wag* 表示企业性别工资差距；*quality* 是本书的核心解释变量，代表企业进口产品质量；X 为其他控制变量；λ 表示时间固定效应，度量企业不随时间变化的特征要素；δ、σ 和 φ 为行业、地区和国家固定效应；ε 为服从正态分布的残差项。

式（6.1）中的控制变量主要包括企业微观变量和城市宏观变量，具体包括：①企业的劳动生产率（*lnltfp*），用企业的工业增加值与年末从业人员比重表示，反映了企业的生产技术水平。劳动生产率的提高意味着企业单位劳动投入创造出更多的经济产出，这也使为劳动者提供更高的报酬成为可能。②企业年龄（*age*），用企业所处年份减去企业成立年份来表示，反映了企业成立时间的长短。要素市场不完备不仅影响资源配置的效率，还会影响企业的进入退出决策，从而间接影响全要素生产率。本书用企业成立年限从侧面反映企业进入退出状态，判断其对企业性别工资差距的影响。③企业出口密集度（*exra*），用企业出口交货值与工业销售总额的占比来表示，反映了企业的出口规模或对国际市场的依赖程度。出口企业有机会接触到国际先进的技术、信息、管理经验，通过出口学习效应，企业能实现生产率提升。④企业资本劳动比（*K/L*），是企业资产总额与年末从业人数的比值，可以反映企业给单个劳动力配置的资本量；生产企业最优资产配置结构会随着资源禀赋变化和要素价格波动发生变化，国际贸易下要素流动和要素替代更加频繁，最终改变要素的边际产出。⑤企业资产负债率（*debt*），反映企业的资产结构。大量研究已证实企业资产结构会对企业成长机会、产品市场竞争策略、员工需求等产生显著影响，进而影响员工的工资。⑥企业所有制的虚拟变量（*ownership*），0 代表其他企业，1 代表国有企业，2 代表集体企业，3 代表个私企业，4 代表外资企业。⑦城市经济发展水平（*gdp_city*），用城市人均 GDP 来衡量。经济发展程度更高的城市能更充分地汇集优势资源，给当地居民提供大量就业机会和更高

---

① 本节计量模型与 4.3.1 的模型形式上很接近，但实际上二者存在重大差别：一是本节为了反映进口来源国特征的影响，在方程（6.1）中引入了很多来源国特征变量，而方程（4.1）中并不包括这些变量；二是本章与第 4 章使用的数据不同，第 4 章使用的是企业层面数据，共 57 063 个样本，本章使用的是“企业-产品-来源国”数据，共 151 524 个样本。

的报酬。⑧城市人力资本水平（*edu*），用城市人均受教育年限来衡量。城市人力资本水平越高，外商直接投资的规模越大，其生产技术水平往往也越高，从而该地区更有可能支付给员工更高的工资。⑨城市基础设施建设水平（*lnroad*），用城市市辖区人均铺装道路面积来衡量。完善的城市基础设施会吸引企业和高质量劳动者集聚，通过知识外溢和市场竞争对劳动者收入产生影响。

为了体现进口来源国特征因素对企业性别工资差距的影响，本书在计量模型中加入国家层面的相关变量，主要包括：①通货膨胀率（*inflation*），以控制国内宏观经济波动通过贸易影响企业性别工资差距。②地理距离（*lndis*），用企业所在地级市与进口来源国首都间的距离来表示。地理距离会增加贸易企业的运输成本，因而对两国间的贸易具有负向影响。③实际汇率（*lnex*），本书用剔除价格因素后美元兑本币的比价来表示，以控制汇率波动导致的商品竞争力变动对贸易的影响。

6.3.2 数据来源及变量描述

6.3.2.1 数据来源

为系统考察进口产品质量对企业性别工资差距的影响，本书主要使用企业层面的数据、产品层面的海关数据和城市层面、国家层面的相关宏观数据。①企业数据：本书使用的企业数据来自规模以上工业企业数据库，根据研究需要，我们参照蔡等（Cai et al，2009）和芬斯特拉等（Feenstra et al，2011）的做法，对数据库进行筛选处理。②产品数据：产品层面的海关数据来源于中国海关总署。该数据产品进出口信息由2000年的1 000万条增加到2006年的1 600万条。为了测算产品质量，我们需要从海关数据中提取产品出口价值量、出口数量指标，计算产品的出口价格，然后对相应的计量方程进行回归。由于海关数据中也存在样本缺失、指标异常等问题，我们参照施炳展（2015）、田巍和余淼杰（2013）的方法进行了预处理。③城市层面的宏观数据：城市层面的宏观数据主要来自历年各省统计年鉴、城市统计公报、中国城市统计年鉴和中国区域统计年鉴，对于个别城市缺失的数据则用临近年份的数据折算或当年城市所在省份经济水平接近的其他城市的数据代替。④国家层面的宏观数据：即进口来源国特征数据，通胀率来自IMF数据库，实际汇率来自世界银行WDI数据库，都以2005年价格指数为基准进行了平滑处理；地理距离则根据城市经纬度计算得出。

对于企业层面的生产数据和海关数据两套数据的匹配问题，我们参照4.3.2.1的匹配方法进行处理。

6.3.2.2 变量描述统计

表6.1报告了主要变量的描述性统计。2004—2007年，我们从海关数据与企业数据的匹配中得到151 524个“企业-产品-进口来源国”关系对。参与进口的企业平均性别工资差距约为15 130元，平均进口产品质量为0.52。区分企业所有制及经济权力的结果也显示，当企业所有制及来源国的经济权力存在差异时，无论是进口产品质量还是企业性别工资差距均存在明显差异。图6.1和图6.2报告了进口产品质量与企业性别工资差距的散点图和相关关系图，初步表明在控制其他变量时企业性别工资差距会随着进口产品质量的提升而扩大。

表6.1 主要变量的描述性统计

变量名称	全体样本		国有企业		非国有企业		经济权力小		经济权力大	
	N=151 524		N=7 175		N=14 4349		N=34 561		N=116 963	
	均值	标准差	均值	标准差	均值	标准差	均值	标准差	均值	标准差
企业性别工资差距	15.13	2.66	14.87	2.42	15.14	2.67	15.23	2.65	15.1	2.67
进口产品质量	0.52	0.2	0.49	0.2	0.52	0.2	0.55	0.19	0.51	0.2
企业劳动生产率（对数）	4.77	1.18	4.77	1.18	4.76	1.18	4.94	1.21	4.71	1.17
企业年龄	10.75	7.84	18.44	14.56	10.37	7.14	11.18	7.94	10.63	7.81
企业出口密集度	0.35	0.37	0.21	0.28	0.36	0.37	0.36	0.36	0.35	0.37
企业资本劳动比（对数）	4.53	1.4	4.77	1.43	4.52	1.39	4.65	1.42	4.5	1.39
企业资产负债率	0.54	0.25	0.58	0.24	0.54	0.25	0.55	0.25	0.54	0.25
企业所有制	3.5	0.83	1.27	0.44	3.61	0.68	3.5	0.86	3.5	0.82
城市经济发展水平（对数）	10.63	0.52	10.36	0.65	10.64	0.51	10.66	0.51	10.62	0.52
城市人力资本水平	8.76	1.04	8.62	1.05	8.77	1.04	8.81	1.05	8.75	1.04

续表

变量名称	全体样本		国有企业		非国有企业		经济权力小		经济权力大	
	N=151 524		N=7 175		N=14 4349		N=34 561		N=116 963	
	均值	标准差	均值	标准差	均值	标准差	均值	标准差	均值	标准差
城市基础设施建设水平（对数）	8.49	0.99	8.56	0.96	8.49	0.99	8.46	1	8.5	0.98
通货膨胀率	1.9	1.84	1.92	1.7	1.9	1.85	2.12	1.9	1.84	1.82
地理距离（对数）	8.25	1.09	8.5	0.93	8.24	1.1	8.23	1.17	8.26	1.07
实际汇率（对数）	1.96	2.39	1.57	2.31	1.98	2.39	1.27	1.47	2.16	2.56

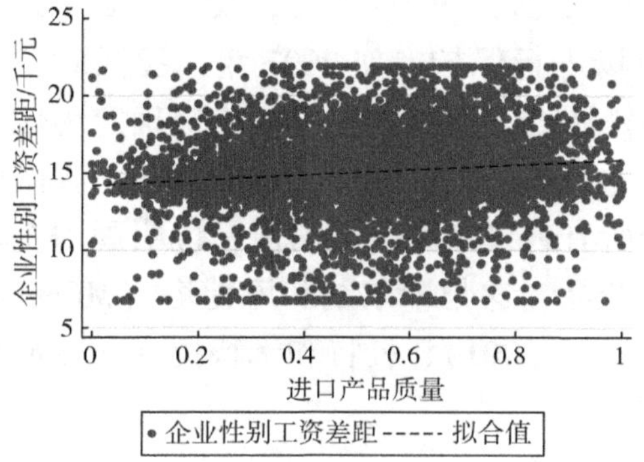

图 6.1 散点图

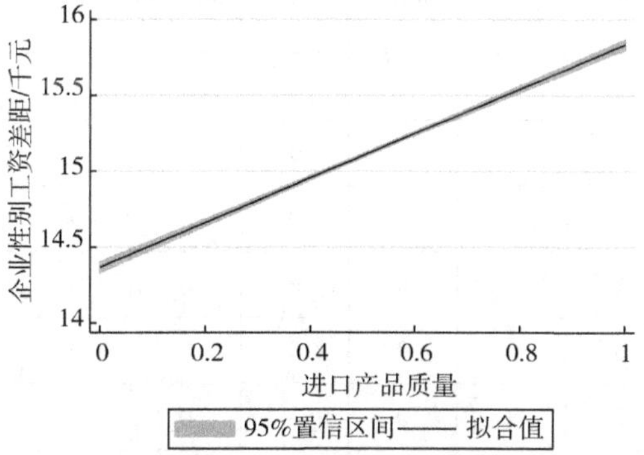

图 6.2 相关关系图

表 6.2 报告了 2007 年中国与主要贸易伙伴的政治经济关系，并以此分

析进口来源国特征差异。从中可以看出，无论是与我国的政治关系还是经济关系，来源国间均存在很大差异。有趣的是，在主要的进口来源国中，中国同某些国家存在典型的“政冷经热”或“政热经冷”的现象，如我国同日本的政治关系仅限于“战略互惠关系”（2006年），但日本却是我国主要的进口国；美国一直是我国最重要的贸易伙伴之一，但我国与其外交关系却经历了一个明显的演变过程，由建设性的战略伙伴关系（1997—2001年）演变为建设性合作伙伴关系（2011—2013年），现在仅停留在构建新型大国关系（2013年）的层次上；中国与俄罗斯政治联系紧密，双边关系经历了战略协作伙伴关系（1996年）到全面战略协作伙伴关系（2011年）的发展过程，但中俄经贸关系发展却相对滞后（周念利和黄宁，2014）。另一方面，加入WTO以后，我国也更多地利用反倾销等贸易救济措施对国内市场进行保护，如2007年，我国对日本、韩国、新加坡等国家发起过反倾销调查，部分案件也最终被确定为倾销，并被征收反倾销税或采取了其他的惩罚措施。此外，我们发现，我国进口主要来源国的政治风险远远低于所有进口来源国的均值，说明国内企业更愿意从政治风险较低的国家进口产品，这与米尔纳和库博塔（Milner & Kubota，2005）、布鲁纳等（Brune et al，2001）、杜特和米特拉（Dutt & Mitra，2002）等人的研究结论一致。

表6.2　2007年中国主要进口来源国及双方的主要政治、经济关系

国家	high	oecd	trade_relate	culture	contig	antidump	dumping	relationship	BR	risk
日本	1	1	2	1	0	1	1	0	0	80.62
韩国	1	1	3	1	0	1	1	3	0	74.41
美国	1	1	1	0	0	0	0	0	0	77.42
德国	1	1	1	0	0	0	0	3	0	86.83
马来西亚	0	0	3	0	0	0	0	3	1	76.63
澳大利亚	1	1	3	0	0	0	0	3	0	86.5
菲律宾	0	0	3	0	0	0	0	1	1	61.42
泰国	0	0	3	0	0	0	0	4	1	56.34

续表

国家	high	oecd	trade_relate	culture	contig	antidump	dumping	relationship	BR	risk
俄罗斯	1	0	0	0	1	0	0	4	1	66
巴西	0	0	1	0	0	0	0	3	0	65.46
沙特阿拉伯	1	0	2	0	0	0	0	3	1	68.92
新加坡	1	0	3	0	0	1	1	1	1	84.5
印度	0	0	2	0	0	0	0	3	1	62.45
法国	1	1	1	0	0	0	0	3	0	78.75
伊朗	0	0	0	0	0	0	0	3	1	58.5
安哥拉	0	0	1	0	0	0	0	2	0	56.96
印度尼西亚	0	0	3	0	0	0	0	3	1	61.25
加拿大	1	1	1	0	0	0	0	2	0	85.83

注：high 表示人均收入情况，1 代表高收入国家，0 代表中低收入国家；oecd 代表该国是否是 OECD 成员，1 代表是，0 代表否；trade_relate 代表与中国的贸易关系，数字越大，代表双方贸易关系越紧密；culture 代表该国是否与中国文化相似，1 代表是，0 代表否；contig 代表是否与中国接壤，1 代表是，0 代表否；antidump 代表中国是否对该国发起过反倾销调查，1 代表是，0 代表否；dumping 代表反倾销调查最终被确认为倾销的数量；relationship 代表中国与该国的关系，数值越大，代表中国与该国的关系越紧密；BR 代表该国是否是“一带一路”参与方，1 代表是，0 代表否；risk 代表一国的政治风险，数值越大，说明该国的政治风险越低①

图 6.3 报告了 2004—2007 年我国与主要国家的政治关系变动。从图中可以看出，2004 年以后，我国与其他国家的政治关系总体上处于不断提升的阶段；在所有国家中，巴基斯坦、俄罗斯与中国的政治关系明显高于其他国家，这与我们的预期一致，也从侧面反映出中巴全天候战略合作伙伴

① 贸易关系（trade_relate）中，3 代表中国已经与该国签订自贸区协议或者自贸区协议已经证实生效，2 代表该国正在与中国进行自贸区谈判或可行性研究，或者享受中国的优惠关税安排（亚太贸易协定成员国和享受中国 GSP 的非洲 25 国），1 代表都是 WTO 成员，0 代表其他（截至 2016 年 8 月）；外交部公布的外交关系（relationship）中，4 代表全面战略合作伙伴关系，3 代表战略合作伙伴关系或全面战略伙伴关系，2 代表战略伙伴关系，1 代表全面合作伙伴关系或伙伴关系，0 代表其他（截至 2016 年 8 月）。

关系、中俄全面战略协作伙伴关系的必要性；日本、美国与我国的政治关系最低，且没有明显改善的迹象；欧盟国家中，法国、德国、英国与我国的政治关系相对稳定，其中法国略高于德国和英国；澳大利亚、印度、印尼、韩国与我国的政治关系也比较稳定；中越双边政治关系比较稳定，且高于除俄罗斯、巴基斯坦以外的其他国家。

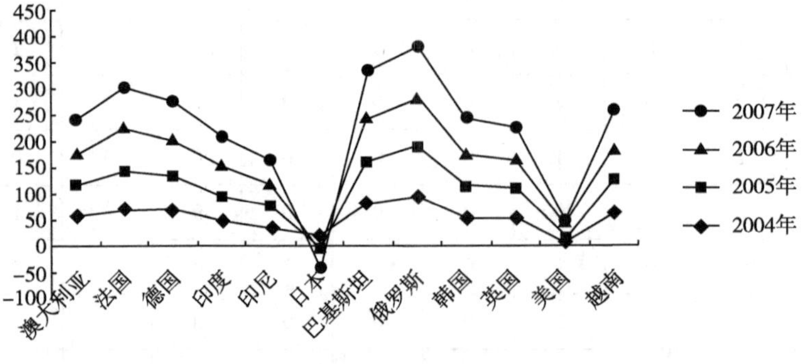

图 6.3　2004—2007 年中国与部分国家政治关系变动

数据来源：清华大学国际关系学院提供的中国与其他大国关系数据库。

6.3.3　内生性问题及其处理

内生性问题是导致估计有偏和不一致的重要原因。本书计量模型的内生性问题主要来自两方面：一是进口产品质量与企业性别工资差距可能存在双向因果关系，二是模型可能存在遗漏变量的问题。对于前者，我们认为，高质量进口产品中包含的先进技术、信息等通过技术溢出被国内企业模仿、吸收，有助于提升国内企业生产率，从而为提高员工的工资水平提供了可能。反过来，工资上涨刺激国内消费者对高质量产品的需求，促使企业增加高质量产品的进口。同时，高工资会激励企业进行技术创新，直接提升企业劳动生产率（Bester & Petrakis，2004）。高生产率企业对产品质量的需求也较高，因而会促进高质量产品的进口。除此之外，进口产品质量对工资的影响还可能存在遗漏变量的问题，如长三角地区的收入水平远高于珠三角地区，且这种差异主要与企业结构等制度性因素有关，制度安排和制度结构的差异可能影响一个地区的开放程度，进而对当地的工资水平产生影响。但事实上，这种制度性因素很难用实际数据有效度量，因而会产生遗漏变量的问题（李磊等，2011）。

处理内生性问题的基本办法是寻找合适的工具变量，本书选择进口来源国的人均收入水平作为进口产品质量的工具变量。传统的林德（Linder，1961）假说认为，一国国内的企业将生产满足其国内主体偏好的商品，并将这些商品出口到与该国消费偏好接近的国家。许多学者对国家收入水平与该国生产产品质量的关系进行了实证研究，普遍发现产品质量与人均收入水平存在显著的正相关关系。如：斯科特（Schott，2004）、哈拉克和斯科特（Hallak & Schott，2011）发现，在垂直专业化的国际分工模式下，当发达国家和发展中国家同时出口同一类产品时，发达国家出口产品的单位价值通常更高；一个国家同时从不同的国家进口产品时，高质量的产品通常从高收入国家进口（Hallak，2006），因为高收入国家的居民消费水平相对较高，从而更偏好高质量的商品（Broda & Romalis，2009）。另一方面，就现有的情况来看，似乎很难找到进口来源国收入水平对我国企业员工工资产生影响的直接证据。

6.4 估计结果与分析

6.4.1 基准回归

首先，对于整体样本，我们分别使用 OLS 和 2SLS 对回归方程进行估计（见表 6.3）。第（1）列和第（2）列中，我们没有加入其他控制变量，只考虑进口产品质量和时间、行业、地区固定效应时，结果表明，进口产品质量显著拉大了企业性别工资差距。在第（3）列和第（4）列中，我们分别加入企业层面、城市层面和国家层面控制变量时，发现进口产品质量依然显著拉大了企业性别工资差距，企业资本劳动比、资产负债率、出口密集度、所有制因素与企业性别工资差距显著负相关，企业劳动生产率与企业性别工资差距显著正相关，企业年龄与企业性别工资差距的关系不显著。城市层面变量的回归结果显示，无论是城市经济发展水平、人力资本水平还是基础设施建设水平，都显著地降低了企业性别工资差距，说明城市通过提供更好的基础设施和公共服务吸引大批优秀人才集聚，劳动力市场竞争可以在一定程度上降低对女性的歧视。而关于教育回报率的众多研究表明，教育本身是减少市场歧视的重要手段，我们的研究也符合这一结论。除此之外，陆铭（2015）的研究表明，城市基础设施完善和公共服务水平所带来的便利性和舒适度本身就构成了城市生活效用的一部分，因而可以降低一部分工资作为对城市基础设施和公共服务的付费。国家层面控制变量对企业性别工资差距的影响却体现出一定的差异性：进口来源国的通货膨胀率和实际汇率波动水平越高，企业性别工资差距越大；与企业所在城市的地理距离越远，企业性别工资差距越大。但加入国家固定效应时，我们发现国家层面控制变量对企业性别工资差距的影响发生了明显改变。

第（2）列、第（4）列和第（6）列分别报告了使用工具变量的2SLS结果，结果表明，使用工具变量后，进口产品质量仍然显著扩大了企业性别工资差距，即使在考虑企业特性、城市特性和进口来源国特性的情况下，这一结论依然成立。而其他变量无论是影响系数还是显著性水平，在使用工具后均没有发生根本性改变。同时，为了保证工具变量的可信度，我们还用一系列统计指标对工具变量的质量进行了判定：Kleibergen-Paap rk LM 统计量拒绝了模型可能存在识别不足的假设；Gragg-Donald Wald F 值高度显著，则有力地拒绝了原模型的弱识别假设。

表 6.3　基准回归

变量	(1)	(2)	(3)	(4)	(5)	(6)
	OLS	2SLS	OLS	2SLS	OLS	2SLS
quality	1.382***	5.008***	0.399***	1.639***	0.394***	1.626***
	(42.5)	(33.95)	(13.18)	(11.06)	(12.93)	(10.9)
lnltfp			0.996***	0.952***	0.996***	0.955***
			(136.39)	(107.8)	(136.11)	(109.07)
age			0.0001	−0.001*	0.0001	−0.001*
			(0.23)	(−1.96)	(0.18)	(−1.86)
exra			−0.129***	−0.088***	−0.130***	−0.089***
			(−7.24)	(−4.68)	(−7.25)	(−4.75)
K/L			−0.411***	−0.424***	−0.411***	−0.423***
			(−68.32)	(−68.45)	(−68.30)	(−68.50)
debt			−3.062***	−3.058***	−3.061***	−3.055***
			(−58.41)	(−58.15)	(−58.25)	(−57.99)

续表

变量	(1)	(2)	(3)	(4)	(5)	(6)
	OLS	2SLS	OLS	2SLS	OLS	2SLS
ownership			-0. 018 **	-0. 046 ***	-0. 018 **	-0. 045 ***
			(-2. 55)	(-5. 85)	(-2. 56)	(-5. 77)
gdp_city			-0. 113 ***	-0. 144 ***	-0. 113 ***	-0. 143 ***
			(-7. 76)	(-9. 57)	(-7. 79)	(-9. 52)
edu			-0. 114 ***	-0. 130 ***	-0. 114 ***	-0. 130 ***
			(-17. 83)	(-19. 52)	(-17. 87)	(-19. 51)
lnroad			-0. 028 ***	-0. 031 ***	-0. 029 ***	-0. 032 ***
			(-4. 46)	(-4. 94)	(-4. 65)	(-5. 14)
inflation			-0. 012 ***	-0. 018 ***	-0. 007	-0. 009
			(-3. 68)	(-5. 32)	(-0. 81)	(-0. 98)
lndis			0. 032 ***	0. 039 ***	0. 036 **	0. 035 **
			(4. 09)	(5. 02)	(2. 2)	(2. 07)
lnex			-0. 017 ***	-0. 016 ***	0. 198	0. 202
			(-5. 24)	(-4. 74)	(0. 85)	(0. 86)
常数项	15. 461	13. 785 ***	16. 347 ***	17. 112 ***	16. 008	17. 015 ***
	(0. 01)	(18. 75)	(8. 97)	(22. 97)	(0. 35)	(14. 97)
时间控制变量	是	是	是	是	是	是
行业控制变量	是	是	是	是	是	是
地区控制变量	是	是	是	是	是	是
国家控制变量	否	否	否	否	是	是
Kleibergen-Paap rk LM		5 797. 997		4 566. 063		4 572. 033
Cragg-Donald Wald F		7 944. 089		6 459. 041		6 429. 899
N	151 524	151 521	151 064	151 063	151 064	151 063
调整的 R^2	0. 042	-0. 034	0. 263	0. 255	0. 263	0. 255
F	234. 58	134. 706	757. 58	594. 986	3. 63E+08	2. 20E+08

注：Kleibergen-Paap rk LM 统计量和 Cragg-Donald Wald F 统计量分别为工具变量的识别不足检验和弱工具检验，***、**、* 分别表示在 1%、5%、10% 的水平上显著

6.4.2 基于来源国经济发展水平的分析

作为进口来源国特征的重要体现，经济发展水平与产品质量有密切关系。对国家收入水平与产品质量关系的阐述最早可追溯到林德（Linder）假说。林德（Linder，1961）指出，产品质量是贸易方向的决定因素，高收入国家凭借生产率优势或要素禀赋优势在高质量产品的生产上具有比较优势。在林德（Linder）假说的基础上，众多学者分别从需求侧和供给侧对收入水平与产品质量的关系进行了阐释：费勒（Fieler，2011）发现收入需求弹性较高的行业生产率提升也相对较快，因而高收入国家在奢侈品的生产上更具优势；斯托基（Stokey，1991），墨菲和施莱费尔（Murphy & Shleifer，1997），玛西亚玛等（Matsuyama et al，2000）等也都指出，高收入国家为了发挥技术优势更倾向于生产高质量产品。弗拉姆和赫尔普曼（Flame & Helpman，1987）则从需求侧对收入水平与产品质量的关系进行了阐释，他们认为，对差异化产品而言，消费者往往更愿意利用边际收入购买高质量的产品而非更多的产品。蔡友哲等（Yo Chul Choi et al，2008）对个体收入和消费加总后得出，高收入国家的消费价格指数往往更高。企业从收入水平不同的国家进口的产品存在质量差异，通过资本-技能互补机制和产品质量升级机制，最终导致企业性别工资差距发生变化。本书在进行进口来源国收入水平的讨论时将所有国家分为高收入国家和中低收入国家、OECD 国家和非 OECD 国家两类，然后利用工具变量进行分类回归。从表 6.4 可以看出，无论企业从高收入国家还是中低收入国家进口，从 OECD 国家还是非 OECD 国家进口，进口产品质量都显著拉大了企业性别工资差距，这与基准回归的结果一致。同时我们发现，从中低收入国家和非 OECD 国家进口产品的企业，其产品质量对企业性别工资差距的影响更大。基于经济发展水平引致的产业竞争为该结论提供了可能的解释：虽然中国经济自改革开放以后取得了飞速的发展，但从人均收入水平而言，我国依然属于发展中国家行列，经济发展模式、产业结构、技术水平与中低收入国家及非 OECD 国家接近，因而我国与这些国家的价值链分工多属于水平型国际分工。这种分工模式导致从这两类国家进口的产品与本土企业所生产的产品产生更大的竞争，进一步增强对相对具有较高技能水平的男性劳动力的需求，因而扩大了企业性别工资差距。相反，对于高收入国家及 OECD 国家来说，我国与它们的国际分工更接近于垂直型分工，因而在产品上更多体现的是互补而非替代，导致企业从高收入国家及 OECD 国家进口产品引发的进口竞争效应较弱，对劳动力市场的影响较小。

表 6.4 区分进口来源国的经济发展水平的 2SLS 回归结果

变量	高收入国家	中低收入国家	OECD 国家	非 OECD 国家
	(1)	(2)	(3)	(4)
quality	1.417***	3.344***	1.360***	2.241***
	(8.82)	(8.28)	(7.2)	(9.1)
常数项	16.036***	16.780***	17.669***	15.480***
	(12.75)	(11.53)	(19.63)	(14)
控制变量	是	是	是	是
Kleibergen-Paap rk LM	3 984.717	605.707	2 837.15	1 704.394
Cragg-Donald Wald F	5 500.021	997.705	3 887.532	2 546.123
N	135 163	15 900	107 693	43 370
调整的 R^2	0.258	0.221	0.263	0.234
F	629.521	7.00E+08	299.522	5.60E+08

注：限于篇幅，作者简化了回归结果。其中，控制变量包括了四方面内容：一是企业层面变量，包括企业劳动生产率（*lnltfp*）、企业年龄（*age*）、出口密集度（*exra*）、资本劳动比（*K/L*）、资产负债率（*debt*）和所有制（*ownership*）；二是城市层面变量，包括城市经济发展水平（*gdp_city*）、城市人力资本水平（*edu*）和城市基础设施建设水平（*lnroad*）；三是国家层面变量，包括通货膨胀率（*inflation*）、地理距离（*lndis*）、实际汇率（*lnex*）；四是主要控制变量，包括时间、行业、地区和国家控制变量；其余同表 6.3

6.4.3 基于来源国政治风险程度的分析

一般来说，政治风险对一国贸易与投资有较大的阻碍作用，但在某些特殊情况下，政治风险却能在一定程度上促进本国贸易和投资的发展。阿沃克斯等（Awokuse et al，2005）、兰布斯多夫（Lambsdorff，2003）指出短期内一国腐败上升可能降低本国劳动力和实物资本的生产率，为满足国内需求，国家会扩大某些商品的进口；哈格德（Haggard，1991）指出为获取长期的关税收入，独裁政府可能推行贸易自由化；哈格德（Haggard，1990）、哈格德和考夫曼（Haggard & Kaufman，1995）也认为，独裁政府更有可能不受国内支持贸易保护的利益群体游说的影响。为此，本书进一步将政治风险纳入进口产品质量影响企业性别工资差距的分析框架中，根据全球知名的国际国别风险评级指南机构（ICRG）提供的数据，从政府稳定性、社会经济环境、内部冲突、腐败、法律和秩序、种族冲突、民主问责等12个方面构造了国家政治风险指数，将上述12个分值加总，最终得到本书使用的国家政治风险指数。该指数介于0~100之间，数字越大，代表该国的政治风险越低。为了将回归结果进行对比，本书按均值将所有国家分为高政治风险和低政治风险两组，然后进行分类回归。由表6.5可以看出，无论进口来源国是高政治风险国家还是低政治风险国家，我国企业从该国进口产品的质量都显著扩大了企业性别工资差距，这一结论在不同的回归方法下都成立。值得注意的是，进口产品质量对企业性别工资差距的拉大作用在低政治风险国家中表现得更加明显，2SLS的结果显示，进口产品质量每增加0.1，低政治风险来源国进口产品质量对我国企业性别工资差距的影响要比高政治风险国家高出6.22%。根据阿尔法罗等（Alfaro et al，2006）的研究，市场不完全引起的政治风险显著增加了交易成本。同时，当政治风险事件发生时，企业预期利润下降，导致企业参与贸易的积极性降低。按此逻辑，相对于高政治风险的国家而言，我国企业更愿意从低政治风险的国家进口。同时，较低的政治风险导致该国贸易政策具有相对稳定性，也能更好地维持与我国的贸易关系，进口高质量产品所发挥的生产率提升效用和企业质量提升效用更加明显，因而对具有更高技能水平的男性劳动力需求更加强烈，导致企业性别工资差距在低政治风险国家上表现更加明显。

表6.5 区分政治风险程度的回归结果

变量	高政治风险		低政治风险	
	(1)	(2)	(3)	(4)
	OLS	2SLS	OLS	2SLS
quality	0.363***	1.274***	0.432***	2.067***
	(9.01)	(6.19)	(9.26)	(9.5)
常数项	13.082	16.898***	15.097***	17.093***
	(0.02)	(17.1)	(5.49)	(6.64)
控制变量	是	是	是	是

续表

变量	高政治风险		低政治风险	
	(1)	(2)	(3)	(4)
	OLS	2SLS	OLS	2SLS
Kleibergen-Paap rk LM		2 390. 127		2 165. 947
Cragg-Donald Wald F		3 272. 11		3 137. 378
N	86 620	86 620	64 444	64 443
调整的 R^2	0. 271	0. 266	0. 252	0. 238
F	5. 26E+08	4. 60E+08	6. 27E+09	5. 30E+09

注：同表 6. 4

6. 4. 4 基于来源国与我国经贸关系的分析

经贸关系改善有助于降低双边贸易成本，进而导致资本和劳动向“高质量”企业流动，而“高质量”企业将更多地雇佣以男性为主的高技能劳动力，并由需求的技能偏向引致性别失衡进而导致对男性的需求大于女性（Goldberg & Pavcnik，2004），扩大企业性别工资差距。基于此，本书对经贸关系从三方面展开讨论：一是进口来源国与我国的贸易安排；二是进口来源国与我国是否接壤，以及是否有相似的文化；三是我国是否对进口来源国发起过反倾销以及最终被确认为倾销的案件数量。

6. 4. 4. 1 区分贸易安排

按中国与进口来源国签订的贸易协议的性质，我们将所有国家分为四类，即：与中国签订自由贸易协定的国家（3）、享受中国优惠关税的国家（2）、WTO 成员（1）及其他（0）[①]。同时，为了避免因分类可能导致的模型偏误，我们还改变分类方法，主要考虑中国的自贸区战略在 2004—2007 年和 2007 年以后有很大变动。如 2007 年以前，与中国签订自由贸易协定的国家（地区）主要包括新西兰、智利、巴基斯坦、东盟十国等；

① 与中国签订自由贸易协定的国家包括已经正式签约以及正在进行可行性研究或谈判的国家（截至 2016 年 8 月）；享受中国优惠关税的国家包括“曼谷协定”成员国及 2005 年 1 月 1 日起给予部分输华产品免关税待遇的非洲最不发达 25 个国家；WTO 成员是不包括在前面两类、仅是 WTO 成员的国家。

2007年以后，我国自贸区战略明显加快，到2015年，我国陆续同澳大利亚、韩国、瑞士、冰岛、哥斯达黎加、秘鲁等国签订了自由贸易协定[①]。为减轻自贸区战略在不同时期因强度差异而产生的政策性外生冲击，我们进行时间维度上的拓展，将2007—2016年与我国签订自贸区协议的国家也放在第一类国家中。这样做一个合理的逻辑是，2007年以后与中国建立自由贸易区的国家，之前已经在货物贸易、服务贸易、投资等诸多领域同中国存在紧密的经贸联系，自贸区协议只是双方经贸关系发展到一定阶段的产物。

表6.6报告了区分进口来源国与中国的贸易安排时进口产品质量与企业性别工资差距的2SLS回归结果。如前文所述，贸易安排本身是贸易成本的重要影响因素，而贸易成本不仅直接影响企业性别工资差距，也能通过进口产品质量而间接施加影响，因而我们在原始回归模型中分别加入贸易关系（*trade_relate*、*trade_relate*1）及贸易关系与质量的交互项（*quality_trade*、*quality_trade*1）。回归结果显示：当控制进口来源国与中国的贸易关系后，进口产品质量依然显著拉大了企业性别工资差距，这与基准回归的结果一致；*trade_relate*的系数为负，说明一国与中国的贸易关系越紧密，企业从该国进口就越有助于降低其性别工资差距；交互项的系数为正且在1%的水平上显著，说明进口产品质量通过贸易安排能进一步强化其对性别工资差距的拉大作用。对于这个结果，我们主要从进口竞争的角度进行解释：相对于经贸关系疏远的国家，进口来源国与我国经贸关系越紧密，越有利于释放进口竞争对企业质量升级的促进效用。因为本书是用国家间的贸易协定性质衡量经贸关系，因而经贸关系越紧密，说明双边贸易自由化的程度越高，进口产品也越容易与本土企业生产的产品形成竞争。根据布鲁姆等（Bloom et al，2012）、斯马乔（Smagghue，2013）、史密兹等

① 关于自由贸易协定的分类存在一定争议：第一个问题是很多协定签约和生效的时间不一致，如《中国与东盟全面经济合作框架协议》于2002年就已签订，但中国-东盟自贸区2010年才正式成立，为了避免时间上的混淆，本书将东盟十国视为2002年以后就已经与中国是自贸区的合作关系，因为虽然中国-东盟自贸区在2010年1月1日正式成立，但很多协议内容在2010年以前就已经逐步落实，如2004年签订的《货物贸易协议》、2007年签订的《服务贸易协定》；第二个问题是各国与中国签订的自贸区协议有很大差别，这些协议可能在具体内容、执行标准上存在差异，本书为了处理方便，将其都归为一类。

（Smeets et al，2014）的研究结论，当企业面临进口竞争时，往往依靠加大研发投入、更新机器设备、提高员工劳动技能等手段予以应对。另一方面，竞争引发的优胜劣汰导致行业内资源重置，优势资源由低效率、低质量企业向高效率、高质量企业集中，从而逐渐推进行业整体的质量升级。无论是企业技术研发能力提升还是整体的转型升级，都会增加对高技能劳动力的需求，降低对低技能劳动力的需求，最终会扩大企业性别工资差距。

表 6.6 区分进口来源国与中国贸易关系的 2SLS 回归结果

变量	第一种分类		第二种分类	
	(1)	(2)	(3)	(4)
quality	1.793***	0.707***	1.902***	0.860**
	(6.33)	(2.59)	(5.35)	(2.5)
quality_trade	0.633***	0.673***		
	(3.67)	(4.02)		
trade_relate	-0.415***	-0.324**		
	(-4.44)	(-2.40)		
*quality_trade*1			0.359**	0.361**
			(2.36)	(2.43)
*trade_relate*1			-0.225***	-0.164
			(-2.75)	(-1.23)
常数项	16.729***	17.474***	16.525***	17.264***
	(78.02)	(15.5)	(69.7)	(14.93)
主要解释变量	是	是	是	是
控制变量	否	是	否	是
Kleibergen-Paap rk LM	3 704.206	4 042.394	2 059.911	2 186.083
Cragg-Donald Wald F	2 632.546	3 088.788	2 087.378	2 352.33
N	151 063	151 063	151 063	151 063
调整的 R^2	0.224	0.255	0.225	0.256
F	1 864.979	2.60E+07	1 862.608	9.20E+08

注：同表 6.4

6.4.4.2 区分是否接壤及文化相似性

由于地理位置（运输成本）及文化差异对产品质量、贸易方向有重要影响，本书对进口来源国与我国经贸关系的第二层讨论主要集中在进口来源国与我国是否接壤以及是否有相似的文化。表6.7中的第（1）、（2）列区分进口来源国与我国是否接壤时进口产品质量对企业性别工资差距的影响，结果显示，无论企业从接壤国家还是不接壤国家进口产品，其进口产品质量都显著扩大了企业性别工资差距，且该效应在接壤国家上表现得更加明显。表面上这一结论与阿尔钦-艾伦效应①不一致，因为不接壤意味着运输成本更高，按照“华盛顿苹果效应”的逻辑，当企业从不接壤的国家进口时，为弥补运输成本，企业应当进口质量更高的产品。我们认为，造成这种不一致的原因有三个：一是与中国接壤的国家②多是经济发展程度较低、技术水平落后、经济结构单一的发展中国家，而不接壤的国家，尤其是美国、日本、欧盟国家等，在产品的技术水平、质量水平等方面明显具有优势，因而双方的巨大差异可能导致阿尔钦-艾伦效应失效。二是中国收入水平提升导致林德（Linder）假说在决定进口产品质量中发挥的作用越来越突出，从而在一定程度上抵消了阿尔钦-艾伦效应。三是中国幅员辽阔、民族众多，人口结构复杂，国内收入分配严重失衡，这些原因导致国内消费者对产品质量的需求日益多元化，因而单纯因为运输成本而改变进口产品质量结构可能并不现实。

对于贸易目标市场与我国的文化相似性，现有研究表明，国家间贸易往来不仅取决于市场环境和贸易商积累的经验、交易知识等，也受到不同民族和国家间文化习惯、文化背景和文化价值观等因素的影响（曲如晓等，2015）。不同于霍夫斯泰德（Hofstede，2001）构造的反映国家间文化差异的多维度文化距离指标，本书只考虑进口来源国与我国文化的相似程

---

① 阿尔钦-艾伦效应（Alchian-Allen effect）主要研究了运输成本对产品质量的影响。由于运输成本是贸易发展的一个阻碍因素，因而地理距离与贸易通常呈现负相关的关系。企业为了弥补运输成本，通常愿意向距离更远的目标市场出口高质量的产品。“华盛顿苹果效应”是阿尔钦-艾伦理论的集中体现：“华盛顿当地市场上的苹果又小又难看，而从华盛顿运输到纽约的苹果通常又大又好”。

② 与中国接壤的国家包括俄罗斯、哈萨克斯坦、吉尔吉斯斯坦、塔吉克斯坦、蒙古、朝鲜、越南、老挝、缅甸、印度、不丹、尼泊尔、巴基斯坦、阿富汗等14国（来自中国政府网2021年11月的数据）。

度，将朝鲜、韩国、日本、越南、蒙古等国家归为与我国文化相似的国家，其他归为与我国存在显著文化差异的国家。与现有研究不同，本书没有专门考虑文化距离对贸易流量的影响，而是重点考察当存在文化差异时进口产品质量对企业性别工资差距的影响。具体的回归结果报告在表 6.7 的第（3）、（4）列中。结果显示，当考虑来源国与我国的文化相似性后，进口产品质量依然显著扩大了企业性别工资差距。2SLS 回归进行不仅验证了这一结论，且进一步说明企业从与我国文化相似的国家进口时，其进口产品质量对企业性别工资差异的拉大效用相对较小。对于这个结果，我们认为可以从文化相似性导致的竞争强度差异去解释。文化心理、文化距离对居民消费习惯有重要影响。与我国文化相似的国家，无论是在消费习惯、消费心理，还是在产品生产结构、质量结构等方面都与我国存在一定的相似性。当企业从这些国家进口时，更容易产生进口产品与本土企业生产产品的竞争效应，竞争的长期结果将导致对女性存在歧视的企业退出市场，因而有利于缩小企业性别工资差距。

表 6.7　区分进口来源国与中国是否接壤及是否有相似的文化：2SLS

变量	接壤	不接壤	文化相似	文化差异
	(1)	(2)	(3)	(4)
quality	2.541***	1.530***	1.230***	1.956***
	(5.49)	(9.72)	(5.96)	(8.91)
常数项	14.631***	17.259***	14.175***	18.673***
	(14.84)	(15.13)	(7.64)	(13.2)
控制变量	是	是	是	是
Kleibergen-Paap rk LM	459.589	4 111.634	2 576.153	1 982.388
Cragg-Donald Wald F	679.062	5 757.176	3 570.676	2 808.769
N	11 309	139 754	56 590	94 497
调整的 R^2	0.213	0.258	0.232	0.263
F	1.30E+07	5.00E+09	4 530.099	2 356.183

注：同表 6.4

6.4.4.3　区分是否发起反倾销调查

现有研究对贸易经济效应的讨论多强调贸易成本的作用，对贸易成本组成要素的考察相对较少。本书从贸易成本中包含的贸易壁垒因素考察进口产品质量对企业性别工资差距的影响。同时，由于本书围绕我国的进口产品展开讨论，因而我们主要关注贸易壁垒中中国对其他国家发起的反倾销调查。本书对反倾销的考察主要沿两条思路展开：一是我国是否对进口来源国发起过反倾销调查（1 代表发起过，0 代表没有发起过）；二是在予以立案的案件中，最终被裁定为倾销并征收反倾销税的案件数量。为了更合理地判断反倾销的影响，我们在原始模型中分别加入反倾销（*antidump_dum*、*dumping*）及反倾销与进口产品质量的交互项（*firmantidumping*、*firmdumping*），具体的估计结果报告在表 6.8 中。2SLS 的回归结果显示，无论来源国是否被我国发起过反倾销调查，进口产品质量均显著扩大了企业性别工资差距，且该效用在被我国发起过反倾销调查的国家上表现得更加明显；对于反倾销调查中最终被确定为倾销的数量，我们发现，其与企业性别工资差距也存在正相关关系，即一国被我国裁定为倾销案件的数量越多，从该国进口产品的企业性别工资差距也就越大。这主要是因为当一国被我国发起反倾销调查或被确定为倾销的案件数量较多时，变相增加了该国出口产品到中国的成本，因而反倾销调查一定程度上起到保护国内市场的目的。保护增强有助于减小国内企业的竞争压力，竞争弱化降低了企业管理者对女性员工的歧视成本，从而不利于女性劳动者工资收入的提升。

第（1）列和第（2）列中交互项的系数显著为负，说明相对于从未发起过反倾销调查的国家进口商品，企业从被我国发起过反倾销调查的国家进口更有助于降低进口产品质量对企业性别工资差距的拉大作用，或者说进口产品质量通过反倾销一定程度上降低了企业性别工资差距。第（3）列和第（4）列的回归结果则说明，企业从被裁定为倾销案件数量越多的国家进口，进口产品质量对性别工资差距的影响越小。同时，由于本书使用的是跨行业、多年份的面板数据，我们可以在模型中纳入固定效应和其他控制变量，以减轻可能存在的遗漏变量的问题。第（2）列和第（4）列在基准回归的基础上，进一步控制企业层面、城市层面和国家层面变量及时间、行业、地区和国家固定效应。加入控制变量后，本节的核心解释变量——进口产品质量、反倾销及进口产品质量与反倾销交互项的系数均没有发生根本改变，说明基准回归的结论是稳健的；系数大小及显著性降低，说明进口产品质量及反倾销对企业性别工资差距的影响部分被新加入变量所吸收；模型的拟合优度提高，且都通过了工具变量的有效性检验和F检验，进一步提高了回归结果的可信度。

表6.8 区分我国是否对进口来源国发起过反倾销：2SLS

变量	是否发起过反倾销调查		确定为反倾销的案件数量	
	(1)	(2)	(3)	(4)
quality	5.275***	2.241***	5.208***	1.839***
	(20.39)	(8.87)	(25.59)	(9.32)
firmantidumping	-1.232***	-0.776**		
	(-2.89)	(-2.02)		
antidump_dum	0.598***	0.363*		
	(2.7)	(1.81)		
firmdumping			-0.588***	-0.225*
			(-3.84)	(-1.68)
dumping			0.294***	0.126*
			(3.78)	(1.85)
常数项	12.272***	17.246***	12.418***	16.922***
	(7.48)	(23.28)	(7.61)	(14.68)
主要解释变量	否	是	否	是
控制变量	是	是	是	是
Kleibergen-Paap rk LM	2 762.198	1 957.739	1 573.281	2 134.62
Cragg-Donald Wald F	1 839.051	1 639.17	2 521.388	2 393.716
N	151 521	151 503	151 521	151 063
调整的 R^2	-0.023	0.248	-0.024	0.254
F	1.10E+09	599.443	2.80E+09	1.50E+09

注：同表6.4

6.4.5 基于来源国与我国政治关系的分析

在中心-外围理论的基础上，约翰（Johan，1971）指出中心与外围国家的贸易通常是由二者支配与被支配的政治关系所决定的，这在一定程度上揭示了政治关系与双边贸易的关系。本书在此基础上更进一步，考察不同政治关系下进口产品质量对企业性别工资差距的影响。我们利用不同的数据及定量指标对中国与进口来源国的政治关系进行三个层次的量化：一是外交部公布的我国与其他国家建立的外交关系。二是利用清华大学中国与其他大国关系数据库提供的政治关系数据，该数据将中国与其他大国的政治关系用量化的形式表示出来。具体来说，将1950年以来所有的双边关系用-9至9的分值表示出来，分值越高，表示两国之间的政治关系越良好。三是将所有进口来源国按是否参与“一带一路”进行分类（0代表未参与，1代表参与）。

6.4.5.1 区分双边政治关系

本书用两种方式刻画中国与其他国家的政治关系：一是利用外交部公布的我国与其他国家的外交关系直接考察，二是利用我国与其他国家政治事件的事件累计和流动两个维度来构建双边政治关系分值。就外交关系而言，本书依据外交部公布的我国与其他国家的外交关系将所有进口来源国分为五类[①]，分别考察不同外交关系下进口产品质量对企业性别工资差距的影响。另一方面，国家间政治关系的度量指标逐渐公开为我们更准确地衡量我国与其他国家的政治关系提供了可能。不同于以往文献以冲突或负面事件为双边政治关系的代理变量的事件研究法，本书利用清华大学提供的中国与其他大国关系数据库（阎学通等，2010），通过合理的指标把握国家间政治关系渐变性和连续性的特点，使研究更加贴近现实。具体来说，该数据度量了中国与12个国家[②] 1950—2013年每月份的关系分值，该分值包括两国政治事件的事件累积和流动两个维度[③]，因而克服了以往用事件分值作为政治关系的代理变量与现实不符的缺陷。为了满足研究的需要，我们将关系分值按年份进行加总。在回归过程中，剔除我国与进口来源国政治关系缺失的样本。

---

① 五类外交关系分别为：普通建交关系（0）；全面合作关系（1）；战略伙伴关系（2）；战略合作伙伴关系和全面战略伙伴关系（3）；全面战略伙伴关系和全面战略协作伙伴关系（4）。因而，数字越大，代表我国与其政治联系越紧密。

② 这12个国家分别是美国、澳大利亚、英国、法国、德国、印度尼西亚、印度、日本、韩国、巴基斯坦、俄罗斯和越南。

③ 关于该数据库的具体说明请参见 http://www.imir.tsinghua.edu.cn/publish/iis/7522/2012/20121129110933256294965/20121129110933256294965_.html。

如前文所述，政治关系可能因为贸易成本、安全外部性等因素直接影响双边贸易，再通过贸易的福利效应最终影响员工的工资收入。另一方面，政治关系也可能通过进口产品质量间接影响员工工资水平，如美国将中国视为战略竞争对手，对出口到中国的高技术产品实施严格的管制，这会降低相关部门对高技能劳动力的需求。为了分别考察外交关系的直接效应和间接效应，本书在计量模型中加入政治关系变量及政治关系与进口产品质量的交互项，具体的回归结果报告在表 6.9 中。

表 6.9　区分我国与进口来源国政治关系：2SLS

变量	外交关系		政治关系	
	（1）	（2）	（3）	（4）
quality	2.750***	1.641***	2.337***	1.285***
	(13.94)	(8.78)	(9.48)	(5.42)
quality_relationship	0.252***	0.179**	0.014***	0.011**
	(2.75)	(2.02)	(2.92)	(2.37)
relationship	−0.145***	−0.104**	−0.006**	−0.004*
	(−3.04)	(−2.25)	(−2.28)	(−1.75)
常数项	16.648***	17.626***	16.315***	17.120***
	(94.42)	(23.19)	(69.87)	(18.22)
主要解释变量	是	是	是	是
控制变量	否	是	否	是
Kleibergen-Paap rk LM	2 681.59	2 622.50	1 449.49	1 603.26
Cragg-Donald Wald F	2 377.70	2 878.58	1 220.66	1 487.31
N	151 503	151 503	80 346	80 346
调整的 R^2	0.21	0.25	0.21	0.25
F	2 304.57	597.64	1 075.28	312.41

注：同表 6.4

从表 6.9 第（1）列和第（2）列可以看出，引入外交关系以后，进口产品质量依然显著扩大了企业性别工资差距。外交关系的系数（*relationship*）显著为负，说明从与我国外交关系紧密的国家进口产品有助于缩小企业性别工资差距。波洣（Pollins，1989）发现政治冲突显著减少了双边贸易，合作则有利于增加双边贸易。中国的情况验证了这一结论，在外交关系的最高层次——“全面战略合作伙伴关系”的7个国家中①，我国分别与其中的6个成立了自由贸易区，双边贸易加速发展。贸易水平的提升不仅体现在数量上，在产品种类、产品质量等方面也有明显改善。贸易自由化程度加深、进口竞争的强化，有利于逐渐破除国内劳动力市场分割，加快劳动力跨地区、跨部门流动。同时，商品流动能变相实现要素流动，要素流动性加强有助于逐渐缩小要素回报，在一定程度上减小企业技能工资差距和性别工资差距。交互项的系数为正，说明通过我国与进口来源国的外交关系，进口产品质量对企业性别工资差距的提升效果被进一步放大。如假设3所述，高质量、高技术产品与一国的国家安全和发展战略息息相关，因而与我国外交关系恶化的国家将对这类产品出口到中国进行较多的限制。同时，高质量产品交易通常技术复杂度高、完成周期长、涉及部门众多，因而政治关系不稳定将会增加合同执行的风险。在这种情况下，企业更倾向于从与我国政治关系良好的国家进口高质量产品。艾斯拉瓦等（Eslava et al，2013）和戈德伯格（Goldberg，2010）研究发现，高质量中间品能提升企业最终品质量，从而加快企业质量升级。另一方面，产业组织理论中经典的要素互补机制认为，为更好地发挥高质量进口产品的效用，企业会更多地雇佣高技能员工与之匹配，并减少低技能员工的雇佣数量。因而，通过质量升级效应和资本-技能互补机制，企业会增加对具有相对较高技能水平的男性劳动力的需求，从而进一步扩大企业性别工资差距。第（3）列和第（4）列报告了区分政治关系时的回归结果，得到了与区分外交关系类似的结论：进口产品质量显著扩大了企业性别工资差距；从与中国政治关系越友好的国家进口，越有助于降低企业性别工资差距。区分外交关系与政治关系的实证结果高度一致，从侧面反映了二者间密切的联系：政治关系是建立外交关系的基础，外交关系是双边政治关系亲疏的直接反映。我国在与其他国家建立各种外交关系时，通常会选择与那些政治关系良好、有较多共同利益的国家发展更加紧密的外交关系，如巴基斯坦、柬埔寨、俄罗斯。而对于某些国家，因其与我国在战略

① 7个国家分别是巴基斯坦、俄罗斯、柬埔寨、老挝、缅甸、泰国和越南。双方的外交关系在表述上稍有不同，如中俄之间是全面战略协作伙伴关系，中国和巴基斯坦之间是全天候战略合作伙伴关系，其余的都是全面战略合作伙伴关系（截至2016年8月）。

利益或历史原因存在分歧和矛盾，虽然它们同我国存在规模巨大的经贸往来，但我国与之建立的外交关系层次相对较低。从这个层面上讲，外交关系在一定程度上可以视作政治关系的代理变量。

6.4.5.2 区分是否参与“一带一路”

作为优化经济发展空间格局的重大倡议，“一带一路”（BR）对于我国进一步融入世界经济体系，强化与周边国家经济合作，推进与沿线各国走出一条相互尊重、公平公正、合作共赢的光明大道，进而构建人类命运共同体具有重大意义。而表态支持“一带一路”的国家在经济发展水平、工业化、城市化进程等方面存在很大差异，但反过来也在资源、技术、资金等方面存在一定的互补性。国家之间的差异性与互补性对企业的贸易利得具有显著影响，如果企业在发展对外贸易过程中能借助“一带一路”配套下的融资平台、高层次协商机制以及国家出台的优惠政策，就更有可能获取更大的经济利益，也会反过来对国内劳动力市场产生深远影响。为了验证这种机制，本书在基本模型中加入进口来源国是否参与“一带一路”的虚拟变量（BR）以及“一带一路”与进口产品质量的交互项（$quality \times BR$）。

从表 6.10 可以看出，无论是 OLS 回归还是 2SLS 回归，进口产品质量的系数都显著为正，说明进口产品质量确实显著扩大了企业性别工资差距；*BR* 的系数为负，但在控制时间、行业、地区和国家效应之后不显著，说明无论来源国是否参与“一带一路”，从该国进口产品的企业性别工资差距均没有显著差异。“一带一路”与进口产品质量的交互项为正，且在不同的模型下高度显著，说明“一带一路”能强化进口产品质量对企业性别工资差距的扩大作用。不同于以往，“一带一路”采取“点轴带动”的发展模式，通过核心城市节点连接综合交通运输干线，并以其为发展轴线带动经济带的发展。同时，“一带一路”包含贸易、产业投资、能源资源、金融、生态环保、人文和海上项目等重点合作领域。我们看到，无论是“一带一路”的发展模式还是重点合作领域，都主要集中在资本密集型或技术密集型等中高技术行业，不仅对企业的资本、技术投入要求较高，也要求企业在其他投入要素上进行相应配套。在劳动力市场上集中表现为增加对高技能劳动力的需求，并部分放弃或替代密集使用低技能劳动力的环节或工序，因而会进一步扩大企业性别工资差距。

表 6.10 区分进口来源国是否参与"一带一路"

变量	(1)	(2)	(3)	(4)
	OLS	2SLS	OLS	2SLS
quality	1.210 ***	4.312 ***	1.173 ***	2.995 ***
	(35.72)	(24.34)	(33.93)	(18.01)
BR	-0.105 **	-0.961 ***	-0.041	-1.326
	(-1.98)	(-4.70)	(-0.00)	(-0.54)
*quality*_br	0.198 **	1.592 ***	0.214 **	2.039 ***
	(2.21)	(4.25)	(2.36)	(5.59)
常数项	16.345 ***	16.670 ***	16.931	18.918 ***
	(91.23)	(87.91)	(0.04)	(13.99)
主要解释变量	是	是	是	是
控制变量	否	否	是	是
Kleibergen-Paap rk LM		4 154.975		4 467.613
Cragg-Donald Wald F		2 985.564		3 400.412
N	151 064	151 063	151 064	151 063
调整的 R^2	0.118	0.056	0.138	0.113
F	607.539	559.255	1.22E+09	1.20E+09

注：同表 6.4

6.4.6 稳健性检验

6.4.6.1 企业异质性：所有制、进口产品种类差异

为考察不同所有制企业进口产品质量对企业性别工资差距的影响，我们按工业企业数据库中的国有控股情况将企业分为公有制企业、个私企业和外资企业三类①，再进行分类回归。回归结果报告在表 6.11 的第(1) ~ (3) 列中。结果显示：当考虑进口来源国特征后，在公有制企业中，进口产品质量对企业性别工资差距没有显著影响；非公有制部门中，无论是个私企业还是外资企业，进口产品质量的系数都显著为正，说明进口产品质

① 国有控股和集体控股企业视为公有制企业；私人控股视为个私企业；港澳台商控股和外资控股企业视为外资企业。

量显著扩大了这两类企业的性别工资差距。同样道理，依据企业每一年进口产品的种类，我们将所有企业分为进口单一产品企业和进口多种产品企业，分类回归的结果汇总在表 6.11 的第（4）列和第（5）列。2SLS 的结果表明，无论是进口单一产品企业还是进口多种产品企业，在控制来源国特征的情况下，进口产品质量都显著扩大了企业性别工资差距。

表 6.11　区分企业所有制和进口产品种类：2SLS

变量	公有制企业	个私企业	外资企业	单一产品	多种产品
	(1)	(2)	(3)	(4)	(5)
quality	0.070	0.868*	1.424***	0.631**	2.233***
	(0.15)	(1.77)	(6.63)	(2.17)	(11.41)
常数项	23.067***	14.985***	13.862***	14.466***	19.212***
	(11.15)	(4.21)	(26.87)	(8.57)	(40.86)
控制变量	是	是	是	是	是
Kleibergen-Paap rk LM	396.53	306.20	2 421.88	1 343.68	3 192.30
Cragg-Donald Wald F	625.46	319.18	3 795.64	1 420.54	4 145.82
N	19 269	17 003	59 773	29 177	121 886
调整的 R^2	0.285	0.200	0.281	0.215	0.255
F	1.5E+10	1.2E+08	1.2E+10	1.60E+09	1.90E+08

注：同表 6.4

6.4.6.2　区分进口来源国的经济权力及双边政治关系

经济权力可理解为在国家之间的政治经济交往过程中一国利用自身经济实力对其他国家施加的影响，如利用经济优势迫使他国改变对外政策中不利于本国的政策导向（马亚华和冯春萍，2014）。本书利用国际货币基金组织提供的数据，计算了部分国家 2004—2007 年以购买力平价衡量的国内生产总值占全球生产总值的比重，作为各国经济权力的代理变量。为了更好地体现进口来源国经济权力差异下进口产品质量对企业性别工资差距的影响，我们按均值将样本分为经济权力大/小的两组，然后进行分类回归。表 6.12 中第（1）列和第（2）列的结果显示，企业无论是从经济权力小的国家还是经济权力大的国家进口产品，进口产品质量都显著扩大了企业性别工资差距。当控制内生性后，我们发现，进口产品质量每增加 0.1，从经济权力大的国家进口的企业，其性别工资差距增加的幅度比从经济权力小的国家进口的企业低5.92%。这从侧面反映了近年来我国产业结构升级和女性劳动技能提升策略取得了一定成效，因而一定程度上能强化本土企业生产的产品与来自经济权力较大国家的高质量产品的竞争，能在一定程度上减少对女性员工的不利影响。另一方面，样本中进口来源国与我国政治关系存在缺失的133个国家，除去双方正常的官方往来，在其他国际事务中与我国的冲突与合作相对较少，影响也不大，因而对双边贸易造成的影响微乎其微。基于此，我们将缺失国家与我国的政治关系补充为0，然后进行全样本回归。表6.12中第（3）列和第（4）列报告了补全样本后的回归结果。通过与表6.9的结果进行对比，我们发现，补全样本后的回归结果与前文基本一致：企业从与我国政治关系越好的国家进口，其性别工资差距越小；进口来源国与我国的政治关系越好，进口产品质量对企业性别工资差距的影响越大。

表6.12　区分进口来源国的经济权力及与我国政治关系：2SLS

变量	经济权力小	经济权力大	来源国与我国政治关系	
	(1)	(2)	(3)	(4)
quality	2.309***	1.450***	2.826***	1.754***
	(6.98)	(8.64)	(16.74)	(11.12)
quality_relationship			0.010**	0.008*
			(2.29)	(1.86)
relationship			-0.005**	-0.004*
			(-2.02)	(-1.83)
常数项	18.700***	16.136***	16.412***	17.526***
	(17.35)	(13.51)	(100.11)	(23.10)
主要解释变量	是	是	是	是
控制变量	是	是	否	是
Kleibergen-Paap rk LM	935.13	3 610.27	1 950.421	1 789.121
Cragg-Donald Wald F	1 416.25	4 963.35	2 371.296	2 682.011
N	34 290	116 773	151 070	151 503
调整的 R^2	0.26	0.25	0.212	0.25
F	8.20E+06	688.26	1 974.706	597.49

注：同表6.4

6.5 本章小结

本章将来源国特征纳入进口产品质量影响企业性别工资差距的分析框架，基于2004—2007年中国工业企业数据和海关数据的合并数据，在引入工具变量的基础上，实证检验了进口产品质量、来源国特征与企业性别工资差距的关系。研究发现：①整体来看，进口产品质量提升显著扩大了我国企业性别工资差距，这一结论在控制企业特征、企业所在城市特征、进口来源国特征，以及时间、行业、地区和国家固定效应以后依然成立；②进口产品质量对企业性别工资差距的扩大效用在进口来源国是中低收入国家、非OECD国家及低政治风险的国家时更加明显；③来源国与我国的贸易关系越密切，从该国进口产品的企业的性别工资差距也更低，但贸易关系强化了进口产品质量对企业性别工资差距的拉大效用；④相对于没有被我国发起过反倾销调查的国家而言，企业从被我国发起过反倾销调查的国家进口产品，其性别工资差距相对更大，但反倾销调查一定程度上降低了进口产品质量对企业性别工资差距的影响；⑤相对于政治关系较疏远的国家，从政治关系越密切的国家进口产品的企业的性别工资差距也更小。这一结论在考虑来源国与我国的外交关系、政治关系及是否参与“一带一路”时都成立。

7

结论及政策启示

7.1 主要结论

本书在异质性企业贸易模型的基础上，就进口产品质量与企业性别工资差距的关系进行了理论探讨和实证分析。首先，本书在梅里兹（Melitz，2003）模型中引入产品质量异质性，从资本-技能互补、产品质量升级和进口竞争三个角度研究了进口产品质量影响企业性别工资差距的理论机制。其次，利用2004—2007年中国工业企业数据和海关数据，本书重新测算了中国企业层面、产品层面的进口产品质量和企业性别工资差距，并通过选择合适的工具变量解决了测算过程中的内生性问题，得到了更符合我国实际的进口产品质量和企业性别工资差距变动情况的测算结果。再次，基于中国工业企业数据、海关数据、中国区域统计年鉴、中国城市统计年鉴及各地统计公报等翔实的数据，本书对进口产品质量对企业性别工资差距的影响进行了实证检验，并着重从方法上和研究视角上进行了创新。最后，根据实证研究的主要结论提出了有针对性的政策建议。本书的主要结论可以概括为以下四方面。

第一，核心指标测算结果显示：①2000—2007年，我国企业的平均进口产品质量整体上经历了先降低后升高的过程，且波动特征明显；加工贸易企业的进口产品质量高于一般贸易企业；外资企业的进口产品质量优于公有制企业和个私企业。②产品层面的进口产品质量与企业层面类似，也呈明显的波动特征；中间品的质量高于资本品和消费品；食品制造业，纺织业，纺织服装与服饰业，皮革、毛皮、羽毛及其制品和制鞋业等行业进口产品质量较高，印刷和记录媒介复制业、化学纤维制造业和家具制造业等行业相对较低。③全国企业性别工资差距经历了由快到慢的变化过程，东部地区增速与全国平均水平接近，中西部地区相对更快；企业性别工资差距具有明显的异质性特征，即公有制企业比外资企业高，资本密集型企业比劳动密集型企业和中间行业高，低出口密集度企业比高出口密集度企业高。

第二，进口产品质量影响企业性别工资差距的实证结果表明：①2004—2007年，进口产品质量显著扩大了我国企业性别工资差距，这一结论在控制企业生产率、规模，以及企业所在城市人力资本、基础设施建设等条件下依然成立，特别是在选取合适的工具变量控制企业进口产品质量的内生性以后，我们发现进口产品质量对企业性别工资差距的扩大效用依然显著，且传统方法检验的进口产品质量对企业性别工资差距的影响明显被低估。②倾向匹配得分（PSM）估计的结果显示，进口产品质量整体上扩大了企业性别工资差距；该效应存在明显的地区差异和所有制差异，东部地区显著而中西部地区不显著，个私企业和外资企业显著，国有企业和集体企业不显著。③广义倾向匹配得分（GPS）估计的结果显示，整体来看，进口产品质量显著扩大了企业性别工资差距；该效应存在阈值效应，即当进口产品质量处于区间［0，0.3）和［0.7，0.9）时，进口产品质量对企业性别工资差距的正向边际效用逐渐减弱，当进口产品质量处于［0.3，0.7）和［0.9，1］时，其边际影响呈上升趋势。④影响机制的实证研究显示，进口竞争扩大了企业性别工资差距，但进口产品质量通过进口竞争反而缩小了企业性别工资差距；成本加成对企业性别工资差距没有影响，但进口产品质量通过成本加成显著缩小了企业性别工资差距。

第三，进口产品质量、进口动态与企业性别工资差距的实证结果表明：①进口产品质量显著扩大了新进入企业和退出企业的性别工资差距，但对间断型和持续型企业则没有显著影响；企业进口持续时期和滞后效应的估计结果表明，进口产品质量对企业性别工资差距的影响主要是短期影响，长期并不明显；进口企业的性别工资差距更多取决于当期进口产品质量及是否有进口经验，而不是以前参与进口的总期数。②序贯 logit 模型估计结果显示，企业前一期进口产品质量对当期进口决策的影响在不同年份的表现不一致，2004 年的进口产品质量显著增加了企业 2005 年继续留在进口市场上的概率，2006 年的进口产品质量对企业 2007 年的进口决策也有类似影响，但 2005 年企业的进口产品质量对 2006 年企业是否继续留在进口市场上没有显著影响。③产品进口动态的研究结果显示，无论是单一产品进口企业还是多种产品进口企业，进口产品质量都显著扩大了企业性别工资差距；区分进口产品种类下进口产品质量对企业性别工资差距的影响主要体现在资本品上，对中间品和消费品并不显著；进口产品质量对企业性别工资差距的扩大效用会被进口产品种类的绝对增加而进一步放大；进口产品质量通过相对种类变化对企业性别工资差距没有显著影响。

第四，进口产品质量、来源国特征与企业性别工资差距的实证结果表明：①当考虑来源国特征时，进口产品质量依然显著扩大了企业性别工资差距；进口产品质量对中低收入国家企业性别工资差距的扩大作用大于高收入国家，对非 OECD 国家的扩大作用大于 OECD 国家，对低政治风险国家的扩大作用大于高政治风险国家，对与中国接壤国家的扩大作用大于非接壤国家，对和中国存在文化差异国家的扩大作用大于文化相似的国家。②进口产品质量通过中国与来源国的贸易安排扩大了企业性别工资差距；中国对来源国的反倾销调查降低了进口产品质量对企业性别工资差距的扩大作用。③使用不同指标衡量我国与进口来源国的政治关系均发现，企业从与我国外交关系越紧密的国家进口产品，越有助于降低企业性别工资差距。④来源国是否参与“一带一路”对企业性别工资差距没有影响，但考虑产品质量后会得到不一样的结论，即“一带一路”强化了进口产品质量对企业性别工资差距的扩大作用。

7.2 政策启示

7.2.1 推动贸易发展方式由数量增长粗放型向质量集约型转变

我国外贸发展长期以来“重数量轻质量”“重速度轻效益”，这种贸易发展方式能使我国凭借劳动力、资源能源、土地等方面的比较优势快速融入全球生产链，也能通过外贸快速发展为我国经济增长乃至居民福利水平提升提供有利的环境。但我们也应当看到，粗放型的外贸增长加大了国内资源环境的压力，加剧了我国与主要贸易对象之间的贸易摩擦，并使我国贸易条件日益恶化。因此，在以“稳增长、调结构、提质量”为主要特征的外贸新常态下，我们应当切实推进贸易发展方式由追求数量增长的粗放型向质量增长的集约型转变。

首先，本书的研究发现，一国贸易产品质量与该国人均收入水平有密切关系，人均收入水平高的国家将主要生产并出口高质量产品，也倾向于进口更多的高质量产品。因而从需求侧来讲，质量增长型的贸易发展方式要求从根本上提高国内居民收入水平。收入分配恶化是我国经济持续快速发展的巨大挑战：收入分配由居民向政府和企业过度倾斜，持续压低居民收入增长；收入分配过程中的重资本、轻劳动倾向也使我国劳动者报酬占 GDP 比重偏低并持续下降；收入分配不公，群体之间、行业之间、城乡之间、地区之间收入差距不断拉大。有效调整收入分配格局，切实提高居民收入水平，可以从以下几方面入手：第一，进行税制改革，充分发挥收入再分配的调节作用。通过建立健全个人收入信息及信用信息系统，加大监督管理及惩罚力度，防止税收流失；完善个人所得税制度，保证与个人真实收入相符的税收制度有效运行；保障弱势群体生活底线，降低中低收入群体纳税负担，抑制高收入群体收入过快增长；适时开征遗产税、房产税及赠予税等财产税，并逐渐减免低收入群体尤其是农民名目繁多的不合理税费，调节社会财富存量再分配；降低企业税收负担，提高企业投资积极性，增强企业活力，为企业实现主辅分离提供税制保障。第二，进一步完善社会保障制度，促进收入分配公平合理。要确立社会保障的责任主体，厘清主客体现实责任，尽快落实有利于改进社会保障管理及服务的新体制，提高实际操作过程中的公平性与效率性；提高政府财政对社会保障的支持力度，通过建立健全社会保障财政支出长效机制扩大社会保障服务的内容和项目，并适当向中西部地区、农村地区、边疆偏远地区倾斜；扩大社会保障覆盖范围，将那些流动性强、就业持续性较差的劳动主体，如个体工商户、农民工及灵活就业人员等纳入社会保障体系中；保障就业人员的职业福利，均衡调节个人、企业和国家的利益关系；提高社会保障的统筹层次和保障水平，打破社会保障的城乡、行业、地区差异，通过高层次统筹实现社会保障跨地区流动，提高劳动力配置效率，缩小居民收入差距。第三，积极拓展就业渠道，扩大就业规模，提高就业质量。坚持以创新带动就业，提高创业管理和服务水平，优化创业环境，激发创业活力；整合培训资源，通过合理设置培训工种形成优势互补的培训体系，提高职业培训的针对性和有效性，通过培训提高劳动者的就业技能和岗位技能；加强重点人群就业指导，鼓励大学生到基层和新兴产业就业，积极推进农村富余劳动力转移就业，并加强困难群体的就业援助和工作保障制度建设；政府加强劳动市场监管，规范劳动力市场秩序，通过规范劳资关系合同、建立劳资协商调节机制、打击违法违规职业中介等措施切实维护劳动者合法权益；扩大失业保险覆盖范围，通过完善失业保险制度增强其促进就业的功能；对灵活就业人员及集中吸纳就业人员的行业或企业提供就业补贴，变消极待业政策为积极就业政策。

其次，本书以企业为研究对象，企业作为参与国际贸易的最小主体，也是进出口产品的实际生产者，能通过研发创新、产品生产、质量控制等环节直接影响产品质量。对企业而言，提高其产品质量可以从以下方面入手：第一，把好原材料质量关，加强采购员业务素质培训，提高采购员的工艺知识和采购技巧，增强采购员对原材料物理性质、化学性质等基本属性的了解；在进行认真细致市场调研的基础上，采购员要货比三家以挑选合适的原材料供应商，并对供应商的生产、产品质量进行调查和评估；在订货合同中对原材料的质量要求、验收方式及出现问题后的补救和惩罚措施等进行具体规定，加强对原材料供应商的质量约束；企业加强与原材料供应商的沟通，了解供应商企业的产品情况及发展思路，通过针对性的激励策略强化供应商企业的责任意识和质量意识，以提高供应商产品和服务的质量。第二，加强产品生产过程的控制和监管，及时纠正生产过程中的缺陷和不足。企业应该保证生产过程中技术、管理和人等要素处于可控状态，强化企业技术创新投入和对劳动者的技能培训，通过实施重点监控减小出现不合格产品的概率；加强企业对重点工艺的内部控制，结合行业特点及企业自身技术水平对重点质量指标制定严格的企业内控标准，提高生产过程的工艺参数以保证产品质量；加强对生产过程中关键工序和特殊工序的控制，及时检查更新关键设备，通过职业技能培训等多种方式提高设备操作员工的操作技巧，强化人与设备的结合，并通过自检、互检、检验员专检等方式保证生产过程持续可控，使产品质量在正常范围内。第三，积极推动多形式产学研联合，进行核心产品和重点技术开发合作，着手建立产业自主技术创新体系；将创新思想融入企业文化中，营造企业创新氛围，使员工按创新的方式完成自身生产任务；努力实现具有自主知识产权成果的生产转化，不断开发新技术、新市场、新领域，研制新产品，使企业产品向高附加值、高技术含量、高质量方向转变；在产品创新的同时加强工艺创新，突破现有生产技术瓶颈，保证创新工作的连续性、渐进性。

最后，要合理发挥政府在资源配置中的作用，为企业质量升级提供有利的外部环境。竞争性的市场环境有利于发挥企业在产品质量提升中的主导作用，但完全的市场调节容易导致转型升级出现盲目性和波动性。因此，应该根据地区、行业、企业的发展特点，适时发挥政府“看不见的手”的调节作用，以更好地促进企业转型升级。第一，政府通过简政放权进一步激发企业作为创新主体的内在活力。通过简政放权，取消和下放行政审批等事项，优化政府服务力度，提高管理能力，推动并联审批，推动符合条件的技术转型升级项目尽快落地，为企业创新提供宽松的外部环境。第二，政府加强对特定行业产业升级的政策引导。明确传统产业价值定位，通过科学的可行性分析和价值评估淘汰一部分高污染、高耗能、低产能的传统企业，支持轻工、纺织、建材等传统产业不断改进现有技术、设备和工艺，降低核心技术和高端装备对国外的依赖程度；对新一代信息通信技术、航空航天装备、先进轨道交通装备、电力装备等战略新兴产业，政府应当加大扶持力度，通过一系列宏观调控和制度变革切实推动产业研之间形成知识、资金、技术的良性循环；推动高技术产业和现代服务业发展，合理布局中介服务机构，构建科技服务体系，并努力推进研发、咨询、物流等生产性服务业的有机整合和良性互动，通过发挥资源集合、产业集群、服务集成功能较强的服务业集聚区对制造业的支撑作用，为制造业转型升级提供动力。第三，政府要统筹国际国内两个市场、两种资源，推动产业转型升级。支持国内亟需的先进技术、关键设备、零部件和能源原材料进口，并鼓励企业引进消化吸收再创新；推动企业通过贸易、投资或经济技术合作等形式实现成熟的产业化技术出口，并利用电力、通信、化工和冶金技术的出口带动大型成套设备出口；促使企业进行生产力优化布局和调整，平衡国内外市场对资源、能源的需求，继续限制“两高一低”[①] 产品出口，缓解国内资源能源和环境的压力。第四，政府应当利用多种配套措施缓解企业资金压力，为企业转型升级提供资金支持。科学调整税收政策以降低企业创新成本，分担企业创新风险；通过财政拨款、贷款贴息等措施对企业创新进行直接资助，降低企业技术创新的门槛，分散创新投资风险，以提高企业创新的积极性；开展公开、小额股权众筹融资试点，创新银行支持方式，丰富创新融资模式，合理利用保险资金参与企业创新创业。第五，继续坚持市场化和贸易自由化改革，营造公平竞争的市场环境，利用竞争倒逼企业升级。要弱化国有企业垄断地位，降低市场准入，使民营企业在资源配套和政府服务方面享受与国有企业相同的待遇；建立市场准入负面清单制度，逐渐放开民用机场、基础电信运营等领域，在医疗、教育、养老等基础设施和公共服务重点领域采取有效措施，保证民营企业与国有企业公平竞争；逐渐消除融投资的“所有制歧视”，创新融资平台，寻找适合小微企业、民营企业的融资模式，扩大大型商业银行服务中小企业的业务内容，为民营企业、小微企业与国有企业展开公

① “两高一低”指高污染、高耗能、低水平。

平的市场竞争提供融资保障；进一步推动企业“走出去”与“引进来”，实现资源全球配置，积极推动新型开放型经济下我国企业参与国际竞争，通过竞争提升企业核心竞争力。第六，政府要加强知识产权保护，利用知识产权激励制度释放、创新创业活力。进一步完善知识产权保护法律体系，促进知识产权法律、政策体系与经济、产业发展相融合，及时推进商标法、著作权法、专利法的修订与完善，加强司法解释；加大法律执行力度，严厉打击侵害知识产权和销售假冒伪劣商品的违法行为，加强互联网领域等重要领域和重点地区治理力度；强化对药品、医疗器械、建筑材料、汽车配件等关系国计民生和居民生活的重点商品的日常监管，突出管理重点，加强生产使用环节监管。

7.2.2 完善现有的就业制度和工资制度，减少对女性的歧视

本书的研究表明，进口产品质量提升显著扩大了企业性别工资差距，但这并不代表要以贸易保护或维系低质量的贸易增长方式来改善女性的就业和工资情况。相反，现有研究表明，贸易开放导致的企业性别工资差距扩大主要是因为女性在开放环境中的教育、技能等人力资本要素与男性的差距愈发加大，因而保障女性就业公平、缩小企业性别工资差距的关键在于提高女性的人力资本水平。

首先，要保障女性受教育的权利。技术偏向型技术进步对以低技能劳动力为主的女性造成较大冲击，受教育水平较高的女性因为拥有更高的技能能减少贸易开放下的性别歧视。同时，高教育群体中女性占比越高，与雇主的谈判能力就越强，能为自己争取平等的就业机会创造条件。具体而言，第一，需要破除家庭和传统对女性的偏见。落后的性别意识和陈旧观念是导致女性受教育水平较低的重要原因，因而要让人们了解女性受教育的重要性与必要性，鼓励人们重视女性，保证女性受教育的权利。同时，要消除女性自卑心理，使她们树立自尊自强理念，肯定自身的社会、经济价值，从而主动寻求保护自身公平受教育的权利。第二，《宪法》《教育法》《义务教育法》《职业教育法》等法律法规为保证女性公平受教育的权利提供了法律保障，但伴随社会经济的发展，教育方式和内容不断丰富，对女性教育的歧视也呈多样化、隐形化的发展趋势。因此，要进一步完善保证女性教育权利的法律体系，并按照法律规定严格、公正执法，严

厉打击侵害女性受教育权利的违法行为。第三，国家应当增加对女性的教育投资，教育经费向女性倾斜。降低女性受教育的机会成本，减轻受教育女性的家庭经济负担，减少女性受教育的后顾之忧；在义务教育阶段对贫困家庭的女童提供免费教科书、免费午餐等；进一步完善寄宿制学校建设，优先保证女性寄宿的要求；保证女性厕所够用，按男女 1∶3 的比例设置蹲位；加强对农村留守女童、少数民族女童、残疾女童的教育关爱；在高等教育阶段中的国家助学贷款、勤工助学和临时贷款等保障措施的执行中向女性倾斜，为两性共享教育资源提供物资保障。

其次，要完善女性培训体系，提高培训的针对性和实用性。组织企业女性员工进行系统的培训，鼓励女性利用业余时间参加在职教育，学习专业知识和技能，为女性继续学习创造环境和条件。第一，要加强女性培训系统建设，形成“政府牵头，妇联、教育培训机构承担具体任务和责任，其他社会力量如企业、工会等广泛参与”的职业技能培训长效机制；政府加大对女性职业培训的投入力度，用财政和失业保险基金为下岗失业女性提供免费职业培训，同时对于职业技能培训、创业培训及考核鉴定等提供资金补助；完善多层次、多渠道、多内容的女性职业培训网络，充分利用高校、电大、夜大等多类型教育培训机构对女性展开有效的职业教育和继续教育培训，提高女性自我学习、自我发展的能力。第二，要加强培训的专业性和针对性，根据各地区、各行业、各企业的特点，突出培训的针对性和时效性；根据不同单位、不同层次、不同职位技能需求的特点，设置专门的培训专业，并配备合适的培训人员；根据女性身体、生理的特殊性，灵活设置培训内容，科学掌握培训强度；根据培训人员文化水平、个人偏好，设置并创新培训方式，对于一些实际操作要求更高的项目，可以采取现场讲授和示范的方式，而对于一些理论性较强的知识技能，则可以采取课堂讲授、多媒体展示等方式；充分利用各种教学资料，采取动态的训练、体验式教学、个性化指点等方式，将职业技能、工作技巧更生动形象地演绎出来，便于培训学员接受；注重提升女性培训的特色和质量，推进女性向二、三产业转移的培训力度。

再次，要建立健全女性劳动保护的法律体系，保护女性的合法权益。第一，要加大普法宣传力度，增强女性维权意识。我国《宪法》《劳动法》《妇女权益保障法》《女职工劳动保护特别规定》都对保护妇女的合法权利和权益做了具体规定，新闻媒体和政府有关机构要以这些法律规定为核心，进行以女性与男性具有同等的人格和尊严、同等的地位和权利，女性要具有自尊、自立、自强精神为主要内容的多维度、多层次、多方面的普法宣传，突出女性劳动权益保护的重要意义，使全社会形成尊重女性、保护女性合法权益的良好氛围；要深入企业，利用横幅、问卷、访谈等多种形式对女性进行普法宣传，并组织关于保护女性劳动权益的法律规定和有关政策的学习活动，使女性自觉提升劳动保护意识和维权意识。第二，根据女性生理、身体特征，对女性员工实施特殊的劳动保护制度；要根据女性特点，保护女性工作中的安全和健康，不安排女性从事一些不适合的工作和劳动，尤其对经期、孕期、产期、哺乳期的女性进行特殊保护，不得在经期、孕期、产期降低其基本工资或者解除女性的劳动合同。第三，加强监督执法力度，坚决打击侵害女性劳动权利的行为。要保证女性申述渠道顺畅通达，当女性的劳动权利受到侵害时，可以根据公布的电话号码、办公地点及相应的处理程序进行申述举报；依据国家相应法律法规，妇联、工会、公安、劳动等组织要就用人单位工资支付、社会保险缴纳、遵守工时制度、女性权利保护等重点环节进行定期联合检查；及时曝光并严厉查处侵害女性合法劳动权利的案例，尤其是无故拖欠女性工资，违反女性经期、孕期、产期、哺乳期特殊保护的违法犯罪行为。第四，建立、完善工会和妇女组织，加强部门间沟通协作。工会、妇女组织在保护女性合法权利中具有重要作用，需要健全组织制度，明确组织职能，设置专门机构维护女性的合法权利。第五，要强化劳动力市场竞争，实施有利于女性的工资和就业政策。我国企业中普遍存在男性和女性工资、福利不平等，性别工资差距不断扩大的现象，如低报酬的工作主要由女性完成，或者“同工不同酬”。对此，各地应该适时调整女性工资水平，并利用最低工资等制度为女性提供基本的生活保障，缩小男性和女性的工资差距；因为竞争性的市场环境有利于减小对女性的歧视，因而政府应该通过深化市场化改革，尽快落实市场准入清单制度，降低民营企业进入标准，放宽民营经济进入领域，以此来强化市场竞争；进一步推进贸易自由化，降低关税和各种非关税壁垒，保护知识产权，尊重外资企业的市场地位，维护外资企业的合法权益，并通过积极的“走出去”与“引进来”强化本国企业与外资企业的市场竞争。

7.2.3 稳定外贸增长，维持并拓展贸易关系

本书的研究发现，进口动态对发挥进口产品质量对企业性别工资差距

的影响有重要作用，因而在稳定外贸增长的条件下，我们不仅要努力维护并保持现有的贸易关系，也要有针对性地开发新产品、拓展新市场。

首先，要稳定外贸增长。2009 年全球金融危机以后，我国外贸迎来了发展变革的关键时期。传统的劳动、土地、资源优势逐渐削弱，国内资源环境压力不断增大，粗放型经济下外贸的高速增长难以为继。国际大宗货物价格持续上涨、国外市场需求萎缩、发达国家再工业化战略及贸易保护主义抬头等，都使我国外贸发展的外部环境进一步恶化。2015 年，我国进出口出现了 2009 年金融危机以来首次进出口双降的不利局面，贸易总额较 2014 年下降 7%，其中，出口下降 1.8%，进口下降 13.2%。作为贸易集约边际的重要内容，外贸稳定增长对提升我国进出口商品质量、转变贸易发展方式、国民经济的持续增长都具有重要意义。我们可以从以下几个方面稳定我国外贸增长：第一，提高外贸服务便利化水平。推进国际贸易单一窗口建设，努力实现全国一体化通关；加快电子口岸建设，推行电子化通关，加快通关速度，建立健全口岸信息共享共用机制；优化检查监管机制，减少主管部门对外贸的实证审批事项，简化程序。第二，规范进出口收费，降低企业贸易成本。要逐渐规范并降低进出口环节收费标准；进一步完善和修订港口收费细则，统一内、外贸收费标准；规范船舶进出港、船舶货物码头装卸收费，尝试将货物港务费并入港口建设费，免除口岸检验没有问题的企业的吊装、移位、仓储等费用；按照事权和支出责任相匹配的原则，进一步调整中央和地方港口建设费分配比例，保证港口公共设施基本建设支出。第三，丰富外贸企业投融资方式，减轻企业资金压力。进一步扩大短期出口信用保险主体，增加短期出口信用保险服务内容；鼓励大型成套设备进出口业务发展，利用外汇储备委托贷款平台降低大型成套设备融资成本；拓展外贸企业融资渠道，鼓励商业银行开展出口信用保险业务。第四，优化进出口商品结构，规范进出口经营秩序。减少自动许可货物种类，扩大数字化、智能化等先进技术、关键设备进口，并鼓励大型成套设备、通信、铁路等高技术产品出口，推动我国出口升级；加快传统加工贸易转型升级，提升加工贸易企业品牌假设、技术创新能力，推动加工贸易企业向集融资、研发及技术服务为一体的生产性服务业转化；促进外贸信用体系建设，建立外贸企业诚信数据库，打击企业违规失信行为。

其次，要坚持外贸市场多元化战略。本书关于进口产品质量影响企业性别工资差距的进一步分析发现，进口动态与来源国特征会对企业性别工资差距产生影响。无论是进口动态还是来源国特征，都与外贸市场多元化战略有直接关系：一方面，市场多元化作为扩展边际的体现，本身也有利于企业贸易关系的持续与拓展（集约边际），在外贸增速下降的背景下对于稳定我国外贸增长具有重要意义；另一方面，来源国特征包括经济发展水平、政治风险程度、与我国的经贸关系、政治关系等都会对双边贸易产生重要影响，市场多元化背景下企业可以根据自身特点和发展状况选择合适的贸易伙伴和贸易产品，以规避国际市场风险，实现贸易利润最大化。同时，金融危机以后国际市场需求萎缩、发达国家再工业化导致国际竞争加剧、贸易保护主义抬头等都使我国外贸发展的外部环境进一步恶化。因此，我们要进一步推进外贸市场多元化战略，降低我国对某些外部市场的过度依赖，分散外贸风险，以保证我国经济运行安全。第一，要继续巩固和扩大发达国家市场。虽然我国与美国、日本、欧盟等发达国家和地区贸易关系密切，这些市场上的国际竞争也更加激烈，但我国与这些国家和地区依然有较大的贸易发展空间。相对于发展中国家和新兴工业化国家，我国对发达国家依然具有相对竞争优势，因而发展并开拓发达国家市场有利于维护我国的贸易利益。同时，发达国家在研发能力、技术水平、企业管理经验等方面都具有较大优势，维护并拓展与发达国家市场的贸易关系有利于我国产业结构调整和技术升级。第二，要重视发展同广大发展中国家和新兴市场的贸易关系。目前我国与很多新兴国家和市场存在贸易不足的问题，因而深化与这些国家和地区的贸易关系的潜力较大，尤其是新兴市场在金融危机及随后的调整时期中表现出来的经济发展良好势头以及我国与这些国家在贸易结构上的互补性，都值得我们重视与它们的经贸关系。因此，对于众多的新兴市场，我们应该进行市场细分，确定各自的竞争优势，然后有选择地进入。第三，支持我国企业“走出去”，增强企业国际竞争力。以跨国公司为主体的产业内贸易和公司内贸易对我国企业参与国际贸易提出了新要求，市场多元化的战略也应当以企业为核心，为企业主动参与国际竞争提供支持和服务。要提升企业技术创新和管理创新能力，鼓励企业加大研发创新投资，加快科技成果转化；培育和形成先进的企业文化，建立健全企业管理制度，提高企业资源配置效率和利用率，提升企业经营质量和竞争力；要优化我国进出口商品结构，提高劳动力密集型产品质量，利用全球资源整合增加高技术含量、高附加值产品贸易的比重；

政府要总结推广“走出去”成功经验，鼓励企业以多种形式“走出去”，简化行政审批程序，减少对企业“走出去”的资金汇出和融资的限制。第四，完善信息服务体系，政府政策重点向开拓市场的方向倾斜。要构建包括政府、行业协会、驻外商会、驻外大使馆等在内的多维度协调、预警机制，通过网络等渠道及时收集并发布海外市场信息，为企业开拓海外市场提供咨询服务；政府信用可以优先支持新市场开拓，并为重点开拓的市场提供财政支持，可以有重点、分国别地选择召开中国商品博览会和提供进出口补贴。

最后，进一步推进自贸区建设，深化多双边经贸关系。由于贸易成本不利于贸易关系的维持和拓展，因而在世界经济新格局下，我们应充分利用“一带一路”、自贸区等，与沿线国家共建基础设施和网络，通过道路互联互通来促进贸易和投资便利化。第一，加快推进自贸区战略，利用自贸区提高全方位开放格局的水平和质量。在全球经济治理格局中，发达国家试图通过跨太平洋伙伴关系协定（TPP）、跨大西洋贸易与投资伙伴协定（TTIP）等自贸区谈判推进以大国为主导的经济一体化进程，获取新的竞争优势。我国作为转型的发展中大国，处于工业化和城镇化的转型关键期，必须要适应经济全球化和区域一体化的发展趋势，利用自贸区战略不断扩大开放水平，在全球公平贸易和可持续发展等规则的形成过程中获取更多话语权；要利用自贸区战略扩大服务业开放水平，加快实施准入前国民待遇和负面清单制度建设；通过建设自贸区扩展我国外贸空间，与贸易伙伴构建新型全球供应链和生产网络；利用自贸区战略促进我国货物贸易向具有自主知识产权、高技术含量和高附加值方向转变，提高资本在服务业和高附加值制造业中的集聚。第二，优化自贸区建设布局。提高我国与周边国家自贸区的建设速度，深化双边经贸关系，通过形成周边大市场实现互利共赢；推进与“一带一路”沿线国家（地区）自贸区建设和产能合作，通过构建“一带一路”大市场实现设施联通、贸易畅通；构建覆盖全球的自贸区网络体系，争取同大部分新兴经济体、发展中大国、主要区域经济集团和部分发达国家建立自贸区，通过自贸区战略加强我国与其他国家的经贸合作。第三，加快推进高水平自贸区建设。利用自贸区战略提高货物贸易和服务贸易开放水平，改善我国同主要贸易伙伴的双向市场准入，加快形成更高效的区域和全球价值链；利用准入前国民待遇加负面清单制度逐渐放开市场准入，优化外商投资环境，在维护我国利益和对外资监管的条件下，为我国企业“走出去”创造更好的市场准入和投资保护条件；根据我国经济发展水平和社会经济发展需要，在自贸区战略中积极参与国际规则制定，提高国际话语权；根据国际通行规则和发展趋势，结合我国社会治理能力，加快推动环境保护、知识产权保护、政府采购等议题谈判。第四，健全自贸区保障制度。利用试点的办法将我国对外自贸区谈判过程中的难点、焦点问题进行“先行先试”，以试点地区压力测试为基础积累防范和化解风险的经验，探索对外开放的最佳模式；在放宽市场准入的基础上，完善事中事后监督制度，通过建设社会诚信体系、信用共享和综合执法制度、社会力量参与市场监督制度、外商投资信息公示平台等强化对市场主体的监督和管理；对于我国企业遭受的贸易壁垒，要按照WTO和自贸协定的规定努力维护我国企业合法权益，并根据法律规定展开贸易救济，加强政府、行业协会、企业应对贸易壁垒的联动机制，指导企业做好预警、咨询、磋商、诉讼工作；优化政府服务，及时收集并公布自由贸易伙伴的贸易、投资及其他相关领域政策信息和法律法规，定期开展测评和分析，查找和解决自贸区建设过程中的问题，挖掘协定潜力，改进实施方法，提高自由贸易协定的便利性和利用率。

7.2.4 建立多渠道沟通、预警机制，降低涉外经济、政治风险

本书的研究发现，进口来源国特征，尤其是政治、经济风险，对发挥进口产品质量对企业性别工资差距的作用有重要影响，因而我们应通过建立多渠道合作预警机制，及时发现并妥善解决贸易关系发展过程中的各种风险。政府间多边合作机制对于预防和管理企业“走出去”过程中的各类风险能够发挥独特作用：充分利用多边合作机制长期贸易实践过程中积累的基础资料、管理经验等，为企业贸易决策和风险评估提供借鉴；中亚区域经济合作（CAREC）、大湄公河次区域经济合作（GMS）、上海合作组织（SCO）等地区性多边合作组织具有政府影响和道义优势（党立斌和傅文博，2014），能减少政治风险对双边贸易的不利影响；中美战略与经济对话、中日韩领导人峰会、中德政府磋商等机制能够深化务实合作，还能就贸易发展过程中的难题和分歧进行磋商，如就中欧光伏、无线通信等贸易争端，第二轮中德政府磋商确认双方以对话合作而非对抗制裁的方式进行解决，为中欧贸易争端“软着陆”发挥了重要作用。罗丝（Rose，

2007）的研究发现，美国驻外领事馆和行业协会促进了美国外贸的发展。同样地，中国的驻外机构、行业协会也可以为企业提供咨询和中介服务，降低企业国际化经营的经济、政治风险；驻外机构、商会、行业协会等要引导传统企业进行技术改造和转型升级，并加强与国外同类组织的联系，积极开展国际交流和合作，利用技术准入、行业标准等对东道国市场进行必要的保护；制定进出口商品质量标准，规范企业跨国投资行为，为企业改进产品质量和投资策略提供诊断、咨询服务，使企业积极应对各种非关税贸易壁垒，提高中国企业声誉；惩罚跨国企业违法违规经营行为，调节市场纠纷，维护行业内竞争秩序；对于反倾销、反补贴、反技术壁垒等贸易纠纷，驻外机构和行业协会可以利用自身独特的身份优势，认真研究相关贸易壁垒和法律规定，帮助企业解决国际贸易摩擦和纠纷，争夺国际话语权；认真研究危机中企业的发展机遇，帮助企业尽快摆脱困境，加强企业与驻外机构、行业协会的联系；规范企业跨国经营行为，减少外方对我国企业的起诉，当我国企业被起诉时，积极组织企业应诉，减少损失。

虽然政府政策等宏观因素对降低外贸风险有重要作用，但需要看到的是，目的国市场数量和范围的确定根本上是企业自主选择的结果，因而我们也要重视微观层面的企业能为降低政治、经济风险采取的举措。第一，来源国风险程度、汇率波动反映了市场优劣，是影响双边贸易发展重要的外部因素，因而企业应当根据国别制定相应的汇率、政治风险预警机制，通过设置不同的预警级别来提高自身对风险的防御能力；企业要有强烈的风险管理意识，认真分析“走出去”过程中的贸易或投资合同的潜在风险，利用合同对双方的权利和责任风险进行明确界定。同时，也要强化企业自身重合同、守信用的理念，自觉接受合同内容的要求，认真履行合同义务；针对来源国特定的政治、经济风险，企业要结合合同本身和自身风险承受能力选择相应的保险，以降低和分散风险。第二，要通过签订包括争端解决条款、转移价格和出口权利等内容在内的完整合作协议使风险最小化，当东道国政府设定目标要求重新修改合作协议时，主动适应东道国优先目标的变动或许是企业明智的选择；通过总结其他企业“走出去”过程中的经验得失，完成企业海外经营的初期准备，为进一步国际合作和对外投资奠定基础；结合自身战略定位和意图，对专业化要素（人力资本、技术创新）进行重点投资，进一步优化投资布局，并根据现实情况及时调整经营投资战略；及时整合现有的国际化知识和经验，在企业跨国经营中注意实施本土化策略，在产品品牌、人力资本建设、营销成本、研究开发等方面加大本土化建设力度，使之适应当地经济、政治、社会、文化、历史、法律等；在工作中注意与客户伙伴建立良好的工作关系，通过主动分享自身成功经验，获取他人的认同；增强企业法律意识和法制观念，确保企业按照当地法律规定合法合规经营，尤其要注意符合当地对员工福利、环境保护的具体规定；增强企业跨国经营的社会责任意识，主动参与当地环境保护、社区稳定、商业诚信、慈善活动的建设，实现企业利益和社会效益发展双赢。第三，要合理利用金融衍生工具，如出口信用保险、押汇、保理等，对交易过程进行风险识别和控制。通过专项基金担保方式，缓解机电产品、成套设备、高附加值和高技术含量产品出口的资金压力，提供融资能力；对于开拓新市场、进入新领域的出口企业，提供高收汇、高风险的出口信用保险的保费支持；对于重点出口产品发生的临时性资金短缺，政府提供短期替代性周转借款；积极构建和落实对外投资风险分担机制，利用企业财税、金融支持等办法缓解企业“走出去”的资金压力，支持各级政府成立担保公司，对企业境外参展、海外注册商标、申请国际通行认证标准等给予财政补贴。第四，要加强企业跨国经营理论和实务的联系，提高企业“走出去”的理论基础，以实践为导向，打破学科界限，综合运用学科知识，对企业国际化经营进行系统研究，提出切实可行的理论方案。

7.3 进一步研究方向

本书从进口产品质量的角度为我国日益扩大的企业性别工资差距提供了一个新解释，鉴于参与进口的企业、进口的产品组合、进口来源国等均存在巨大差异，本书进一步从进口动态和来源国特征的角度对上述问题进行了深化和拓展。本研究可看作对异质性企业贸易模型的进一步丰富，而基于企业、产品层面微观数据的实证检验也为相关理论提供了中国的微观证据。更重要的是，“稳增长、调结构、促发展”和“实行有利于缩小收入差距的政策，明显增加低收入劳动者收入，扩大中等收入者比重”都是我国未来经济发展的重要战略规划，本研究通过厘清进口产品质量与企业性别工资差距的关系，为进一步审视我国对外贸易战略的科学性及缩小收入差距政策的有效性提供了理论和现实依据。当然，本研究也存在一些不足和需要完善的地方，以下几方面需要在未来研究中进一步深化。

第一，本书对进口产品质量影响企业性别工资差距的考察，主要考虑了进口竞争、成本加成、进口动态等机制，但事实上进口产品质量影响企业性别工资差距还可能通过其他机制，如利润反哺、创新、劳动力市场冲击等，对这些问题的回答有助于我们加深进口产品质量影响企业性别工资差距微观路径动态演化的理解，也能更全面地认识和评价我国“转变贸易发展方式”“优化进出口产品结构”的战略规划。因此，本书的研究视角及维度选取在未来值得进一步拓展和丰富。

第二，本书在理论机制部分主要通过产品市场-要素市场的最优化分析得到进口产品质量对企业性别工资差距的影响，但传统对性别歧视的讨论往往首先着眼于劳动力市场，如：布莱克（Black，1995）的搜寻成本歧视理论认为，招聘方固有的歧视会增加劳动者的搜寻成本，因而可以减少劳动者的流动性进而保持本企业员工的稳定性；米沙拉（Mishra，2003）认为，当劳动力市场存在信息不对称时，招聘方通常会面临高额的信息甄别成本，因而“歧视”将是企业的最优策略选择；科尔内尔和韦尔奇（Cornell & Welch，1996）发现企业雇主更愿意招聘与自己文化偏好相似的员工。因此，将劳动力市场招聘过程中的搜寻-匹配模型与质量异质性贸易模型结合起来，推导出进口产品质量对企业性别工资差距的影响，也是今后研究中需要进一步改进的地方。

第三，本书基于进口动态进行进一步研究时，对企业进入退出的界定主要利用工业企业数据中的法人代码，这可能导致一定的偏差。因为工业企业数据库主要收录了所有国有企业及规模以上的非国有企业，因而规模以下（规模以上）的非国有企业如果变成规模以上（规模以下）的非国有企业，会被误认为进入（退出）市场，导致高估企业进入（退出）市场的概率。因而，如何更细致清楚地界定企业进入退出状态并研究新定义状态下进口产品质量对企业性别工资差距的影响，也是未来可以进一步拓展的地方。

第四，本书实证内容第三部分从进口来源国特征的角度考察进口产品质量对企业性别工资差距的影响，主要从来源国经济发展水平、政治风险程度、与我国的政治经济关系、是否接壤、文化相似度及反倾销调查等几个方面展开。但我们知道，来源国特征包括的内容很广泛，除上述内容，还包括政治制度、政治体制、意识形态、宗教信仰、地理距离等，因而丰富来源国特征的内涵、从新的研究视角考察进口产品质量对企业性别工资差距的影响，将会是对现有研究的极大拓展。另一方面，本部分实证分析只对假设中的最终结论进行了验证，尚未对进口产品质量如何通过来源国特征影响企业性别工资差距做进一步检验，如果未来能利用更翔实的数据对作用机制进行直接验证，可能会得到更加丰富的结论。

参考文献

[1] 陈勇兵，李伟，钱学锋. 中国进口种类增长的福利效应估算 [J]. 世界经济，2011（12）：76-95.

[2] 陈勇兵，赵羊，李梦珊. 纳入产品质量的中国进口贸易利得估算 [J]. 数量经济技术经济研究，2014（12）：101-115.

[3] 陈晓华，刘慧. 产品持续出口能促进出口技术复杂度持续升级吗?：基于出口贸易地理优势异质性的视角 [J]. 财经研究，2015，41（1）：74-86.

[4] 蔡宏波，周成华，蒙英华. 服务进口与工资差距：基于中国服务业企业数据的实证检验 [J]. 国际贸易问题，2014（11）：144-153.

[5] 戴园晨，黎汉明. 双轨体制下工资收入及其对劳动力供需的调节 [J]. 经济学动态，1995（10）：11-21.

[6] 杜威剑，李梦洁. 出口会扩大企业内工资差距吗?：基于工人议价能力视角的实证研究 [J]. 中央财经大学学报，2016（4）：112-121.

[7] 戴觅，徐建炜，施炳展. 人民币汇率冲击与制造业就业：来自企业数据的经验证据 [J]. 管理世界，2013（11）：14-27.

[8] 戴觅，余淼杰. 企业出口前研发投入、出口及生产率进步：来自中国制造业企业的证据 [J]. 经济学（季刊），2011，11（4）：211-230.

[9] 戴觅，余淼杰，Madhura Maitra. 中国出口企业生产率之谜：加工贸易的作用 [J]. 经济学（季刊），2014，13（2）：675-698.

[10] 郭沛，李亚成. 中国承接离岸服务外包的工资差距效应：基于世界投入产出数据库数据的再检验 [J]. 经济学家，2016（2）：97-104.

[11] 黄枫. 人口老龄化视角下家庭照料与城镇女性就业关系研究 [J]. 财经研究，2012（9）：16-26.

[12] 胡昭玲，杜威剑. 外包、劳动力需求与企业内工资差距：基于企业微观数据的实证研究 [J]. 中南财经政法大学学报，2015（4）：125-132.

［13］简泽，段永瑞．企业异质性、竞争与全要素生产率的收敛［J］．管理世界，2012（8）：15-29.

［14］江明华，郭磊．商店形象与自有品牌感知质量的实证研究［J］．经济科学，2003（4）：119-128.

［15］金祥荣，刘振兴，于蔚．企业出口之动态效应研究：来自中国制造业企业的经验：2001—2007［J］．经济学（季刊），2012，11（2）：1097-1112.

［16］李宏兵，蔡宏波，王永进．市场潜能加剧了性别工资不平等吗［J］．数量经济技术经济研究，2014（1）：22-41.

［17］卢晶亮，冯帅章．贸易开放、劳动力流动与城镇劳动者性别工资差距：来自1992—2009年中国省际面板数据的经验证据［J］．财经研究，2015，41（12）：15-25.

［18］李平，简泽，江飞涛．进入退出、竞争与中国工业部门的生产率：开放竞争作为一个效率增进过程［J］．数量经济技术经济研究，2012（9）：3-21.

［19］李坤望，蒋为，宋立刚．中国出口产品品质变动之谜：基于市场进入的微观解释［J］．中国社会科学，2014（3）：80-103.

［20］刘斌，李磊．贸易开放与性别工资差距［J］．经济学（季刊），2012，11（2）：429-460.

［21］李实，宋锦，刘小川．中国城镇职工性别工资差距的演变［J］．管理世界，2014（3）：53-65.

［22］李磊，王小洁，蒋殿春．外资进入对中国服务业性别就业及工资差距的影响［J］．世界经济，2015（10）：169-192.

［23］李小平，周记顺，卢现祥，等．出口的“质”影响了出口的“量”吗［J］．经济研究，2015（8）：114-129.

［24］雷文妮，张山．贸易开放降低了就业性别歧视吗?：基于跨国面板数据的研究［J］．浙江社会科学，2016（2）：10-16.

［25］陆铭，张航，梁文泉．偏向中西部的土地供应如何推升了东部的工资［J］．中国社会科学，2015（5）：59-83.

［26］毛德凤，李静，彭飞．研发投入与企业全要素生产率：基于PSM和GPS的检验［J］．财经研究，2013（4）：134-144.

［27］毛其淋，盛斌．贸易自由化、企业异质性与出口动态：来自中

国微观企业数据的证据［J］. 管理世界，2013（3）：48-68.

［28］马焱，李龙. 照料老年父母对城镇已婚中青年女性就业的影响［J］. 人口与经济，2014（2）：39-47.

［29］曲如晓，杨修，刘杨. 文化差异、贸易成本与中国文化产品出口［J］. 世界经济，2015（9）：130-143.

［30］聂辉华，江艇，杨汝岱. 中国工业企业数据库的使用现状和潜在问题［J］. 世界经济，2012（5）：142-158.

［31］钱学锋，范冬梅. 国际贸易与企业成本加成：一个文献综述［J］. 经济研究，2015（2）：172-185.

［32］钱学锋，王胜，陈勇兵. 中国的多产品出口企业及其产品范围：事实与解释［J］. 管理世界，2013（1）：9-27.

［33］任曙明，张静. 补贴、寻租成本与加成率：基于中国装备制造企业的实证研究［J］. 管理世界，2013（10）：118-129.

［34］施炳展，曾祥菲. 中国企业进口产品质量测算与事实［J］. 世界经济，2015（3）：57-77.

［35］盛斌，牛蕊. 生产性外包对中国工业全要素生产率及工资的影响研究［J］. 世界经济文汇，2009（6）：1-18.

［36］申广军. "资本-技能互补"假说：理论，验证及其应用［J］. 经济学（季刊），2016（4）：1653-1682.

［37］田巍，余淼杰. 企业出口强度与进口中间品贸易自由化：来自中国企业的实证研究［J］. 管理世界，2013（1）：28-44.

［38］王美艳. 中国城市劳动力市场上的性别工资差异［J］. 经济研究，2005（12）：35-44.

［39］魏浩，付天. 中国货物进口贸易的消费者福利效应测算研究：基于产品层面大型微观数据的实证分析［J］. 经济学（季刊），2016（3）：1683-1714.

［40］邢春冰. 中国不同所有制部门的工资决定与教育回报：分位回归的证据［J］. 世界经济文汇，2006（4）：1-26.

［41］徐毅. 外包与工资差距：基于工业行业数据的经验研究［J］. 世界经济研究，2011（1）：44-48.

［42］叶宁华，包群，张伯伟. 进入、退出与中国企业出口的动态序贯决策［J］. 世界经济，2015（2）：86-111.

［43］阎学通. 中外关系鉴览：1950—2005：中国与大国关系定量衡量［M］. 北京：高等教育出版社，2010.

［44］余淼杰，李乐融. 贸易自由化与进口中间品质量升级：来自中国海关产品层面的证据［J］. 经济学（季刊），2016（3）：1011-1028.

［45］喻美辞，喻春娇. 国际贸易、技术创新与中国城镇劳动力的技能工资差距：基于劳动力个体微观数据的实证研究［J］. 国际贸易问题，2016（5）：16-27.

［46］曾国彪，姜凌. 贸易开放、技能溢价与工资差距：基于CGSS数据的经验研究［J］. 世界经济文汇，2014（6）：1-16.

［47］钟春平，徐长生. 产品种类扩大、质量提升及创造性破坏［J］. 经济学（季刊），2011（2）：493-522.

［48］詹宇波，张军，徐伟. 集体议价是否改善了工资水平：来自中国制造业企业的证据［J］. 世界经济，2012（2）：63-83.

［49］张杰，郑文平，翟福昕. 中国出口产品质量得到提升了么［J］. 经济研究，2014（10）：46-59.

［50］ACEMOGLU D. Why do new technologies complement skills? Directed technical change and wage inequality［J］. The quarterly journal of economics，1998，113（4）：1055-1089.

［51］ACEMOGLU D. Patterns of skill premia［J］. The review of economic studies，2003，70（2）：199-230.

［52］ATKESON A，BURSTEIN A. Pricing-to-market，trade costs，and international relative prices［J］. The American economic review，2008，98（5）：1998-2031.

［53］ANDERTON B，BRENTON P. Outsourcing and low-skilled workers in the UK［J］. Bulletin of economic research，1999，51（4）：267-286.

［54］ARNDT C，BENFICA R，THURLOW J. Gender implications of biofuel expansion in Africa：the case of Mozambique［J］. World development，2011，39（9）：1649-1662.

［55］ARKOLAKIS C，COSTINOT A，DONALDSON D，et al. The elusive pro-competitive effects of trade［J］. NBER working papers，2012（1）.

［56］AMITI M，DAVIS D R. Trade，firms，and wages：theory and

evidence [J]. The review of economic studies, 2012, 79 (1): 1-36.

[57] AUTOR D H, DUGGAN M G. The rise in the disability rolls and the decline in unemployment [J]. The quarterly journal of economics, 2003 (118): 157-205.

[58] AIDT T S, GASSEBNER M. Do autocratic states trade less? [J]. World Bank economic review, 2007, 24 (1): 38-76.

[59] AWOKUSE T O, GEMPESAW C M. Foreign political instability and US agricultural exports: evidence from panel data [J]. Economics bulletin, 2005, 6 (15): 1-12.

[60] ASHENFELTER O, HANNAN T. Sex discrimination and product market competition: the case of the banking industry [J]. The quarterly journal of economics, 1986, 101 (1): 149-173.

[61] AGHION P, HARRIS C, VICKERS J. Competition and growth with step-by-step innovation: an example [J]. European economic review, 1997, 41 (3): 771-782.

[62] AMITI M, KHANDELWAL A K. Import competition and quality upgrading [J]. Review of economics and statistics, 2013, 95 (2): 476-490.

[63] AUTOR D H, LEVY F, MURNANE R J. Upstairs, downstairs: Computer-skill complementarity and computer-labor substitution on two floors of a large bank [J]. NBER working papers, 2000 (1).

[64] ARNDT C, ROBINSON S, TARP F. Trade reform and gender in Mozambique [J]. Nordic journal of political economy, 2006, 32 (1): 73-89.

[65] AGHION P, VAN R J, ZINGALES L. Innovation and institutional ownership [J]. The American economic review, 2013, 103 (1): 277-304.

[66] AKAY G H, YUKSEL M. Capital-skill complimentarity: evidence from manufacturing industries in Ghana [R]. Bonn: Institate of Labor Economics, 2009.

[67] BECKER G S. The economics of discrimination [M]. Chicago: University of Chicago Press, 1957.

[68] BADINGER H. Has the EU's single market programme fostered competition? Testing for a decrease in makup ratios in EU industries [J]. Oxford bulletin of economics and statistics, 2007, 69 (4): 497-519.

[69] BAS M. Input - trade liberalization and firm export decisions: evidence from Argentina [J]. Journal of development economics, 2012, 97 (2): 481-493.

[70] BUSTOS P. Trade liberalization, exports, and technology upgrading: evidence on the impact of MERCOSUR on Argentinian firms [J]. The American economic review, 2011, 101 (1): 304-340.

[71] BRAUNSTEIN E, BRENNER M. Foreign direct investment and gendered wages in urban China [J]. Feminist economics, 2007, 13 (3): 213-237.

[72] BURSTEIN A, CRAVINO J, VOGEL J. Importing skill - biased technology [J]. American economic journal: macroeconomics, 2013, 5 (2): 32-71.

[73] BERNARD A B, EATON J, JENSEN J B, et al. Plants and productivity in international trade [J]. The American economic review, 2003, 93 (4): 1268-1290.

[74] BORJAS G J, FREEMAN R B, KATZ L F. On the labor market effects of immigration and trade [M]. Chicago: University of Chicago Press, 1992: 213-244.

[75] BALDWIN J R, GU W. Export - market participation and productivity performance in Canadian manufacturing [J]. Canadian journal of economics/revue canadienne d'économique, 2003, 36 (3): 634-657.

[76] BECKER G S. The economics of discrimination [M]. 2nd ed. Chicago: University of Chicago Press, 1971.

[77] BOUND J, JOHNSON G E. Changes in the structure of wages during the 1980s: an evaluation of alternative explanations [J]. American economic review, 1992 (6).

[78] BERNARD A B, JENSEN J B. Exporters, skill upgrading, and the wage gap [J]. Journal of international economics, 1997, 42 (1): 3-31.

[79] BERNARD A B, JENSEN J B, REDDING S J, et al. Firms in international trade [J]. The journal of economic perspectives, 2007, 21 (3): 105-130.

[80] BERNARD A B, JENSEN J B, REDDING S J, et al. The margins

of US trade [J]. The American economic review, 2009, 99 (2): 487-493.

[81] BILS M, KLENOW P J. Quantifying quality growth [J]. American economic review, 2001 (91): 1006-1030.

[82] BERMAN E, MACHIN S. Skill-biased technology transfer around the world [J]. Oxford review of economic policy, 2000, 16 (3): 12-22.

[83] BEHRENS K, MURATA Y. Globalization and individual gains from trade [J]. Journal of monetary economics, 2012, 59 (8): 703-720.

[84] BERGSTRÖM V, PANAS E E. How robust is the capital-skill complementarity hypothesis? [J]. The review of economics and statistics, 1992 (1): 540-546.

[85] BORJAS G J, RAMEY V A. Foreign competition, market power, and wage inequality [J]. The quarterly journal of economics, 1995 (1): 1075-1110.

[86] BRODA C, ROMALIS J. The welfare implications of rising price dispersion [M]. Chicago: University of Chicago Press, 2009.

[87] BALDWIN R E, ROBERT-NICOUD F. Trade and growth with heterogeneous firms [J]. Journal of international economics, 2008, 74 (1): 21-34.

[88] BOTTASSO A, SEMBENELLI A. Market power, productivity and the EU single market program: evidence from a panel of Italian firms [J]. European economic review, 2001, 45 (1): 167-186.

[89] BASTOS P, SILVA J. The quality of a firm's exports: where you export to matters [J]. Journal of international economics, 2010, 82 (2): 99-111.

[90] BRANDT L, VAN B J, ZHANG Y. Creative accounting or creative destruction? Firm-level productivity growth in Chinese manufacturing [J]. Journal of development economics, 2012, 97 (2): 339-351.

[91] BERNARD A B, WAGNER J. Exports and success in German manufacturing [J]. Review of world economics, 1997, 133 (1): 134-157.

[92] BRODA C, WEINSTEIN D E. Globalization and the gains from variety [J]. The quarterly journal of economics, 2006, 121 (2): 541-585.

[93] CHANEY T. Distorted gravity: the intensive and extensive margins

of international trade [J]. The American economic review, 2008, 98 (4): 1707-1721.

[94] CRAGG M I, EPELBAUM M. Why has wage dispersion grown in Mexico? Is it the incidence of reforms or the growing demand for skills? [J]. Journal of development economics, 1995, 51 (1): 99-116.

[95] CRAGG J G, DONALD S G. Testing identifiability and specification in instrumental variable models [J]. Econometric theory, 1993, 9 (2): 222-240.

[96] COCKBURN J, DECALUWÉ B, ROBICHAUD V. Trade liberalization and poverty: A CGE analysis of the 1990s experience in Africa and asia [J]. Poverty and economic policy research network, 2008 (1).

[97] CHEN Z, GE Y, Lai H, et al. Globalization and gender wage inequality in China [J]. World development, 2013, 44 (1): 256-266.

[98] COE D T, HELPMAN E. International r&d spillovers [J]. European economic review, 1995, 39 (5): 859-887.

[99] CROZET M, HEAD K, MAYER T. Quality sorting and trade: Firm-level evidence for French wine [J]. The review of economic studies, 2012, 79 (2): 609-644.

[100] CAI H, LIU Q. Competition and corporate tax avoidance: evidence from Chinese industrial firms [J]. The economic journal, 2009, 119 (537): 764-795.

[101] CABALLERO R J, LYONS R K. The case for external economies [M]. Cambridge: MIT Press, 1992.

[102] CRAFTS N, MILLS T C. TFP Growth in British and German manufacturing, 1950—1996 [J]. The economic journal, 2005, 115 (505): 649-670.

[103] CAHUC P, POSTEL-VINAY F, ROBIN J M. Wage bargaining with on-the-job search: theory and evidence [J]. Econometrica, 2006, 74 (2): 323-364.

[104] DE L J. Do exports generate higher productivity? Evidence from Slovenia [J]. Journal of international economics, 2007, 73 (1): 69-98.

[105] DOMÍNGUEZ-VILLALOBOS L, BROWN-GROSSMAN F. Trade

liberalization and gender wage inequality in Mexico [J]. Feminist economics, 2010, 16 (4): 53-79.

[106] DEMIR F, DAHI O S. Asymmetric effects of financial development on South-South and South-North trade: panel data evidence from emerging markets [J]. Journal of development economics, 2011, 94 (1): 139-149.

[107] DORNBUSCH R, FISCHER S, SAMUELSON P A. Heckscher-ohlin trade theory with a continuum of goods [J]. Quarterly journal of economics, 1980, 95 (2): 203-224.

[108] DAVIS D R, HARRIGAN J. Good jobs, bad jobs, and trade liberalization [J]. Journal of international economics, 2011, 84 (1): 26-36.

[109] DUBE A, KAPLAN E. Does outsourcing reduce wages in the low-wage service occupations? Evidence from janitors and guards [J]. ILR review, 2010, 63 (2): 287-306.

[110] DIXON W J, MOON B E. Political similarity and American foreign trade patterns [J]. Political research quarterly, 1993, 46 (1): 5-25.

[111] DHYNE E, PETRIN A, SMEETS V, et al. Import competition, productivity and multi-product firms [R]. Brussels: National Bank of Belgium, 2014.

[112] DAS S, ROBERTS M J, TYBOUT J R. Market entry costs, producer heterogeneity, and export dynamics [J]. Econometrica, 2007, 75 (3): 837-873.

[113] DINOPOULOS E, SEGERSTROM P. A schumpeterian model of protection and relative wages [J]. American economic review, 1996, 89 (3): 450-472.

[114] DRIFFIELD N, TAYLOR K. Spillovers from FDI and skill structures of host-country firms [C]. Leicester: University of Leicester, 2002.

[115] DAMMERT A, URAL M P, WAN C. Gender wage-productivity differentials and global integration in China [J]. IZA discussion papers, 2013 (1).

[116] EATON J, KORTUM S. Trade in capital goods [J]. European economic review, 2001, 45 (7): 1195-1235.

[117] EGGER H, KREICKEMEIER U. Firm heterogeneity and the labor

market effects of trade liberalization [J]. International economic review, 2009, 50 (1): 187-216.

[118] EATON J, KORTUM S, KRAMARZ F. Dissecting trade: firms, industries, and export destinations [J]. NBER working papers, 2004 (1).

[119] ESQUIVEL G, RODRIGUEZ-LÓPEZ J A. Technology, trade, and wage inequality in Mexico before and after NAFTA [J]. Journal of development economics, 2003, 72 (2): 543-565.

[120] EBENSTEIN A Y, SHARYGIN E J. The consequences of the missing girls of China [J]. The World Bank economic review, 2009, 23 (3): 399-425.

[121] ERDEM E, TYBOUT J. Trade policy and industrial sector responses: using evolutionary models to interpret the evidence [J]. NBER working papers, 2003 (1).

[122] FAN C S. Increasing returns, product quality and international trade [J]. Economica, 2005, 72 (285): 151-169.

[123] FEENSTRA R C. New product varieties and the measurement of international prices [J]. The American economic review, 1994 (1): 157-177.

[124] FEENSTRA R C. Measuring the gains from trade under monopolistic competition [J]. Canadian journal of economics, 2010, 43 (1): 1-28.

[125] FITZROY F, FUNKE M. Capital-skill complementarity in West German manufacturing [J]. Empirical economics, 1995, 20 (4): 651-665.

[126] FAJGELBAUM P, GROSSMAN G M, HELPMAN E. Income distribution, product quality, and international trade [J]. Journal of political Economy, 2011, 119 (4): 721-765.

[127] FEENSTRA R C, HANSON G H. Globalization, outsourcing, and wage inequality [J]. NBER working papers, 1996 (1).

[128] FEENSTRA R C, HANSON G H. The impact of outsourcing and high-technology capital on wages: estimates for the United States, 1979—1990 [J]. Quarterly journal of economics, 1999 (1): 907-940.

[129] FEENSTRA R C, HANSON G H. Foreign direct investment and relative wages: evidence from Mexico's maquiladoras [J]. Journal of international

economics, 1997, 42 (3): 371-393.

[130] FLAM H, HELPMAN E. Vertical product differentiation and North-South trade [J]. The American economic review, 1987 (1): 810-822.

[131] FEENSTRA R C, MADANI D, YANG T H, et al. Testing endogenous growth in South Korea and Taiwan [J]. Journal of development economics, 1999, 60 (2): 317-341.

[132] FAN H, LI Y A, YEAPLE S R. Trade liberalization, quality, and export prices [J]. Review of economics and statistics, 2015, 97 (5): 1033-1051.

[133] FEENSTRA R C, LI Z, YU M. Exports and credit constraints under incomplete information: theory and evidence from China [J]. NBER working papers, 2011 (1).

[134] FELBERMAYR G, PRAT J, SCHMERER H J. Globalization and labor market outcomes: wage bargaining, search frictions, and firm heterogeneity [J]. Journal of economic theory, 2011, 146 (1): 39-73.

[135] FALK M, WOLFMAYR Y. Services and materials outsourcing to low-wage countries and employment: empirical evidence from EU countries [J]. Structural change and economic dynamics, 2008, 19 (1): 38-52.

[136] FERRETT B, ZIKOS V. Wage-setting institutions and R&D collaboration networks [J]. Australian economic papers, 2013, 52 (2): 61-78.

[137] FOFANA I, COCKBURN J, DECALUWE B. Developing country superwomen: impacts of trade liberalisation on female market and domestic work [J]. SSRN electronic journal, 2005 (1).

[138] GERVAIS A. Product quality and firm heterogeneity in international trade [J]. Canadian journal of economics, 2015, 48 (3): 1152-1174.

[139] GRILICHES Z. Capital-skill complementarity [J]. The review of economics and statistics, 1969 (1): 465-468.

[140] GOLDBERG L S, CAMPA J M. The sensitivity of the CPI to exchange rates: distribution margins, imported inputs, and trade exposure [J]. The review of economics and statistics, 2010, 92 (2): 392-407.

[141] GEISHECKER I, GÖRG H. Winners and losers: a micro-level

analysis of international outsourcing and wages [J]. Canadian journal of economics, 2008, 41 (1): 243-270.

[142] GROSSMAN G M, HELPMAN E. Trade, innovation, and growth [J]. The American economic review, 1990, 80 (2): 86-91.

[143] GROSSMAN G M, HELPMAN E. Quality ladders in the theory of growth [J]. The review of economic studies, 1991, 58 (1): 43-61.

[144] GOLDBERG P K, KHANDELWAL A, PAVCNIK N, et al. Imported intermediate inputs and domestic product growth: evidence from India [J]. NBER working papers, 2011 (1).

[145] GNEEZY U, RUSTICHINI A. Gender and competition at a young age [J]. The American economic review, 2004, 94 (2): 377-381.

[146] GROSSMAN G M, ROSSI-HANSBERG E. Trading tasks: a simple theory of offshoring [J]. NBER working papers, 2008 (1): 1978-1997.

[147] HARRISON A. Openness and growth: a time-series, cross-country analysis for developing countries [J]. Journal of development economics, 1996, 48 (2): 419-447.

[148] HAUSMAN J A. Valuation of new goods under perfect and imperfect competition [M]. Chicago: University of Chicago Press, 1996: 207-248.

[149] HALLAK J C. Product quality and the direction of trade [J]. Journal of international economics, 2006, 68 (1): 238-265.

[150] HICKS J R. The valuation of the social income [J]. Economica, 1940, 7 (26): 105-124.

[151] HIJZEN A, GÖRG H, HINE R C. International outsourcing and the skill structure of labour demand in the United Kingdom [J]. The economic journal, 2005, 115 (5): 860-878.

[152] HARRISON A, HANSON G. Who gains from trade reform? Some remaining puzzles [J]. Journal of development economics, 1999, 59 (1): 125-154.

[153] HANSON G H, HARRISON A. Trade liberalization and wage inequality in Mexico [J]. ILR Review, 1999, 52 (2): 271-288.

[154] HOLMES T J, HSU W T, LEE S. Allocative efficiency, mark-ups, and the welfare gains from trade [J]. Journal of international economics,

2014, 94 (2): 195-206.

[155] HELPMAN E, ITSKHOKI O. Labour market rigidities, trade and unemployment [J]. The review of economic studies, 2010, 77 (3): 1100-1137.

[156] HELPMAN E, ITSKHOKI O, REDDING S. Inequality and unemployment in a global economy [J]. Econometrica, 2010, 78 (4): 1239-1283.

[157] HELPMAN E, KRUGMAN P R. Market structure and foreign trade: increasing returns, imperfect competition, and the international economy [M]. Cambridge: MIT Press, 1985.

[158] HAUSMANN R, KLINGER B. Structural transformation and patterns of comparative advantage in the product space [R]. Cambridge: Harvard University, 2006.

[159] HUMMELS D, KLENOW P J. The variety and quality of a nation's exports [J]. The American economic review, 2005, 95 (3): 704-723.

[160] HIJZEN A, SWAIM P. Does offshoring reduce industry employment? [J]. National institute economic review, 2007, 201 (1): 86-96.

[161] HALLAK J C, SCHOTT P K. Estimating cross-country differences in product quality [J]. Quarterly journal of economics, 2008 (2).

[162] HALLAK J C, SIVADASAN J. Firms' exporting behavior under quality constraints [J]. Cambridge: NBER working papers, 2009 (1).

[163] HUMMELS D, SKIBA A. Shipping the good apples out? An empirical confirmation of the Alchian-Allen conjecture [J]. NBER working papers, 2002 (1).

[164] JOHNSON R C. Trade and prices with heterogeneous firms [J]. Journal of international economics, 2012, 86 (1): 43-56.

[165] JUHN C, UJHELYI G, VILLEGAS-SANCHEZ C. Men, women, and machines: how trade impacts gender inequality [J]. Journal of development economics, 2014 (10): 179-193.

[166] KASTNER S L. When do conflicting political relations affect international trade? [J]. Journal of conflict resolution, 2007, 51 (4):

664-688.

[167] KHANDELWAL A. The long and short (of) quality ladders [J]. The review of economic studies, 2010, 77 (4): 1450-1476.

[168] KREMER M. The O-ring theory of economic development [J]. The quarterly journal of economics, 1993 (1): 551-575.

[169] KRUGMAN P R. Increasing returns, monopolistic competition, and international trade [J]. Journal of international economics, 1979, 9 (4): 469-479.

[170] KRUGMAN P R. Technology, trade and factor prices [J]. Journal of international economics, 2000, 50 (1): 51-71.

[171] KOKKO A. Productivity spillovers from competition between local firms and foreign affiliates [J]. Journal of international development, 1996, 8 (4): 517-530.

[172] KRISHNA P, MITRA D. Trade liberalization, market discipline and productivity growth: new evidence from India [J]. Journal of development economics, 1998, 56 (2): 447-462.

[173] KATZ L F, MURPHY K M. Changes in relative wages, 1963—1987: supply and demand factors [J]. NBER working papers, 1991 (12).

[174] KRUSELL P, OHANIAN L E, RÍOS-RULL J V, et al. Capital-skill complementarity and inequality: a macroeconomic analysis [J]. Econometrica, 2000, 68 (5): 1029-1053.

[175] KOSKELA E, STENBACKA R. Equilibrium unemployment with outsourcing and wage solidarity under labour market imperfections [J]. European economic review, 2010, 54 (3): 376-392.

[176] KUGLER M, VERHOOGEN E. The quality-complementarity hypothesis: theory and evidence from Colombia [J]. IZA discussion papers, 2009 (1).

[177] KUGLER M, VERHOOGEN E. Plants and imported inputs: new facts and an interpretation [J]. The American economic review, 2009, 99 (2): 501-507.

[178] KONINGS J, VAN C P, WARZYNSKI F. The effects of privatization and competitive pressure on firms' price-cost margins: micro

evidence from emerging economies [J]. Review of economics and statistics, 2005, 87 (1): 124-134.

[179] LALL S. The Technological structure and performance of developing country manufactured exports, 1985—98 [J]. Oxford development studies, 2000, 28 (3): 337-369.

[180] LAMBSDORFF J G. How corruption affects persistent capital flows [J]. Economics of governance, 2003, 4 (3): 229-243.

[181] LANCASTER K. Socially optimal product differentiation [J]. The American economic review, 1975, 65 (4): 567-585.

[182] LEAMER E E. Trade, wages and revolving door ideas [J]. NBER working papers, 1994 (4).

[183] LEAMER E E. Wage inequality from international competition and technological change: theory and country experience [J]. The American economic review, 1996, 86 (2): 309-314.

[184] LINDQUIST M J. Capital-skill complementarity and inequality over the business cycle [J]. Review of economic dynamics, 2004, 7 (3): 519-540.

[185] LEVINSOHN J. Testing the imports - as - market - discipline hypothesis [J]. Journal of international economics, 1993, 35 (1): 1-22.

[186] LIAO C H. Measuring quality in international trade [J]. Economic systems, 2011, 35 (1): 125-138.

[187] LUKSETICH W A. Market power and sex discrimination in white-collar employment [J]. Review of social economy, 1979, 37 (2): 211-224.

[188] LILEEVA A, TREFLER D. Improved access to foreign markets raises plant-level productivity [J]. The quarterly journal of economics, 2010, 125 (3): 1051-1099.

[189] MATSUYAMA K. Endogenous inequality [J]. The review of economic studies, 2000, 67 (4): 743-759.

[190] MENG X. An examination of wage determination in China's rural industrial sector [J]. Applied economics, 1996, 28 (6): 715-724.

[191] MELITZ M J. The impact of trade on intra-industry reallocations and aggregate industry productivity [J]. Econometrica, 2003, 71 (6):

1695-1725.

[192] MARTIN J. Markups, quality, and transport costs [J]. European economic review, 2012, 56 (4): 777-791.

[193] MANOVA K. Credit constraints, heterogeneous firms, and international trade [J]. The review of economic studies, 2013, 80 (2): 711-744.

[194] MAURER - FAZIO M, HUGHES J. The effects of market liberalization on the relative earnings of Chinese women [J]. Journal of comparative economics, 2002, 30 (4): 709-731.

[195] MILNER H V, KUBOTA K. Why the move to free trade? Democracy and trade policy in the developing countries [J]. International organization, 2005, 59 (01): 107-143.

[196] MUNCH A, MCPHERSON J M, SMITH - LOVIN L. Gender, children, and social contact: The effects of childrearing for men and women [J]. American sociological review, 1997: 509-520.

[197] MARTIN J, MEJEAN I. Low - wage country competition and the quality content of high - wage country exports [J]. Journal of international economics, 2014, 93 (1): 140-152.

[198] MELITZ M J, OTTAVIANO G I P. Market size, trade, and productivity [J]. The review of economic studies, 2008, 75 (1): 295-316.

[199] MENON N, VAN Y. International trade and the gender wage gap: new evidence from India' s manufacturing sector [J]. World development, 2009, 37 (5): 965-981.

[200] MANOVA K, ZHANG Z. China's exporters and importers: firms, products and trade partners [J]. NBER working papers, 2009 (8).

[201] NEVO A. Measuring market power in the ready - to - eat cereal industry [J]. Econometrica, 2001, 69 (2): 307-342.

[202] NUCCI F, POZZOLO A F. The exchange rate, employment and hours: what firm - level data say [J]. Journal of international economics, 2010, 82 (2): 112-123.

[203] NICITA A, RAZZAZ S. Who benefits and how much? How gender affects welfare impacts of a booming textile industry [J]. World Bank policy

research working papers, 2003 (3029).

[204] OZLER S. Export orientation and female share of employment: evidence from Turkey [J]. World development, 2000, 28 (7): 1239-1248.

[205] O'CONNOR D, LUNATI M R. Economic opening and the demand for skills in developing countries: a review of theory and evidence [J]. OECD working papers, 2008 (1): 20-50.

[206] OTTAVIANO P, PERI G, WRIGHT G C. Immigration, offshoring, and American jobs [J]. The American economic review, 2013, 103 (5): 1925-1959.

[207] OOSTENDORP R H. Globalization and the gender wage gap [J]. Policy research working papers, 2004, 23 (1): 141-161.

[208] PAVCNIK N. What explains skill upgrading in less developed countries? [J]. Journal of development economics, 2003, 71 (2): 311-328.

[209] POLLINS B M. Conflict, cooperation, and commerce: the effect of international political interactions on bilateral trade flows [J]. American journal of political science, 1989 (1): 737-761.

[210] PAPYRAKIS E, COVARRUBIAS A, VERSCHOOR A. Gender and trade aspects of labour markets [J]. Journal of development studies, 2012, 48 (1): 81-98.

[211] PARSONS C R, NGUYEN A T. Import variety and productivity in Japan [J]. Economics bulletin, 2009, 29 (3): 1947-1959.

[212] RAITH M. Competition, risk, and managerial incentives [J]. American economic review, 2003, 93 (4): 1425-1436.

[213] RAUCH J E. Networks versus markets in international trade [J]. Journal of international economics, 1999, 48 (1): 7-35.

[214] REVENGA A L. Exporting jobs? The impact of import competition on employment and wages in US manufacturing [J]. The quarterly journal of economics, 1992 (1): 255-284.

[215] ROMER P. New goods, old theory, and the welfare costs of trade restrictions [J]. Journal of development economics, 1994, 43 (1): 5-38.

[216] ROMER P. Endogenous technological change [J]. The journal of political economy, 2008 (5).

[217] SCHOTT P K. Across-product versus within-product specialization in international trade [J]. The quarterly journal of economics, 2004 (1): 647-678.

[218] SEGUINO S. Gender inequality and economic growth: a cross-country analysis [J]. World development, 2000, 28 (7): 1211-1230.

[219] SHI L, JIN S, XIAOCHUAN L. Evolution of the gender wage gap among China's urban employees [J]. Social sciences in China, 2011, 32 (3): 161-180.

[220] SHEPHERD W G, LEVIN S G. Managerial discrimination in large firms [J]. The review of economics and statistics, 1973 (1): 412-422.

[221] SAYEK S, ŞENER F. Outsourcing and wage inequality in a dynamic product cycle model [J]. Review of development Economics, 2006, 10 (1): 1-19.

[222] STOLPER W F, SAMUELSON P A. Protection and real wages [J]. The review of economic studies, 1941, 9 (1): 58-73.

[223] SCHADY N, SÁNCHEZ - PÁRAMO C. Off and running? Technology, trade, and the rising demand for skilled workers in Latin America [J]. Social science electronic, 2003 (1).

[224] SHAKED A, SUTTON J. Natural oligopolies [J]. Econometrica, 1983 (1): 1469-1483.

[225] SARAVIA D, VOIGTLÄNDER N. Imported inputs, quality complementarity, and skill demand [J]. Social science electronic, 2013 (1).

[226] TYBOUT J R. Plant-and firm-level evidence on "new" trade theories [J]. NBER working papers, 2001 (8).

[227] THOENIG M, VERDIER T. A theory of defensive skill-biased innovation and globalization [J]. The American economic review, 2003, 93 (3): 709-728.

[228] TYERS R, YANG Y. Capital-skill complementarity and wage outcomes following technical change in a global model [J]. Oxford review of economic policy, 2000, 16 (3): 23-41.

[229] UNEL B. Firm heterogeneity, trade, and wage inequality [J]. Journal of economic dynamics and control, 2010, 34 (8): 1369-1379.

[230] VERHOOGEN E A. Trade, quality upgrading, and wage inequality in the Mexican manufacturing sector [J]. The quarterly journal of economics, 2008, 123 (2): 489-530.

[231] VOIGTLÄNDER N. Skill bias magnified: intersectoral linkages and white-collar labor demand in US manufacturing [J]. Review of economics and statistics, 2014, 96 (3): 495-513.

[232] VOIGTLAENDER N, SARAVIA D. Imported inputs, quality complementarity, and skill demand [J]. Society for economic dynamics, 2015 (1).

[233] WEINBERG B A. Computer use and the demand for female workers [J]. Industrial & labor relations review, 2000, 53 (2): 290-308.

[234] WOLSZCZAK-DERLACZ J. Mind the gender wage gap: the impact of trade and competition on sectoral wage differences [J]. The world economy, 2013, 36 (4): 437-464.

[235] WOOD A. North-South trade and female labour in manufacturing: an asymmetry [J]. The journal of development studies, 1991, 27 (2): 168-189.

[236] WOOD A. North-South trade, employment, and inequality: changing fortunes in a skill-driven world [M]. Oxford: Oxford University Press, 1995.

[237] WOOD A. Openness and wage inequality in developing countries: the latin American challenge to East Asian conventional wisdom [J]. World Bank economic review, 1997, 11 (11): 33-57.

[238] WU X. The impact of foreign direct investment on the relative return to skill [J]. Economics of transition, 2001, 9 (3): 695-715.

[239] XU B, WANG J. Capital goods trade and R&D spillovers in the OECD [J]. Canadian journal of economics, 1999 (1): 1258-1274.

[240] XU B, LI W. Trade, technology, and China's rising skill demand [J]. Economics of transition, 2008, 16 (1): 59-84.

[241] YASAR M, PAUL J M. Capital-skill complementarity, productivity and wages: evidence from plant-level data for a developing country [J]. Labour economics, 2008, 15 (1): 1-17.

[242] ZHU S C, TREFLER D. Trade and inequality in developing countries: a general equilibrium analysis [J]. Journal of international Economics, 2005, 65 (1): 21-48.

附　　录

附录 1　成本加成的测算方法

对于成本加成的测算，本书主要参照德·洛克和沃津斯基（De Loecker & Warzynski，2009）、任曙明和张静（2013）的做法。假设企业 i 在时期 t 的生产函数为：

$$Q_{it} = Q_{it}(X_{it},\ K_{it}) \quad 附（1.1）$$

X_{it}表示企业 i 在时期 t 的可变要素投入，K_{it}代表企业的资本要素投入，生产函数 Q_{it}满足连续二阶可微。式附（1.1）中，如果产出是增加值形式，则 X_{it}只包括劳动要素投入；如果产出以总产出形式给出，则 X_{it}包括劳动要素投入及其他中间品投入。企业为实现成本最小化的拉格朗日函数为：

$$L(X_{it},\ K_{it},\ \lambda_{it}) = P_{it}^{x}X_{it} + \gamma_{it}K_{it} + \lambda_{it}[Q_{it} - Q_{it}(X_{it},\ K_{it})] \quad 附（1.2）$$

式附（1.2）中，P_{it}和 γ_{it}分别代表可变要素价格和资本要素价格。通过对可变要素一阶求导，可以得到：

$$\frac{\partial L}{\partial X_{it}} = P_{it}^{X}X_{it} - \lambda_{it}\frac{\partial Q_{it}(X_{it},\ K_{it})}{\partial X_{it}} = 0 \quad 附（1.3）$$

式附（1.3）中，λ_{it}代表生产的边际成本，$\frac{\partial L}{\partial Q_{it}} = \lambda_{it}$。对式附（1.3）进行变换，可得到：

$$\frac{\partial Q_{it}(X_{it},\ K_{it})}{\partial X_{it}}\frac{X_{it}}{Q_{it}} = \frac{1}{\lambda_{it}}\frac{P_{it}^{X}X_{it}}{Q_{it}} \quad 附（1.4）$$

式附（1.4）说明企业实现成本最小化的均衡条件是使投入要素的产出弹性等于高要素在总投入中所占的比重。成本加成是产品价格和边际成本的比重，$\mu_{it} = \frac{P_{it}}{\lambda_{it}}$。假设可变要素投入在总投入中所占的比重是 α_{it}^{X}，根据式附（1.4）可得：$\mu_{it} = \frac{\theta_{it}^{X}}{\alpha_{it}^{X}}$。由于工业企业数据库中提供了可变投入支出和总销售额的份额，因而成本加成的测算转变为可变投入要素的产出弹性估计。

假设企业有相同的技术参数，技术为希克斯中性，生产函数用下式表示：

$$Q_{it} = F(X_{it}^{1}, \cdots, X_{it}^{V}, K_{it}; \beta)\exp(\omega_{it}) \quad 附(1.5)$$

其中，β 为技术参数，代表企业将投入转化为产出的效率，ω_{it} 表示企业生产率水平。借鉴莱文索恩和彼得林（Levinsohn & Petrin，2003）两阶段中间投入代理变量法，可估计出 β 和参数的替代弹性 θ_{it}^{X} 。

估计出要素的产出弹性后，只要再知道投入要素在总投入中所占的比重，就可以计算出企业成本加成。然而，根据工业企业库的现有指标，我们并不能直接计算 α_{it}^{X} 和 Q_{it}，只能得到 Q_{it}的估计值 $\hat{Q}_{it} = Q_{it}\exp(\varepsilon_{it})$ 。由于根据 LP 方法（2003）可以估计出 ε_{it} ，因而 α_{it}^{X} 的表达式可以修正为：

$$\hat{\alpha}_{it}^{X} = P_{it}^{X}X_{it}/P_{it}\frac{\hat{Q}_{it}}{\exp(\hat{\varepsilon}_{it})} \quad 附(1.6)$$

将式附（1.6）带入成本加成的表达式中，可得：

$$\hat{\mu}_{it} = \hat{\theta}_{it}^{X}(\hat{\alpha}_{it}^{X})^{-1} \quad 附(1.7)$$

对于式附（1.7）的计算，本书主要借鉴任曙明和张静（2013）的做法，选取劳动投入为唯一可变投入。因而，式附（1.7）中的 $\hat{\theta}_{it}^{X}$ 代表劳动产出弹性，$\hat{\alpha}_{it}^{X}$ 为劳动成本与总收益之间的比值。参照彼得林和莱文索恩（Petrin & Levinsohn，2004）的做法，使用工业增加值及 LP 方法计算 θ_{it}^{l} 及 ε_{it} ，涉及的变量包括工业增加值、劳动投入、资本投入及代理变量中间投入；根据 $\hat{\alpha}_{it}^{l} = \alpha_{it}^{l} \times \exp(\hat{\varepsilon}_{it})$ 计算出 $\hat{\alpha}_{it}^{l}$ ，其中 α_{it}^{l} 表示为（本年应发工资+本年应发福利）/全年主营收入。本书按上述方法计算了 2004—2007 年 961 127 家制造业企业的成本加成。

附录 2　附表

附表 1　CHIP（2018）城镇人口职业代码

代码	职　业	代码	职　业
1	中国共产党中央委员会和地方各级组织负责人/国家机关及其工作机构负责人	2	民主党派和社会团体及其工作机构负责人
3	事业单位负责人	4	企业负责人
5	科学研究人员	6	工程技术人员
7	农业技术人员	8	飞机和船舶技术人员

续表

代码	职　业	代码	职　业
9	卫生专业技术人员	10	经济、金融业务人员
11	法律专业人员	12	教学人员
13	文学艺术工作人员	14	体育工作人员
15	新闻出版、文化工作人员	16	宗教职业者
17	其他专业技术人员	18	行政办公人员
19	安全保卫和消防人员	20	邮政和电信业务人员
21	其他办事人员和有关人员	22	购销、仓储人员
23	餐饮、饭店、旅游及健身娱乐场所服务人员	24	运输服务人员
25	医疗卫生辅助服务人员	26	社会服务和居民生活服务人员
27	其他商业、服务业人员	28	种植业、林业、畜牧业、渔业生产人员及野生动物保护人员
29	水利设施管理养护人员	30	其他农、林、牧、渔、水利业生产人员
31	勘测及矿物开采/金属冶炼、轧制人员	32	化工产品生产人员
33	机械制造加工/机电产品装配/机械设备修理人员	34	电力设备安装、运行、检修及供电人员/电子元器件与设备制造、装配、调试及维修人员
35	橡胶和塑料制品生产人员	36	纺织、针织、印染人员/裁剪、缝纫和皮革、毛皮制品加工制作人员
37	粮油、食品、饮料生产加工及饲料生产加工人员	38	烟草及其制品加工人员
39	药品生产人员	40	木材加工、人造板生产、木制品制作及制浆、造纸和纸制品生产加工人员
41	建筑材料生产加工人员	42	玻璃、陶瓷、搪瓷及其制品生产加工人员
43	广播影视制品制作、播放及文物保护作业人员	44	印刷人员/工艺美术品制作人员/文化教育、体育用品制作人员
45	工程施工人员	46	运输设备操作人员及有关人员

续表

代码	职　业	代码	职　业
47	环境监测与废物处理人员	48	检验、计量人员
49	其他生产、运输设备操作人员及有关人员	50	军人
51	不便分类的其他从业人员		

附表 2　中国外交部公布的我国与部分国家外交关系（截至 2016 年）

国家	与中国外交关系	成立年份	国家	与中国外交关系	成立年份
巴基斯坦	全天候战略合作伙伴	2015	厄瓜多尔	战略伙伴	2015
俄罗斯	全面战略协作伙伴	2014	斐济	战略伙伴	2014
柬埔寨	全面战略合作伙伴	2010	哥斯达黎加	战略伙伴	2015
老挝	全面战略合作伙伴	2009	吉尔吉斯斯坦	战略伙伴	2013
缅甸	全面战略合作伙伴	2011	加拿大	战略伙伴	2005
泰国	全面战略合作伙伴	2012	捷克	战略伙伴	2016
越南	全面战略合作伙伴	2008	卡塔尔	战略伙伴	2014
阿尔及利亚	全面战略伙伴	2014	孟加拉国	更加紧密的全面合作伙伴	2010
阿富汗	战略合作伙伴	2012	密克罗尼西亚	战略伙伴	2014
阿根廷	全面战略伙伴	2014	尼日利亚	战略伙伴	2006
埃及	全面战略伙伴	2014	瑞士	创新战略伙伴	2016
澳大利亚	全面战略伙伴	2014	萨摩亚	战略伙伴	2014
巴西	全面战略伙伴	2012	塞尔维亚	战略伙伴	2009
白俄罗斯	全面战略伙伴	2013	苏丹	战略伙伴	2015
丹麦	全面战略伙伴	2008	塔吉克斯坦	战略伙伴	2013
德国	全方位战略伙伴	2014	汤加	战略伙伴	2014
法国	全面战略伙伴	2004	土库曼斯坦	战略伙伴	2013
哈萨克斯坦	全面战略伙伴	2011	瓦努阿图	战略伙伴	2014
韩国	战略合作伙伴	2008	文莱	战略合作	2013

续表

国家	与中国外交关系	成立年份	国家	与中国外交关系	成立年份
马来西亚	全面战略伙伴	2013	乌克兰	战略伙伴	2013
蒙古	全面战略伙伴	2014	乌兹别克斯坦	战略伙伴	2012
秘鲁	全面战略伙伴	2013	伊拉克	战略伙伴	2015
墨西哥	全面战略伙伴	2013	约旦	战略伙伴	2015
南非	全面战略伙伴	2010	智利	战略伙伴	2012
葡萄牙	全面战略伙伴	2005	阿尔巴尼亚	合作伙伴	2009
沙特阿拉伯	全面战略伙伴	2016	埃塞俄比亚	全面合作伙伴	2003
斯里兰卡	战略合作伙伴	2013	保加利亚	全面友好合作伙伴	2004
土耳其	战略合作伙伴	2010	菲律宾	战略性合作	2007
委内瑞拉	全面战略伙伴	2014	芬兰	合作伙伴	2013
西班牙	全面战略伙伴	2005	刚果（布）	全面合作伙伴	2013
希腊	全面战略伙伴	2006	荷兰	全面合作伙伴	2014
新西兰	全面战略伙伴	2014	克罗地亚	全面合作伙伴	2005
伊朗	全面战略伙伴	2016	肯尼亚	全面合作伙伴	2013
意大利	全面战略伙伴	2004	罗马尼亚	全面友好合作伙伴	2004
印度	战略合作伙伴	2005	马尔代夫	全面友好合作伙伴	2014
印度尼西亚	全面战略伙伴	2013	尼泊尔	全面合作伙伴	2009
英国	全面战略伙伴	2004	塞内加尔	友好合作伙伴	2014
阿联酋	战略伙伴	2012	坦桑尼亚	全面合作伙伴	2013
爱尔兰	战略伙伴	2012	新加坡	全方位合作伙伴	2015
安哥拉	战略伙伴	2010	匈牙利	友好合作伙伴	2004
波兰	战略伙伴	2011	牙买加	友好伙伴	2005
东帝汶	全面合作伙伴	2014	特立尼达和多巴哥	友好合作	2005
巴布亚新几内亚	战略伙伴	2014	安提瓜和巴布达	合作伙伴	2013

附表3 中国2004—2007年发起的反倾销情况（立案数/被确定为倾销的数量）

国家（地区）	2004年	2005年	2006年	2007年
日本	6/5	5/3	3/3	1/1
新加坡	1/0	1/1	2/2	1/1
韩国	5/3	2/1	1/1	1/1
印度	0/0	1/1	1/1	0/0
欧盟	1/1	3/1	1/1	0/0
俄罗斯	3/2	1/0	0/0	0/0
沙特阿拉伯	0/0	1/0	0/0	0/0
印度尼西亚	0/0	1/0	0/0	0/0
马来西亚	0/0	1/0	0/0	0/0
南非	0/0	1/0	0/0	0/0
美国	4/4	4/3	0/0	0/0
荷兰	1/0	0/0	0/0	0/0
英国	1/1	0/0	0/0	0/0
德国	1/1	0/0	0/0	0/0
泰国	1/1	0/0	0/0	0/0

附表4 2002—2015年中国正式成立的自由贸易区（签约或生效）

国家（地区）	签约时间	生效时间	协　议
澳大利亚	2015.6.17	2015.12.20	《中国-澳大利亚自由贸易协定》
韩国	2015.6.1	2015.12.20	《中国-韩国自由贸易协定》
瑞士	2013.7.6	2014.7.1	《中国-瑞士自由贸易协定》
冰岛	2013.4.15	2014.7.1	《中国-冰岛自由贸易协定》
哥斯达黎加	2010.4.8	2011.8.1	《中国-哥斯达黎加自由贸易协定》
秘鲁	2009.4.28	2010.3.1	《中国-秘鲁自由贸易协定》
新加坡	2008.10.23	2009.1.1	《中国-新加坡自由贸易协定》
新西兰	2008.4.7	2008.10.1	《中国-新西兰自由贸易协定》
智利	2005.11.18	2006.7.1	《中国-智利自由贸易协定》
巴基斯坦	2006.11.18	2007.7.1	《中国-巴基斯坦自由贸易协定》
东盟	2002.11.4	2010.1.1	《中国-东盟全面经济合作框架协议》

附表 5 正在与中国进行自由贸易区谈判或可行性研究的国家和地区（截至 2016 年 8 月）

正在谈判的自由贸易区		正在进行可行性研究的自由贸易区	
海合会成员国	中国–海合会自由贸易区	印度	中国–印度自由贸易区
日本、韩国	中日韩自由贸易区	哥伦比亚	中国–哥伦比亚自由贸易区
斯里兰卡	中国–斯里兰卡自由贸易区	摩尔多瓦	中国–摩尔多瓦自由贸易区
马尔代夫	中国–马尔代夫自由贸易区	斐济	中国–斐济自由贸易区
格鲁吉亚	中国–格鲁吉亚自由贸易区	尼泊尔	中国–尼泊尔自由贸易区
以色列	中国–以色列自由贸易区	毛里求斯	中国–毛里求斯自由贸易区
挪威	中国–挪威自由贸易区		
东盟、日本、韩国、澳大利亚、新西兰、印度	《区域全面经济伙伴关系协定》		

附表 6 享受中国优惠关税的国家和地区（截至 2016 年 8 月）

亚太贸易协定： 印度、韩国、斯里兰卡、孟加拉国、老挝、蒙古
中国给予非洲最不发达国家部分输华商品免关税待遇： 贝宁、布隆迪、佛得角、中非、科摩罗联盟、刚果（金）、吉布提、厄立特里亚、埃塞俄比亚、几内亚、几内亚比绍、莱索托、利比里亚、马达加斯加、马里、毛里塔尼亚、莫桑比克、尼日尔、卢旺达、塞拉利昂、苏丹、坦桑尼亚、多哥、乌干达、赞比亚

附表 7 与中国文化相似度较高或接壤的国家

与中国文化相似度较高的国家： 韩国、朝鲜、日本、蒙古、越南
与中国接壤的国家： 俄罗斯、哈萨克斯坦、吉尔吉斯斯坦、塔吉克斯坦、蒙古、朝鲜、越南、老挝、缅甸、印度、不丹、尼泊尔、巴基斯坦、阿富汗